中国社会科学院创新工程学术出版资助项目

"一带一路"

倡议下中国对外直接投资与
出口贸易转型升级

The Belt and Road

杨成玉　著

中国社会科学出版社

图书在版编目（CIP）数据

"一带一路"倡议下中国对外直接投资与出口贸易转型升级/杨成玉著.
—北京：中国社会科学出版社，2017.6
ISBN 978 - 7 - 5203 - 0326 - 2

Ⅰ.①—… Ⅱ.①杨… Ⅲ.①对外投资—直接投资—研究—中国
②出口贸易—研究—中国 Ⅳ.①F832.6②F752.62

中国版本图书馆 CIP 数据核字（2017）第 081317 号

出 版 人 赵剑英
责任编辑 赵 丽
责任校对 杨 林
责任印制 王 超

出 版 中国社会科学出版社
社 址 北京鼓楼西大街甲 158 号
邮 编 100720
网 址 http://www.csspw.cn
发 行 部 010 - 84083685
门 市 部 010 - 84029450
经 销 新华书店及其他书店

印 刷 北京君升印刷有限公司
装 订 廊坊市广阳区广增装订厂
版 次 2017 年 6 月第 1 版
印 次 2017 年 6 月第 1 次印刷

开 本 710×1000 1/16
印 张 16
插 页 2
字 数 201 千字
定 价 69.00 元

目　录

第一章 绪论

第一节 研究背景与意义

一 研究背景

改革开放以来，国际资本以直接投资的方式源源不断地涌入中国。在这种趋势下，中国成为国际直接投资净流入国，这些净流入资本对中国的经济增长、出口贸易、社会就业、技术进步以及福利水平都影响巨大且深远。学界普遍对国际资本净流入对中国经济的贡献持肯定态度，并通过长期研究得到了其在促进宏观经济增长（常亮，2000；罗余才，2000；高娜，2006；刘一欧，2012；姚战琪，2012；马立军，2013；随洪光，2013；马晶梅，2013；丁翠翠，2013；杨征和蒋瑛，2014；舒彤等，2014）、区域经济增长（于开财，2008；王星闽，2010；张莞鹭，2011；刘军兰和李腾，2015；王梓蔚，2015；徐晓燕，2015）、对外贸易、社会就业（牛勇平，2001；李世光，2004；刘辉群和卢进勇，2009）、技术进步（赵洪斌，2003；樊少华和岳锋利，2014；何欢浪和陈琳，2014）等方面所做出的贡献证据。

与此同时，得益于改革开放政策，伴随着长期贸易顺差状态，中国积累了可观的外汇储备，资本累积与人口红利的释放所形成的要素禀赋比较优势逐渐显现出来并开始积累，社会生产力也不断提高，从而形成出口贸易总量以及顺差额的进一步扩大。拉动经济"三驾马车"之一的"净出口"是中国在改革开放30多年来经济保持持续高速增长的重要因素（姚丽芳，2001；欧阳北松和杜建华，2004；李荣富，2007；和立道和杨雅琴，2007；张东光和李川，2009），积极开展国际贸易，并将此作为对外开放的重要标志，对中国经济发展意义重大。

长期的国际直接投资净流入和巨额出口贸易顺差的景象直到2008年金融危机时才发生了转折。后金融危机时代，中国的外贸环境主要出现了以下几个转变。

其一，发达国家经济增长停滞不前。以美国、西欧国家为代表的发达经济体经济增速乏力，西欧许多国家甚至出现了负增长。相对而言，发达国家的经济发展具有一定的比较性、借鉴性和前瞻性。换个角度看，其经济状况以及发展模式已成为发展中国家经济发展的重要背景和参照。因此，发达国家停滞不前的经济发展现状已成为发展中国家经济发展的负面因素。

其二，经济不振导致发达国家资本回流的加速。长期以来，发达经济体主要处于对外直接投资净流出状态。随着国内经济的低迷，各国投资海外资本开始出现回流的迹象。此外，伴随着美联储加息的呼声愈发频繁，促使资本回流的预期加速。

其三，发达国家的消费需求明显萎缩，导致中国出口贸易总量下降。受金融危机的影响，发达国家的消费需求日益萎缩，从而导致中国出口产品需求的整体下滑，出口贸易变得愈加困难。

其四，发达国家量化宽松的货币政策阻碍了中国的出口贸易。为刺激经济复苏，美联储、欧洲中央银行等货币政策性机构陆续推出了一系列量化宽松的货币政策，这些政策是促使人民币汇率升水预期的主要推动力量，人民币汇率的上扬使得本来就困难的出口贸易状况变得更加捉襟见肘。

其五，更多后发国家开始陆续加入市场竞争，争夺中国的出口份额。以金砖国家为代表的新兴经济体开始崛起，其出口比较优势开始显现，其产品开始争夺中国出口贸易市场的份额，中国出口产品的市场竞争压力愈发增大。

其六，人口红利逐渐弱化，出口产品成本加大。近年来，随着社会老龄化的加剧，人口红利开始弱化。由于中国的出口产品主要集中于劳动密集型产品，所以中国以低价劳务、低成本所建立的价格优势正在逐渐丧失，这对中国的出口贸易造成严重打击。

综上所述，受美国次贷危机和欧元区债务危机的双重影响，国际资本涌入效应开始弱化，疲软的出口形势严重降低了"净出口"拉动经济增长的效力。可见，仅凭传统拉动经济增长的方式已经无法适应当今世界经济发展的潮流。

二　研究意义

改革开放30多年来，经济高速增长，中国已经步入中等收入国家行列，人民收入水平显著提高。近年来，中国经济的要素禀赋、结构、增长与发展动力正在发生着深刻变化，并逐渐成为一种"新常态"。除经济增长速度逐渐放缓之外，主要出现了两个明显的变化。

第一，中国的资本积累日益雄厚，中国已经成为对外直接投资大国。20世纪90年代以来，特别是中央提出"走出去"战略之后，中国企业对外直接投资呈现出强劲的增长态势，在后金融危机时代尤其迅速。结合中国经济发展的特点以及参与国际直接投资的规律，在经济发展早期，中国往往是以一种国际直接投资净流入国的身份出现的，直到2014年才名副其实成为净流出国家。2014年，中国实现对外直接投资1160亿美元，同比增长高达15.5%，首次实现了双向投资平衡。定性地看，这不仅是中国成为国际直接投资净流出国的重要标志，也预示着对外直接投资即将成为中国经济发展承前启后的促进因素（李良新，2010；冯彩和蔡则祥，2012）。

第二，出口贸易整体疲软，对出口技术复杂度的提升势在必行。2014年，中国出口总值14.39万亿元，同比增长4.9%，明显低于经济增速，尤其是外贸出口先导指数连续下滑，预示出口贸易面临较大压力。可见，高附加值产品占比少，产品技术含量不高，同时，要面对高能耗、低效率所带来的资源与环境的巨大压力，出口产品缺乏国际竞争力等弊病已经开始显现。调整出口贸易技术结构和技术水平的契机已经到来，中国亟须对出口贸易技术结构和技术水平进行提升，以促使出口贸易的转型升级，并促进外贸可持续发展和竞争力的提高。其中，出口技术复杂度作为反映出口产品技术分布、出口技术结构和技术水平的经济指标,已得到学界的广泛研究和认可。一般认为,一国出口技术复杂度越高,证明该国出口贸易技术结构和技术水平越高,越具有国际竞争力。

更进一步看,在经济新常态下,面对中国经济正在发生的深刻变革,中国对外直接投资的动机是什么?资本投到哪里去?会起到何种程度的促进作用?中国的出口技术复杂度提升的切入点在哪里?规划发展路径又将如何设计?1992年,党的十四大报告中明确指出"积极扩大我国企业的对外投资和跨国经营",正式确定了中国企业对外发展的风向。2000年,全国人大九届三次会议把"走出去"战略提高到国家战略层面。2001年,《国民经济和社会发展第十个五年计划纲要》①中明确指出,通过对外直接投资确立中国出口产品比较优势,带动产品、服务和技术出口的方向。2005年,温家宝在政府工作报告中强调给予企业"走出去"的引导和协调力度。可见,经过长期政府层面的鼓励、扶持工作,"走出去"战略已经从提出阶段过渡到加快实施阶段。如果说"走出去"战略为企业对外直接投资指出了前进的道路,那么"一带一路"发展战略则为企业明确指出了对外直接投资东道国以及投资标的等操作趋势和方向。2015年3月28日,国家发改委、外交部、商务部联合发布的《推动共建丝绸之路经济带和21世纪海上丝绸之路的愿景与行动》②,提出消除贸易与投资壁垒、解决贸易与投资便利化是"一带一路"建设的重点内容。同时,以对外直接投资的方式融入全球价值链并推动突破价值链低端,大力发展高端制造业、现代服务业等新兴战略产业成为政府下一阶段工作的重点。可见,中国政府通过"一带一路"发展战略以对外直接投资的方式融入全球价值链中,结合技术转移、产业链优化等方式大力发展技术含量高、高效率、低污染的高端制造业和现代服务业,从而在实现中国出口技术复杂度提升的同时实现出口贸易的转型

---

① 经2001年3月15日第九届全国人民代表大会第四次会议批准。

② 国家发改委、外交部、商务部:《推动共建丝绸之路经济带和21世纪海上丝绸之路的愿景与行动》,2015年3月28日。

升级。此外，"一带一路"沿线国家和地区的经济结构、发展模式以及合作需求与发达经济体存在差异，一方面，作为转型经济体，其面临着升级基础设施的需求；另一方面，作为新兴市场，其国际贸易市场潜力巨大。同时，中国作为最大的发展中国家，在对外直接投资上拥有资金的优势，在出口贸易上肩负着消化产能加快产业转型升级的使命。因此，以"互联互通"为抓手推进双边经贸合作，促进双边投资贸易的发展才是"一带一路"发展战略的基础和保障。在全球经济环境复苏乏力的宏观背景下，中国面临着对外直接投资净流出和出口贸易疲软等变化，在结合"一带一路"发展战略开展对沿线国家和地区对外直接投资的同时，以吸纳技术、开拓市场的方式通过发展新兴产业以促使中国出口技术复杂度的提升已成为经济结构调整的必由之路。

综上所述，在经济全球化浪潮的冲击下，对外直接投资是政策引导的重点，出口技术复杂度的提升是出口产品突破价值链低端、出口技术结构转型、技术水平升级、国际竞争力提升、中国经济可持续发展等亟须解决的问题，两者即为本书研究的重点。

在此提出本书的研究主题：中国对外直接投资、出口技术复杂度有哪些新特征、新思维或新逻辑？日益增长的对外直接投资是如何影响出口贸易尤其是出口技术复杂度的？不同动机的对外直接投资如何促进出口技术复杂度的提升？"一带一路"发展战略会为对外直接投资的扩张、出口技术复杂度的提升甚至中国经济的发展带来哪些契机？这些问题的解决对"一带一路"背景下的中国对外直接投资与出口技术复杂度的提升具有重要的指导意义和应用价值。

第二节 相关问题的界定

一 对外贸易转型升级的定义

所谓"出口贸易转型升级"，其实际含义主要有以下两点：其一，强调的是对出口贸易技术结构的转型，即出口产品从资源、劳动密集型逐渐转向资本、技术密集型，实现技术结构的优化；其二，强调的是对出口技术水平的升级，即从低技术、竞争力低逐渐转移到高端制造业、技术密集、竞争力强的水平，这是出口贸易逐渐升级的一种定量的变迁过程。总体而言，本书所研究的"出口贸易转型升级"即考察出口技术水平由低向高、出口技术结构逐渐优化的过程。而学界衡量出口技术水平通常使用出口技术复杂度（export technology complexity）指标。出口技术复杂度是由 Haussmann 等（2005；2007）、Rodrik（2007）率先运用，结合各国家各出口产品显示比较优势、全要素生产率以及出口份额综合体现各国家贸易出口技术结构和技术水平的指标。相对来说，出口技术复杂度的测算需要挖掘世界所有贸易产品和研究样本国家的相关贸易数据，计算量和难度较大（洪世勤和刘厚俊，2013）。然而，其优点在于能完美反映各国家出口产品的技术结构以及技术水平，在国际贸易、产业结构等研究中被国内外学者广泛应用。同时，技术含量已经成为当今考量出口产品的竞争力的核心指标之一，因此出口技术复杂度可以客观反映各国出口的国际竞争力（黄先海等，2010；文东伟，2011；戴翔，2011），并将其进行动态比较。

本书兼顾对"一带一路"沿线各国家和地区货物贸易及服务贸易出口的考察，为全面反映一国出口技术结构和技术水平的特点，包含对服务贸易和货物贸易出口技术复杂度的双重测度。所谓"出口技术复杂度的提升"，一方面，强调对出口贸易中技术结构的转型升级，即货物贸易和服务贸易出口技术结构的优化；另一方面，强调对出口技术水平的提升，即从低技术、竞争力弱逐渐转移到高端制造业、技术密集、竞争力强的出口技术水平，这是出口贸易逐渐升级的一种定量的变迁过程。总体而言，本书所研究的"出口技术复杂度"即考察出口技术水平由低向高、出口技术结构逐渐优化的过程，并以对外直接投资为切入点研究对其的影响。

二 "一带一路"沿线国家和地区的界定

结合中国经济新常态下的具体国情和世界经济布局，考虑到全面性以及后文实证分析部分的需要，在此参照陈虹和杨成玉（2015）

的研究成果，将"一带一路"视角下与中国"互联互通"（或正在积极准备"互联互通"）的经济体分为"一带一路"沿线国家和地区（其中，所有国家和地区都与中国就"一带一路"战略展开对话与合作）、亚投行其他创始成员国以及世界其他发达经济体。此分类方法不仅考虑到其地理因素涵盖的中国对外合作密集地区，同时还包括世界主要经济体，如 G20 所有国家、金砖 5 国等都包括在内。

选取中国、"一带一路"沿线国家和地区、亚投行其他创始成员国、世界其他发达经济体进行后文的现状分析以及实证分析，其中包括中亚 6 国（蒙古、哈萨克斯坦、乌兹别克斯坦、土库曼斯坦、吉尔吉斯斯坦、塔吉克斯坦）、中东欧 16 国（波兰、罗马尼亚、捷克、斯洛伐克、保加利亚、匈牙利、拉脱维亚、立陶宛、斯洛文尼亚、爱沙尼亚、克罗地亚、阿尔巴尼亚、塞尔维亚、马其顿、波黑、黑山）、西亚北非 16 国（沙特阿拉伯、阿联酋、阿曼、伊朗、土耳其、以色列、埃及、科威特、伊拉克、卡塔尔、约旦、黎巴嫩、巴林、也门、叙利亚、巴勒斯坦）、独联体其他 7 国（俄罗斯、乌克兰、白俄罗斯、格鲁吉亚、阿塞拜疆、亚美尼亚、摩尔多瓦）、东南亚 11 国（印度尼西亚、泰国、马来西亚、越南、新加坡、菲律宾、缅甸、柬埔寨、老挝、文莱、东帝汶）、南亚 8 国（印度、巴基斯坦、孟加拉国、斯里兰卡、阿富汗、尼泊尔、马尔代夫、不丹）。此外，为考虑到涉及"一带一路"战略的全面性、综合性，本书选取亚洲基础设施投资银行（以下简称亚投行）创始成员国，除"一带一路"战略途经国家外，还有新西兰、法国、德国、意大利、英国、卢森堡、瑞士、奥地利、巴西、荷兰、丹麦、澳大利亚、韩国、挪威、冰岛、瑞典、芬兰、西班牙、马耳他、葡萄牙、南非。综上所述，本书系统性采用中国、"一带一路"战略沿途国家 64 个、亚投行其他创始成员国 21 个、世界其他发达经济体 2 个，共计 88 个国家相关数据，进行现状分析以及实证分析。

三 对外直接投资行业的分类

相对而言，中国从 2004 年起才开始统计对外直接投资相关细分行业数据（陈愉瑜，2012）。本书结合《中国商务年鉴》2004—2014年对外直接投资行业分布数据以及国家统计局行业细分类别方法，将对外直接投资细分行业分类如下，见表1.1。

表1.1 　　　　　　　　　对外直接投资细分行业分类

行业编号	行业名称
A	农、林、牧、渔业
B	采矿业
C	制造业
D	电力、热力、燃气及水的生产和供应业
E	建筑业
F	批发和零售业
G	交通运输、仓储和邮政业
H	住宿和餐饮业
I	信息传输、软件和信息技术服务业
J	金融业
K	房地产业
L	租赁和商务服务业
M	科学研究和技术服务业
N	水利、环境和公共设施管理业
O	居民服务、修理和其他服务业
P	教育
Q	卫生和社会工作
R	文化、体育和娱乐业
S	公共管理、社会保障和社会组织

资料来源：作者根据《中国商务年鉴》对外直接投资行业分布归纳所得。

四　服务贸易出口产品的分类

相对而言，区别于货物贸易，服务贸易的产品因为其独特性，很难像货物贸易那样使用产品出口总值的方法具体监测服务贸易出口总值。取而代之的是 Mishra 等（2011）的研究思路，按照服务贸易出口所述行业进行分类，以往研究纷纷采取这一方法（戴翔，2011；马鹏和肖宇，2014；陈俊聪，2015；张雨和戴翔，2015）。值得肯定的是，在相关数据获取方面，在联合国贸易和发展会议统计数据库（UNCTAD Statistics）中，服务贸易出口分项的分类同样也是按照其出口行业的属性进行划分的。

在联合国贸易和发展会议统计数据库中，服务贸易出口分项按照IMF 国际收支平衡表的方法进行分类，其中包括运输服务、旅游、建筑服务、保险服务、金融服务、专利和特许费、通信服务、计算机和信息服务、个人文化和娱乐服务、其他商业服务、政府服务 11 类。《中国商务年鉴》服务贸易出口分类中，包括运输服务、旅游、通信服务、建筑服务、保险服务、金融服务、计算机和信息服务、专利和特许费、咨询、广告和宣传、电影和音像、其他商业服务 12 类①。然而，《中国商务年鉴》中只列出了中国服务贸易出口总值的数据，并没有各出口分项的数据，而且其他国家样本不足。戴翔（2011）也认为，服务贸易主要研究的是商业服务，因此需将政府服务剔除，但其同时认为，"其他商业服务"出口分项描述太泛，在其研究中予以剔除。然而，通过对数据的观察不难看出，其他商业服务出口总值在部分国家服务贸易出口总值中所占份额较大，例如，2014 年，美国其他商业服务出口总值为 1276.75 亿美元，占其服务贸易出口总值的18%；中国同年其他商业服务占服务贸易出口总值的 29.5%。考虑到研究的完整性以及"其他商业服务"所占的份额较大，因此在本书的研究中将其予以保留。

值得注意的是联合国贸易和发展会议统计数据库中存在两个分类标准，即 BPM5 和 BPM6。两者之间的区别在于 BPM6 提供的数据区间为 2005—2014 年，BPM5 提供的数据区间截至 2013 年。此外，在BPM5 标准下，"通信服务"和"计算机和信息服务"作为两个单独出口分项分别给出了历年数据，但在 BPM6 标准下却对两者进行合并处理，以"通信、计算机和信息服务"形式作为单项出现。因此，

---

① 项目类别为国际收支口径，因此不含政府服务。

本书在处理上选取2005—2014年BPM6标准的数据，2003年和2004年的数据选取BPM5标准并对"通信服务"和"计算机和信息服务"两项数据进行加总处理。

综上所述，本书把服务贸易出口行业分为运输服务、旅游、建筑服务、保险服务、金融服务、专利和特许费、通信、计算机和信息服务、个人文化和娱乐服务、其他商业服务共9类。使用联合国贸易和发展会议统计数据库作为数据来源，其中，2003年和2004年的数据基于BPM5的标准选取，2005—2014年的数据基于BPM6的标准。

五 货物贸易出口产品的分类

通过货物贸易出口产品技术含量水平的不同对其进行分类才符合现阶段货物贸易出口的特点。Lall（2000）指出，不同技术水平的贸易产品比重的变化可以反映货物贸易出口技术结构的变化。而出口技术结构的变化即本书所强调的出口技术复杂度的方向，劳动密集型、资本密集型的外贸出口产品逐渐向技术密集型出口产品过渡，低中技术含量出口产品逐渐向高技术含量出口产品过渡。因此，为了进一步弥补Lall（2000）、Julia（2005）、张如庆和张二震（2010）静态分析或者使用时间跨度段不能反映动态过程的缺陷，本书挖掘了时间跨度在2003—2014年的货物贸易出口数据以及本书所研究的88个国家200多种货物贸易出口产品数据，全面系统地得到货物贸易出口贸易技术结构。考虑到数据的可得性、整理的规范性以及行文的连贯性，根据Lall（2000）的贸易产品分类方法，本书将3位SITC编码的200多种出口产品进行划分。该方法综合考虑了要素禀赋和技术在出口贸易产品生产中的作用，中国的出口特性也得到了充分的体现，分类方法以及代表性产品见表1.2，详细产品及其3位SITC编码见附录8。

表1.2　　　　　　货物贸易出口产品分类及代表性产品

编码	Lall（2000）贸易产品分类	3位SITC编码代表性产品
PP	初级产品	生鲜水果、肉类、米、可可、茶、咖啡、木材、煤炭、原油

编码	Lall（2000）贸易产品分类	3 位 SITC 编码代表性产品
RB	资源型制成品	
	RB1 农林产品	初加工肉类/水果、饮料、林产品、食用油
	RB2 其他资源型制成品	选矿、石油/橡胶制品、水泥、玻璃
LT	劳动密集型制成品/低技术制成品	
	LT1 纺织、服装、鞋类	纺织面料、服装、帽子、鞋类、皮革制品
	LT2 其他低技术产品	陶器、简单金属零件、家具、首饰、玩具、塑料制品
MT	资本密集型制成品/中技术制成品	
	MT1 机动车辆	乘用车及零件、商务车、摩托车及零件
	MT2 中技术加工产品	合成纤维、化学品及油漆、塑料、铁、管
	MT3 中技术工程产品	发动机、电动机、工业机械、泵、开关设备、船、表
HT	技术密集型制成品/高技术制成品	
	HT1 电子和电气产品	数据处理/通信设备、电视机、晶体管、涡轮机、发电设备
	HT2 其他高技术产品	药品、航空器、光学/测量仪器、照相机

值得一提的是，高技术制成品指具有高研发强度、技术含量以及密集度高的产品。一方面，Lall（2000）定义的高科技产品具体使用 COMTRADE database（United Nations）数据库中 SITC 3 位码的 18 类产品，包括电子电力产品（716、718、751、752、759、761、764、771、774、776、778）和其他高科技产品（524、541、712、792、871、874、881）共 18 类产品；另一方面，《中国商务年鉴》所定义的高技术制成品涵盖生物技术、生命科学技术、光电技术、计算机与通信技术、电子技术、计算机集成制造技术、材料技术、航空航天技术以及其他技术。两者基本吻合，可见，考虑到中国国情，根据 Lall（2000）的贸易产品分类方法既能充分反映有中国特色的出口产品要素禀赋（分类涵盖初级产品、资源型制成品、劳动密集型制成品、资本密集型制成品、技术密集型制成品），又能全面刻画中国工业制成品出口贸易产品的技术含量特征（工业制成品包括低技术制成品、中

技术制成品、高技术制成品）。

第三节　文献综述

从本质上看，出口技术复杂度研究更广的角度是基于对一国出口贸易技术结构的分析，即出口技术复杂度的研究是出口贸易技术结构研究领域的一个子集。因此在梳理对外直接投资对出口技术复杂度影响的相关文献之前，应先基于对外直接投资的贸易效应，尤其是技术结构效应的相关研究进行综述，然后进行对外直接投资对出口技术复杂度的经验回顾。在此值得强调的是，基于中国依然是世界出口大国，出口技术复杂度的提升所强调的是对出口贸易中的贸易方式和技术结构逐渐优化的过程，货物贸易出口与服务贸易出口主要以"稳增长、调结构"的基调进行其技术复杂度的提升。因此本书同时考虑对货物贸易出口和服务贸易出口中的技术复杂度进行相关研究分析。

一　关于出口技术复杂度

Rodrik（2006）认为，出口技术复杂度主要是结合出口产品技术含量高低反映出口技术结构和技术水平的指标，因此首先应对中国出口贸易技术结构相关研究进行综述。结合中国出口贸易技术结构而言，张曙霄和张磊（2013）认为，中国高技术产品的出口份额逐年上升，因此出口贸易技术结构得到了不断优化。但总体而言，中国出口产品还是以低技术产品为主，出口贸易技术结构仍然处于较低的水平。张帆等（2014）指出，中国外贸产品中存在高附加值产品少、技术含量低、竞争力不强等特点，并提出研究出口贸易转型升级问题对促进出口贸易可持续发展、提高竞争力至关重要。在贸易技术结构的建立方法上，王蕙和张武强（2011）用工业制成品在出口产品中所占的比重衡量出口产品技术结构；王永齐（2004）从资本品和消费品进出口的相对数量来衡量贸易技术结构；刘海云和聂飞（2015）在研究中国对外直接投资动机及其对外产业转移效应时，以中国出口贸易中初级产品、制成品的出口份额决定出口贸易的技术结构。然而，上述分类方法过于简单，现阶段，工业制成品在货物贸易中的比重极大，已经在中国出口贸易产品结构中占据主导地位，显然这些分类标准缺少研究出口贸易技术结构的现实意义。此外，根据上文所提到的"产品周期理论"（Vernon，1966）可见，技术作为产品的生产要素之一，在国际贸易中扮演着越来越重要的角色。然而，这些指标难以衡量中国的出口技术水平和出口技术结构。

近年来，越来越多的学者利用出口贸易产品的技术含量对出口产品进行分类并衡量出口贸易的技术结构。包群等（2000）、吴飞飞（2015）以工业制成品和高技术产业的出口比重作为衡量出口结构的指标；逯宇铎和孙博宇（2012）基于各国 GDP 和细分出口数据的产品技术附加值的方法对出口结构进行衡量；王韶华等（2014）以高新技术企业出口总额占货物出口总额的比重表示出口结构；陈怡和孙文远（2015）把高新技术产品出口额占总出口额的比重视为贸易技术结构指标。然而，这些方法均存在缺少理论支持或标准框架的缺点，面对当今错综复杂的出口产品，难以按照统一的口径全面展示出口结构的特点。

在出口技术复杂度的视角下，工业制成品往往根据技术含量的差异按照其出口技术复杂度进行划分。Hausmann 等（2007）、Rodrik（2006）指出，中国出口产品的技术含量高低视作决定出口技术结构和技术水平的决定因素，显示出口产品国际竞争力的强弱。周学仁（2012）把中国的出口技术结构视为出口产品技术分布结构。李小平等（2015）结合中国制造业出口技术复杂度的测度，反映中国制造业出口技术水平。

Haussmann 等（2005；2007）、Rodrik（2007）率先运用出口技术复杂度测度出口产品的技术含量，并认为出口技术复杂度可以反映一国出口产品的产业技术结构。同时，出口技术复杂度可以反映出口产品的国际竞争力（黄先海等，2010；文东伟，2011；戴翔，2011），其内在的逻辑是如果一国出口产品的复杂度越高，那么该国出口产品的技术水平就越高，就越有竞争力。此外，陈俊聪（2015）在 Mishra 等（2011）基于 Hausmann 等（2007）提出的货物贸易出口技术复杂度计算方法的基础上，通过服务贸易行业替代货物贸易产品的处理方法，对服务贸易出口技术复杂度的测算进行了尝试。借鉴Hausmann 等（2007）构建的出口产品技术复杂度，杜修立和王维国（2007）把出口贸易技术结构视为一国出口产品的技术分布结构，在计算得到出口产品技术复杂度的基础上，结合中国相关产品的出口份额计算得到中国出口贸易技术结构。与出口技术结构相比，采用出口技术复杂度计算得出的出口贸易技术结构指标具有以下优点。

第一，出口技术复杂度能够动态展示世界所有贸易产品的技术含量，即出口技术复杂度所计算得到的是贸易产品技术含量的实际值，其会根据各国贸易量的不同而发生变化。而各产品在一国贸易的份额能够全方位体现该国的出口技术分布结构。一般而言，一国出口技术复杂度的提升存在两个因素，其一是出口贸易技术结构从低技术复杂度的分项产品向高技术复杂度的分项产品转移；其二是分项产品技术复杂度的增加（戴翔，2011）。

第二，基于出口技术复杂度测算的全面性，其体现一国出口产品的技术分布，客观反映该国出口贸易的技术结构（周学仁，2012）。但由于出口技术复杂度需要挖掘世界所有贸易产品和研究样本国家的相关贸易数据，数据多、计算量大（洪世勤和刘厚俊，2013），因此大量经验研究借用其他较为简单的指标来替代。

二 关于对外直接投资出口贸易效应

在对外直接投资对出口贸易效应的影响方面，国内外学者对此进行了大量研究。Munisamy et al.（1998）以出口与国民生产总值之比、对外直接投资额与国民生产总值之比为解释变量，实证分析了美国对发达国家出口与直接投资的关系。结果表明，对外直接投资促进中间商品从母国出口到东道国，技术的不平等能够扩大双边的出口和直接投资。Anna（2005）证明了20世纪90年代波兰甚至欧洲的FDI流量的变化对其经济转型的贡献，其中，以对外出口贸易技术结构为甚。Bishwanath 和 Etsuro（1999）分析了亚洲OFDI的发展趋势，认为OFDI改善了母国的产业技术结构和出口贸易。Goldberg 和 Klein（1999）

对发达经济体对发展中经济体的对外直接投资行为进行了分析，表明发达经济体对发展中经济体对外直接投资通过促进其中间产品出口的方式，优化了其出口贸易技术结构。由此可见，发达国家的对外直接投资主要通过更多的出口中间产品优化其出口贸易技术结构，并且投向发展中国家的对外直接投资的出口贸易技术结构优化效应更加明显。

后金融危机时期，伴随着中国对外直接投资的增长以及出口技术复杂度提升的机遇的到来，不少学者从不同角度展开了对外直接投资对出口贸易技术结构方面的研究。张海波（2014）认为，对外直接投资能够提升母国出口贸易产品的技术含量。陈愉瑜（2012）对1982—2010年中国对外直接投资的贸易技术结构效应进行时间序列分析，发现中国对外直接投资对货物贸易技术结构的变化有积极影响，认为对外直接投资具有贸易技术结构效应。陈俊聪和黄繁华（2014）证实了中国企业进行海外直接投资能够加快新兴产业的发展，实现出口贸易产业结构升级。

三 关于对外直接投资对出口技术复杂度的影响

张海波（2014）利用动态面板数据模型的系统 GMM 方法实证分析了对外直接投资对母国出口贸易技术含量的影响，结果给予了肯定的答案。陈俊聪和黄繁华（2014）证实了中国对外直接投资规模扩大与出口技术复杂度之间存在正相关关系。马鹏和肖宇（2014）测算了 G20 国家服务贸易技术复杂度，认为出口技术复杂度与国内产业结构升级之间存在正相关关系。陈俊聪（2015）实证检验了部分国家对外直接投资对服务贸易出口技术复杂度的影响，结果表明，对外直接投资有助于提升母国服务出口技术复杂度。此外郭晶（2010）、李磊等（2012）分别在计算测度出口产品技术含量的基础上，运用面板数据进行对外直接投资、地区专业化对出口技术复杂度影响的实证分析，结果均证实对外直接投资对于出口技术复杂度的显著提升作用。类似研究还有项本武（2009）、张春萍（2012）等。

从经验研究样本数据看，如陈俊聪（2015）旨在通过发达国家与发展中国家样本比较研究对外直接投资对服务出口技术复杂度的影响，这样的研究还有 Manabu 和 Kaoru（2012）；张海波（2014）利用 71 个国家的数据研究对外直接投资对母国出口技术复杂度的影响；Stephen（2006）通过不同收入国家（低、中、高收入国家）样本研究对外直接投资对贸易技术结构的影响。结合"一带一路"发展战略，以对外直接投资为切入点助力出口技术结构优化（高虎城，2014），已成为经济新常态下对外直接投资和出口贸易顺利开展的风向标（叶初升和闫斌，2015）。然而，鲜有学者在"一带一路"视角下以"一带一路"沿线国家和地区为研究样本进行对外直接投资对出口技术复杂度影响的研究。

从研究视角出发，经验研究往往从单一视角着眼，如戴翔（2011）、马鹏和肖宇（2014）、陈俊聪（2015）等均从服务贸易出口技术复杂度入手进行研究；Manabu 和 Kaoru（2012）、张海波（2014）、项本武（2009）、张春萍（2012）等均从货物贸易出口技术复杂度入手进行研究。因为期刊论文篇幅的限制而造成研究视角的单一，导致学者往往无法同时对服务贸易出口和货物贸易出口技术复杂度分别进行计算，从而无法进行比较分析。

此外，经验研究往往缺乏针对性。大部分学者以样本国家对外直接投资、出口技术复杂度为变量进行实证分析，其研究实质上是基于样本国家数据，分析样本国家视角下对外直接投资对出口技术复杂度的影响。其容易忽视一个本质性问题，即以中国在各国家和地区对外直接投资、出口技术复杂度为切入点，研究中国在各国家和地区对外直接投资对相应国家和地区出口技术复杂度的影响。对这一问题的研究，也是本书的创新点之一。

第四节　研究思路和研究方法

一　研究思路

本书共分为 9 个章节，按照"提出问题—理论分析—现状分析—实证分析—政策建议"的分析框架，具体研究分析框架如图 1.1

所示。

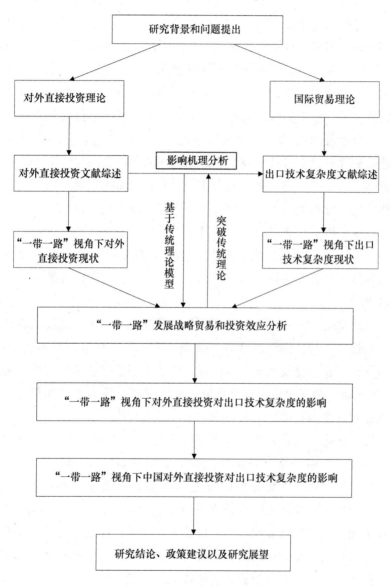

图1.1　本书研究分析框架

本书在写作结构方面做了以下安排。

第一章提出本书的研究背景和选题意义,综述学界关于对外直接投资出口贸易效应、技术结构效应、出口技术复杂度以及对外直接投资对出口技术复杂度影响的相关研究成果,整理本书的研究思路和方法,介绍本书的结构安排,指出本书的创新之处和不足。

第二章在归纳整理对外直接投资理论、国际贸易理论以及"一带一路"发展战略理论的基础上,通过国内外学者基于对外直接投资对出口技术复杂度影响机制的理论基础和经验研究,进行对外直接投资对出口技术复杂度的影响机制的梳理,为提出"一带一路"视角下对外直接投资对出口技术复杂度影响的实证研究提供理论支持。

第三章是"一带一路"视角下对外直接投资的现状分析。结合流量和存量,分别剖析中国对外直接投资东道国地理区位、东道国经济发展程度、投资行业以及产业特点。通过国别分析、份额分析、行业结构分析、产业结构分析,多维度剖析中国在"一带一路"沿线各国家和地区对外直接投资的特点与现状,同时,为实证分析部分建立变量指标。

第四章是"一带一路"视角下服务贸易出口技术复杂度的现状分析。通过"一带一路"沿线各国家和地区服务贸易出口的国别分析、行业分析、显示比较优势分析以及出口技术复杂度分析等方法,明晰"一带一路"服务贸易出口技术复杂度的现状,并为实证部分建立衡量服务贸易出口技术结构和技术水平的因变量指标。

第五章是"一带一路"视角下货物贸易出口技术复杂度的现状分析。通过"一带一路"各国家和地区货物贸易出口的国别分析、行业分析、显示比较优势分析以及出口技术复杂度分析等方法,明晰"一带一路"货物贸易出口技术复杂度的现状。此外,在此基础上,计算中国对沿线国家和地区的出口技术复杂度,在把握沿线国家和地区整体出口技术复杂度的同时,分析中国对沿线国家和地区的具体的出口技术结构和水平,为后文实证建立因变量指标。

第六章为实证分析部分,对"一带一路"发展战略对外贸易效应和投资效应进行一般均衡(CGE)模型下的前瞻性分析。"一带一路"发展战略的目标即促使贸易投资便利化,在前瞻性确定"一带一路"发展战略存在对外贸易效应和投资促进效应的前提下，才能展开对外直接投资对出口技术复杂度的实证分析，尝试在情景模拟分析的基础上，探索"一带一路"发展战略对外贸易效应和投资效应，在深化经贸合作的背景下，找到"一带一路"带动区域乃至全球经济实现共同发展、促进共同繁荣的证据。

第七章实证检验"一带一路"视角下对外直接投资对出口技术复杂度的影响。以"一带一路"国家和地区相关面板数据为样本，运用跨国动态面板数据模型进行对外直接投资对出口技术复杂度影响的实证分析，从而找到"一带一路"视角下对外直接投资与出口技术复杂度之间的逻辑关系，得出理论性和应用性相互兼顾的结论。

第八章是在第七章的基础上，运用中国对"一带一路"国家和地区的相关面板数据，实证检验中国在"一带一路"沿线国家和地区对外直接投资对出口技术复杂度的影响。梳理"一带一路"视角下中国对外直接投资对相应东道国出口技术结构和技术水平的影响，使接下来的政策建议更显科学性和针对性。

第九章为研究结论、政策建议以及研究展望部分。主要结合前文现状分析以及实证分析的结论，全面、系统、科学地提出在"一带一路"视角下，通过对外直接投资加快出口技术复杂度提升的政策建议。

二 研究方法

1. 比较分析法

横向比较分析"一带一路"沿线各国家和地区对外直接投资、出口技术复杂度等指标。纵向研究各国家和地区相关指标的动态演绎过程，有助于观察中国在"一带一路"发展战略中的定位，对中国与"一带一路"沿线国家和地区展开经贸合作提供启示和借鉴作用。同时，对服务贸易和货物贸易出口技术复杂度的比较分析，能够更全面掌握"一带一路"沿线各国家和地区出口技术复杂度的特点。

2. 定性和定量分析相结合

本书在深层次进行对外直接投资对出口技术复杂度影响的理论分

析的同时，采用定性和定量分析相结合的方式进行对外直接投资、出口技术复杂度现状分析，以期做出系统、深入的研究。

3. 前瞻分析法

相比于利用历史数据的实证检验分析方法，本书同时对"一带一路"发展战略进行前瞻性情景模拟分析，利用实证模型预测2020年"一带一路"沿线各国家和地区宏观经济指标变动情况，科学分析"一带一路"发展战略对外贸易和投资效应。找到"一带一路"发展战略在促进各国家和地区经贸合作方面的证据。

4. 实证分析法

对"一带一路"视角下对外直接投资对出口技术复杂度的影响机制做出了全面的实证分析，并有针对性地进行了中国在"一带一路"沿线国家和地区对外直接投资对出口技术复杂度影响的分析和评述，采用跨国面板数据模型中静态估计和动态估计相结合的办法，找到了"一带一路"视角下对外直接投资扩张对出口技术复杂度提升促进作用的证据。

第五节　创新点与不足

一　创新点

第一，研究样本的创新。样本的选取反映出研究的意义，还没有学者在"一带一路"视角下对中国对外直接投资与出口贸易技术结构和技术水平进行研究分析。本书尝试基于"一带一路"视角下88个国家和地区的样本数据，研究"一带一路"视角下对外直接投资、出口技术复杂度现状以及对外直接投资对出口技术复杂度的影响。

第二，研究视野的创新。"一带一路"沿线国家主要为转型经济体或发展中国家，中国对其进行的直接投资和出口贸易存在异于发达国家的现状和特点。本书通过对"一带一路"视角下对外直接投资和出口技术复杂度的现状分析，在定性分析的基础上通过一系列定量的国别分析、行业及产业分析、显示指数分析、技术复杂度分析等方法，剖析了"一带一路"视角下对外直接投资和出口技术复杂度的现状和特点，为"一带一路"发展战略的相关研究提供了启示与借鉴。

第三，应用层面的创新。原创性地对"一带一路"发展战略进行情景模拟分析，对其对外贸易和投资效应进行前瞻性情景模拟分析，在深化经贸合作的背景下找到"一带一路"带动区域乃至全球经济实现共同发展、促进共同繁荣的证据。此外，对外直接投资对出口技术复杂度影响模型兼顾货物贸易和服务贸易，进一步研究中国在各国家和地区对外直接投资对相应国家和地区的出口技术复杂度的影响，这与传统的对外直接投资对母国出口技术复杂度的影响、全样本对外直接投资与出口技术复杂度的影响有所区别。

二　不足之处

第一，本书缺乏中国对"一带一路"沿线各国家和地区服务贸易出口技术复杂度的测度。国内已有学者尝试测度中国服务贸易出口技术复杂度，诚然，学界基于服务贸易出口技术复杂度的研究已经成熟，虽然本书利用联合国贸易和发展会议统计数据库中的服务贸易数据计算出"一带一路"沿线各国家和地区的服务贸易出口技术复杂度，并在第八章中进行了相关实证分析。但遗憾的是，数据库中无法找到中国对世界各国家和地区服务贸易出口以及各分项出口的详细数据，本书无法通过相关数据计算出中国对沿线国家和地区服务贸易出口技术复杂度，因此服务贸易在第九章实证检验中并未得到体现。

第二，本书的实证检验中缺乏中国在"一带一路"细分各国家和地区对外直接投资对相应出口技术复杂度的影响分析（细分国家和地区逐一分析，而不是采用面板数据模型）。其实，本书拟加入"中国在细分各国家和地区对外直接投资对其出口技术复杂度的影响分析"这一部分，具体使用现阶段比较前沿的全球向量自回归模型（global VAR，GVAR），首先尝试构建中国与"一带一路"沿线各国家和地区的大型联立方程组宏观经济模型（simultaneous economic model，SEM），其次在此基础上通过贸易矩阵将各国家和地区的模型进行连接，最后运用 GVAR 模型进行中国对外直接投资对出口技术复杂度影响的实证分析，实证结果以脉冲响应函数的形式表达。然而，其样本数据无法通过弱外生性检验，实证结果不显著。其主要是由于本书对外直接投资样本数据的统计开始于 2003 年且为年度数据，数据跨度太短造成本书无法进行细化脉冲响应分析，这也是本书研究中的遗憾之处。

第二章　基于对外直接投资和出口贸易转型升级的理论基础

第一节　基础理论回顾

一　国际贸易相关理论回顾

我们暂且把视线转移到 18 世纪末至 19 世纪初的英国，产业革命在那里逐渐展开，工业革命正在以一种前所未有的速度带动着社会的进步和经济的发展。重商主义思潮在工业革命的驱动下得到了极大发展，然而其阻碍了出口贸易的发展，极端的保护主义阻碍了新兴资产阶级从海外获取生产所需的廉价原料并在海外寻找其他市场的努力。正如马克思在《资本论》中所指出的那样，"重商主义过去在发展商业资本和制造工厂主方面曾起过积极作用，但现在又妨碍它所制造出来的工厂主的自由活动了"。顺应历史潮流，当时，英国产生了代表新兴产业资产阶级利益的意识形态，亚当·斯密（Adam Smith）的经济自由主义翻开了国际贸易研究的新篇章。

亚当·斯密的学说被称为"绝对优势贸易理论"（absolute advantage），通过家庭经济行为的研究来描述开展国际贸易的必要性，其认为每个国家都应该生产一部分其所需的产品，而购买其他所需品，因此各国之间开展国际贸易的基础是它们之间存在的劳动生产率、生产成本、生产技术的绝对差别。另外，其首次论证了两国之间开展国际贸易并非"零和游戏"，而是双方都可以获得利益的"双赢"方式。这种自由市场经济思想对日后国际贸易理论的发展产生了深远影响。

在亚当·斯密的基础上，大卫·李嘉图（David Ricardo）提出了"比较优势贸易理论"。其认为，国际贸易的基础并不限于劳动生产率的绝对差别。国际贸易的产生是产品比较优势使然，比较优势主要由劳动生产率决定。该理论强调每个国家都应集中生产并出口其具有"比较优势"的产品，进口其具有"比较劣势"的产品。与前者的绝对劳动生产率差异不同，大卫·李嘉图把决定贸易模式的主要因素定义为相对劳动生产率的差异，其从资源的最有效配置角度来论证自由贸易与专业分工的必要性。"比较优势贸易理论"能够很好地解释绝对先进和绝对落后国家之间的贸易。

在新古典贸易理论方面，Heckscher（1919）和 Ohlin（1933）认为，除古典贸易理论中的劳动要素外，在生产中资本、土地等生产要素也起了重要的作用并对劳动生产率和生产成本产生了影响。根据不同产品生产需要生产要素配置的差异，理论确定了资本密集型产品、劳动密集型产品的相关分类。Heckscher（1919）根据相对资源禀赋情况和生产中要素比例提出比较优势理论，认为国际贸易的前提条件是国家之间生产要素的相对稀缺程度和不同产品中所用生产要素的不同比例的相互交换[1]。

随后，Ohlin（1933）在 Heckscher（1919）的基础上进一步发展了资源禀赋的贸易学说，全面阐述了新古典国际贸易理论的基本框架。在对国际贸易形成原因的解释方面，其认为，区间贸易产生的直接原因是生产要素的供给及其价格的不同造成了商品相对价格的不同，两地区生产要素相对价格的差异是贸易关系成立的必要条件。另外，由于生产要素不具有完全可分性，各地区应结合资源优势实现规模生产。

第二次世界大战以后，各国的生产水平逐渐提高，经济出现平稳复苏的态势。在国际贸易中，由于同类产品的贸易量、发达经济体之间的贸易量增加以及产业优势地位在各国之间不断转移等现象的出

---

[1] Heckscher, Eli F. , 1919, "The Effect of Foreign Trade on the Distribution of Income," in Harry Flam and M. June Flanders, *Heckscher-Ohlin Trade theory* , MIT Press, p. 48.

现，古典国际贸易理论和新古典国际贸易理论对当代国际贸易模式的解释显得乏力，以 Vernon（1966）、Grubel 和 Loyld（1975）、Krugman（1979）等学者的观点为代表的当代国际贸易的一些理论改变了传统贸易理论的假设条件、分析框架，给我们提供了进行国际贸易研究的新方向与新思维。

Krugman 和 Helpman（1979）首次提出的"规模经济理论"（theory of scale economies）指出，对于产品生产规模的扩大和平均成本的递减，建立起的比较优势会促使一国专业化生产这种产品。Grubel 和 Loyld（1975）专门解释了产业内差异产品在不同的国家和地区间双向流动，被称为"产业内贸易理论"（theory of intra-industry trade）。该理论从同类产品的差异性、利用规模经济、满足消费者需求的多样性 3 个角度阐述了产业内贸易与传统的产业间贸易的不同。

以"规模经济理论"和"产业内贸易理论"为基础，Krugman（1979）建立起一个同时用规模经济和不完全竞争来分析当代国际贸易的理论模型。其认为，垄断企业会形成规模经济和产品多样化，从而增加消费者福利。国际贸易产生的一个企业层面的原因是企业为了追求规模经济降低生产成本的行为。理论解释了发达国家之间的贸易和行业内贸易产生的重要原因，并扩展了国际贸易理论。

此外，Posner（1961）提出的"技术差距理论"（theory of technological gap）认为，技术创新会通过要素禀赋的再分配影响各国的比较优势，技术创新和技术转移是国际贸易中的重要因素之一。

在"技术差距理论"视角下，Vernon（1966）分析了产品技术的变化及其对贸易格局的影响，从技术进步对国际贸易影响的角度提出了"产品周期"（product cycle）理论。产品周期理论将产品的技术发展分为 3 个阶段，即新产品阶段、成熟阶段和标准化阶段。

可见，Krugman（1979）的不完全竞争和规模经济的国际贸易理论主要用来解释第二次世界大战过后发达经济体之间的国际贸易的突飞猛进和行业间的贸易问题，而 Vernon（1966）的产品周期理论很好地诠释了发达国家与发展中国家开展国际贸易的原因。两者相互补充，构成了当代国际贸易理论的基础。

　　此外，在论述发达国家之间的国际贸易方面，Ernst Engel（1960）分析了收入和需求变动的关系，认为收入的变化会影响需求，全球收入的增加会促使国际贸易从初级产品向制成品方向的转移。更进一步，Linder（1961）强调发达经济体之间工业制成品贸易会随着收入的不断增加而占据越来越大的比例。

　　进入20世纪80年代，随着发达工业国家的工业化建设进程进入尾声，取而代之的是逐渐重视服务业发展的经济转型，服务业取代第一产业和第二产业成为拉动发达国家经济增长的重要动力。与此同时，服务贸易角度的研究也越来越受到西方学者的关注。Deardoff（1985）对国际服务贸易的比较优势进行了开创性研究，揭示了比较优势理论在国际服务贸易中的某种适用性，并进一步证明了商品与服务贸易的不可分性，进而为两者的联系提供了全新的研究思路。

　　20世纪90年代以来，随着国际贸易的快速发展，许多学者尝试从不同的角度切入，研究国际贸易的热点问题。Burgess（1990）通过对服务贸易模型的构建，说明不同国家之间服务技术的差别如何形成比较优势从而决定服务贸易的格局。Melitz（2003）从国际贸易和生产效率的关系的角度进行了研究，认为国际贸易会导致资源的重新配置，使资源流向生产率较高的企业，并进行产品出口，生产率较低的企业不得不停滞于国内市场直至退出，产业的总体生产率通过国际贸易进行的资源重新配置而得到了提高。

二　对外直接投资相关理论回顾

　　一般认为，对外直接投资（outward foreign direct investment）是一国投资者为取得国外企业经营管理上的有效控制权而输出资本、设备、技术和管理技能等无形资产的经济行为。自20世纪50年代以来，资本输出逐渐转为以直接投资的方式为主，对外直接投资的发展引起了西方学者的关注，其中最经典的是Dunning（1977）将跨国企业对外直接投资的竞争优势总结为所有权优势（ownership）、区位优势（location）和内部化优势（internalization），也称"OLI范式"。OLI范式也是西方经济学中对外直接投资研究领域的一条主线。

围绕对外直接投资中的所有权优势，Hymer（1960）的"垄断优势理论"认为，企业对外直接投资的必要条件是其相对于东道国企业具有相对优势从而可以抵消额外成本，这种优势是与企业所有权相联系的、不容丧失的、有形资产或无形资产形式的优势。在 Hymer（1960）的基础上，Kindleberger（1969）指出，跨国企业的对外直接投资具有规模、市场、生产要素等方面的优势。之后，Johnson（1970）、Caves（1971）、Penrson（1976）从不同角度论述了跨国企业的垄断优势。

在对外直接投资区位理论方面，Kravis 和 Lipsey（1980）、Friedman et al.（1992）的研究强调了市场接近性、规模性、增长潜力性；Agodo（1978）强调东道国政治、经济、法律以及社会体制对吸引对外投资的影响；Porter（1990）、Smith 和 Florida（1994）、Ellison 和 Glaeser（1997）的研究强调东道国产业空间集聚对吸引对外直接投资的优势。

就对外直接投资中的内部化理论而言，Buckley 和 Casson（1976）将企业对外直接投资的动机视为国际交易内部化，他们认为，由于信息不对称，中间产品难以通过市场有效进行交易，所以企业通过对外直接投资的形式使交易在企业内部完成，可以合理配置资源，提高经济效率；Magee（1977）、Rugman（1981）基于跨国企业配置资源的协调机制的角度对内部化理论进行了完善。

从 20 世纪 70 年代起，日本经济迅猛发展，开创了世界经济发展的新模式。与美国"贸易替代型"对外直接投资不同，日本在制造业方面的投资属于"投资创造型"，从创造新市场的角度将对外直接投资与出口贸易相结合。针对关于西方对外直接投资的理论研究无法解释日本的对外直接投资的现象，Kojima Kiyoshi（1978）提出的"比较优势理论"认为，日本对外直接投资的成功缘于把国内失去比较优势的产业通过对外直接投资的形式进行转移，开拓新的出口市场；在国内发展具有比较优势的产业，使国内产业结构更趋合理，促进出口贸易的发展。Kojima Kiyoshi（1978）的"比较优势理论"提出了对外直接投资的"贸易创造型"发展战略，为日后发展中国家对外直接投资和贸易的协调发展提供了强有力的理论支持。

20世纪80年代以来，随着经济全球化不断深入、国际市场竞争日益尖锐，跨国企业在国际直接投资活动中日趋占据主导地位，其经营战略随即进入重大调整时期。学界对于跨国企业理论的研究同时进一步深入。最具代表性的是Wills（1977）形成的战略管理学派的理论体系，强调跨国企业战略的权变性和经营环境与组织结构之间的动态调整的相互适应性。随后，Porter（1990）做了更为详细的阐述，跨国企业的战略，实际上是在两个主要方面的不同组合，即区位布局和经营协调。较之先前的研究，战略管理学派突破了以往市场和企业内部组织的研究，扩展了企业的经营范围和职能分布，更加强调和研究因企业间合作急剧增多、境界模糊的混合型国际合作经营不断深化的跨国企业。

此外，伴随着发展中国家对外直接投资活动日益活跃的现象，也有不少学者通过理论的建立去阐述发展中国家的对外直接投资行为。Vernon（1966）提出的"产品生命周期理论"认为，产品在市场上呈现周期性的特征。"产品生命周期理论"指出，跨国企业的对外直接投资既有助于母国海外市场扩张延长产品生命周期，同时，也能将母国淘汰产业转移给其他国家以支持本国新兴产业的发展，并开始新一轮的周期。Wills（1977）提出的"小规模技术理论"是在借鉴Vernon（1966）的"产品生命周期理论"的基础上提出的，其认为发展中国家从事对外直接投资的优势在于其拥有小市场需要的小规模技术优势、民族产品的海外生产优势以及低价产品营销策略优势。

Lall（1983）在Wills（1977）的理论上进行了升华，提出"技术地方化理论"，指出发展中国家跨国企业的技术特征存在规模小、劳动密集型、使用标准技术等特点，然而企业的创新活动可以使其发挥特定优势，发展中国家对发达国家技术的改进、消化和吸收是一种创新驱动力。随后，Cantwell和Tolentino（1987）的"技术累积理论"进一步分析了发展中国家在对外直接投资活动中的技术溢出效应，其认为发展中国家跨国企业的扩张是一种内部连续不断的技术累积的过程，技术累积和对外直接投资深化相辅相成。此外，Mathews

（2002；2006）的"L-L-L模式"认为，发展中国家对外直接投资不是具有企业层面的所有权优势，而是通过国际化获得所有权优势（linkage）；发展中国家对外直接投资不在于获得垄断资源，而在于更好地利用这些资源（leverage）；发展中国家企业对外直接投资需要通过频繁的循环学习（learning）培育竞争优势。

三 "一带一路"发展战略的理论基础

"一带一路"发展战略旨在促进经济要素有序自由流动、资源高效配置和市场深度融合，推动沿线各国实现经济政策协调，开展更大范围、更高水平、更深层次的区域合作，共同打造开放、包容、均衡、普惠的区域经济合作架构。其最为中心的思想就是推进区域一体化建设（陈虹和杨成玉，2015）。

区域经济一体化通过贸易、要素流动以及技术扩散等途径对成员国的经济产生巨大而深远的影响。大量文献也证实了区域经济一体化具有经济增长的效应，Grossman和Helpman（2002）揭示了经济一体化动态效应主要通过规模经济效应、竞争效应、资本聚集效应以及资源配置效应等方式带动成员国的经济增长。王新华（2007）提出服务业外商直接投资具有一定的经济增长效应并且短期效应和长期效应均显著的结论。Edward（2001）的文献支持国际直接投资有助于东道国的资本形成及促进东道国经济增长的结论。

大量学者的研究均在不同程度上证实了区域经济一体化对区域经济的贸易效应和投资效应明显，而且这两种效应间的内生关系也不容忽视。吴力波和汤维祺（2010）研究表明区域一体化会通过国际贸易途径促使成员国经济增长。Swenson（2004）通过实证分析证实了部分OECD国家在美国的直接投资会对美国的进口贸易产生影响。全毅和高军行（2009）证实了东亚经济一体化会促进贸易与投资的增长。蔡彤娟（2014）检验了欧元区的经济增长同步性和投资效应内生性。王开和靳玉英（2014）证实了中国与贸易伙伴国缔结的FTA所产生的出口贸易效应。Kawasaki（2010）评估证实了FTAAP的经济效应。

近年来，随着“一带一路”发展战略的深化，学界也逐渐开始对其进行研究分析。陈虹和杨成玉（2015）通过“一带一路”沿线国家和地区社会核算矩阵的建立，运用 CEG 模型前瞻性地分析了“一带一路”的国际经济效应。孔庆峰和董虹蔚（2015）找到了“一带一路”促进贸易便利化的证据。董有德和李晓静（2015）分析了“一带一路”与人民币跨境结算问题。龚静和尹忠明（2016）证实了铁路建设通过节约运输时间和成本等方式起到了“一带一路”沿线的贸易创造效应。郭烨和许陈生（2016）考察了双边高层会晤对中国在沿线国家和地区的对外直接投资的影响作用。此外，谢孟军（2016）、刘洪铎等（2016）从文化发展的视角证实了文化交融对“一带一路”沿线的贸易创造效应。

第二节　对外直接投资对出口技术复杂度影响的理论基础

就出口技术复杂度而言，其实际含义主要有以下两点。其一，如上文所提到的，本书中“出口技术复杂度的提升”所强调的是出口贸易中的结构转型升级，即货物贸易和服务贸易出口技术结构的优化；其二，“出口技术复杂度的提升”所强调的是出口技术水平的提高，即从低技术、竞争力低逐渐转移到高端制造业、技术密集、竞争力强的水平，这是出口贸易逐渐升级的一种定量的变迁过程。总体而言，本书所研究的“出口技术复杂度”即考察出口技术水平由低向高、出口技术结构逐渐优化的过程，并以对外直接投资为切入点研究对其的影响。

基于本书的分析逻辑框架，本节首先论述对外直接投资的贸易效应理论，在此基础上，深层次探讨对外直接投资影响贸易效应的内在机理。出口技术复杂度即对出口贸易技术结构和技术水平的测度，因此对出口贸易技术结构的研究是不容忽视的。本节接下来探讨对外直接投资作用于出口贸易技术结构的理论。然而，对外直接投资的贸易效应是出口贸易的数量和方向变化的反映，对外直接投资的贸易技术结构效应是出口贸易产品技术分布变化的反映，对外直接投资是否对中国产业结构调整起到作用是值得深究的。一方面，无论是国际投资还是国际贸易，都是国际分工的基本形式，其作用还是促进一国的产业发展，逐渐培养比较优势，因此一国从事国际投资、国际贸易的活动都与该国的产业结构存在着密不可分的关系；另一方面，对外直接投资是如何通过产业结构调整影响出口贸易技术结构的，或者说对外直接投资是如何通过出口贸易技术结构的调整而影响产业结构的调整的，只有把其中的机制和机理等相关理论梳理清楚，才能明晰后文的写作，也对本书意义重大。

对外直接投资是创造了出口贸易还是转移了出口贸易？基于此疑问，本书中对外直接投资的贸易效应主要包括两个方面，即贸易创造效应和贸易转移效应。Shigeru 和 Tetsuo（2003）利用引力模型实证分析了 APEC 国家间 OFDI 与贸易的关系，证明了 OFDI 是区域合作国家间贸易方向的决定因素之一。胡兵和乔晶（2013）基于贸易引力模型实证检验了中国对外直接投资的贸易效应，结果表明，中国对发展中国家的对外直接投资显著促进了出口贸易。李文蕊（2012）采用向量回归（VAR）模型方法实证分析了中国对外直接投资与出口贸易的相互关系，表明两者之间具有长期平稳的互补关系，并且对外直接投资对出口贸易起促进作用。唐礼智和章志华（2015）引入空间计量分析方法检验证明了中国对外直接投资具有贸易创造效应，促进了中国出口贸易的增长。张春萍（2012）结合 1996—2010 年中国对 18 个国家和地区对外直接投资和进出口的数据进行实证检验，找到了中国对外直接投资促进进出口增长的证据，尤其对资源丰裕类国家的对外直接投资具有最强的出口创造与进口创造效应。胡昭玲和宋平（2012）应用动态 VAR 模型和面板格兰杰因果检验方法对中国对外直接投资和进出口贸易进行实证研究，结果表明对外直接投资与进出口之间均存在双向格兰杰因果关系，对外直接投资是贸易创造型的。陈俊聪和黄繁华（2014）证实了中国企业进行海外对外直接投资对中国整体出口贸易具有明显的出口创造效应。毛其淋和许家云（2014）从微观层面证明了中国对外直接投资具有显著的出口创造效应。此外，项本武（2009）、王胜（2014）、陈俊聪和黄繁华（2013）等均从不同的角度证实了中国对外直接投资的贸易创造效应。

结合大量学者的研究结论，本书发现，对外直接投资形成的贸易转移效应逐渐被贸易创造效应所替代，成为经济新常态背景下的大逻辑。同时，姜宝等（2015）也指出，在"走出去"战略下，由于中国企业的投资动机正在发生转变，已经不再是过去单纯出口引致型或关税规避型，技术寻求型的对外直接投资越来越被广大企业所重视。

Dunning（2008）将一国的对外直接投资动机分为资源寻求型、市场寻求型、战略资产寻求型、效率寻求型4个类别。姜宝等（2015）基于传统对外投资理论和新贸易理论，将中国对欧盟逆向投资分为出口引致型、关税规避型和技术寻求型3类，发现中欧逆向投资主要表现为技术寻求型。

资源寻求型对外直接投资的主要目的是获取地域性的绑定资源或廉价生产成本等生产要素；市场寻求型对外直接投资是以获取海外市场份额或规避东道国贸易壁垒为目的。Mundell（1957）的关税规避型投资理论认为，对外直接投资活动能够替代出口贸易从而减少贸易壁垒与贸易摩擦。Helpman和Krugman（1985）认为，市场寻求型的对外直接投资主要通过海外生产基地的建设促进一国的出口。柴庆春和胡添雨（2012）则认为，中国对发展中国家和地区的对外直接投资是以资源寻求型和市场寻求型为主的。这两类对外直接投资主要通过母国在东道国建立生产厂房、销售中心、联络处等方式实现，带动生产设备、中间产品、原材料等出口到东道国，促进母国出口贸易的增长。

同时，效率寻求型对外直接投资的机理类似于市场寻求型、资源寻求型，母国通过对外直接投资，把在本国已经失去比较优势或产能过剩的产业转移至相对产能落后的发展中国家，达到企业控制成本、创造市场的目的。同时，亦可带动生产设备、中间产品的出口贸易，实现出口贸易初级产品向中间产品的优化升级。

战略资源寻求型对外直接投资是以获取无形的、企业长远战略需要的资源为目的的。进而，技术作为战略资源寻求的载体（祁春凌等，2013），主要通过获取东道国的技术和研发资源、分享东道国相关产业的技术溢出效应的动机进行对外直接投资行为。Kogut 和 Chang（1991）研究发现，日本企业对美国的技术性直接投资与美国产业研发密度正相关，这证实了日本技术寻求型对外直接投资动机的存在。Cantwell（2004）证实了美国对英国的对外直接投资具有显著的技术寻求动机。这类投资行为多是以中国企业在发达国家技术密集型产业设立研发中心的形式出现的，促进东道国向母国高科技产品的进口增长。然而，随着技术外溢效应的增强，母国对技术密集型产业的发展同时会促进高科技产品的出口贸易，从而达到"师夷长技以自强"之效。

综合以上对外直接投资的动机的相关论述，对外直接投资的贸易效应往往因为企业投资动机的不同而表现出不同的表达方式和传导机制。中国早先的对外直接投资基本属于资源寻求型和市场寻求型：资源寻求型对外直接投资通过在海外寻找廉价生产资源、人力资源等逐渐积累具有比较优势的生产要素，以降低生产成本形成价格优势的方式出口产品；市场寻求型对外直接投资的典型代表为"两头在外"的中国企业，以开拓市场为目的，促进其产品的出口，把"中国制造"的产品源源不断地输入到世界各地，创造了出口"奇迹"。近年来，资本流出的主要动机逐渐转变为战略资产寻求和效率寻求。在战略资产寻求方面，中国企业，如华为、中兴、联想通过在海外建设或联合海外优质企业成立研发中心，在积累先进技术的同时促进中国对高科技产品的进口，在提升产品技术含量的同时促进高新技术产品的出口贸易，实现出口贸易的转型升级；在效率寻求方面，中国通过对发展中国家的基础设施建设、设立制成品厂房进行生产，从而实现对失去比较优势、产能过剩产业（如水泥、钢铁等）的转移和开拓市场出口生产设备、中间产品的目标，促进相关沿线国家和地区的互利共赢、共同繁荣。

出口贸易技术结构会随着一国要素禀赋的变化而发生转移，而对要素禀赋起决定性作用的因素很多，如相对生产力、技术差距、宏观政策、效率差异等（杨小凯，2002）。结合上文国际贸易的相关理论，古典贸易理论指出，生产率差异是国际贸易产生的根本原因。国家出口竞争力理论的核心内容便是国家间相对生产力的竞争。产品生命周期理论也指出，新产品和新工艺具有动态比较的优势，产品创造初期属于技术密集型生产，到了成熟期便转化为资本密集型产品，一旦进入衰退阶段，则退化成劳动密集型产品，相应的利润也随之下降。技术差距理论指出，新产品和工艺能使技术创新国获得暂时的国际市场垄断地位，而进口国则会不断进行技术模仿并生产该产品，当进口国最终掌握了该技术时，便可利用其成本优势大规模向外出口，甚至可能一举占据创新国的国内市场。在此过程中，各国产业间的知识创造以及技术积累性质上的差异，将引起不同国家技术能力的特殊发展，这种特殊发展将对各国贸易技术结构及贸易模式的发展起决定性的作用（Grossman，Helpman，1991）。

目前，中国的贸易技术结构仍然处于较低的水平，出口份额中主要以低技术含量的制成品为主（张曙霄和张磊，2013）。出口贸易技术结构的相关研究也是近年来国内外的热门议题，很多学者从不同视角展开了讨论。其中，以技术进步视角下的研究分析居多，Trefler 和 Daniel（1993）将技术差异与生产要素禀赋相结合，认为两者共同影响着一国的贸易技术结构。杜修立和王维国（2007）把出口贸易技术结构视为一国出口产品的技术分布结构。逯宇铎和孙博宇（2012）考察了技术进步和效率增进对不同附加值制造业行业出口贸易技术结构的影响及其机制，结果显示，技术和效率在出口中的作用已明显超越了要素投入，结构升级路径得到优化。马胜伟和何元贵（2010）认为，当一国资源禀赋既定时，通过技术进步能够促使要素效率和禀赋结构的优化，从而对出口贸易的技术结构起到优化作用。区别于技术进步视角，吴飞飞和邱斌（2015）从融资约束的角度考察了金融成长和外商融资对出口结构优化的影响。戴翔（2011）从出口市场的视角，实证检验了较之于以发达经济体为出口市场，以发展中经济体为出口市场是否更有利于中国出口贸易的转型升级。刘斌斌和丁俊峰（2015）分析出口贸易技术结构变化对中国产业结构合理化进程的影响，表明工业制成品出口份额的提高有助于中国工业和服务业比较劳动生产力趋于均衡水平，有利于产业结构调整。邱斌等（2015）认为，从货物贸易转向服务贸易与知识产权贸易是经济新常态下的中国经济发展的主要特征之一。

在对外直接投资对外贸结构影响方面，Bishwanath 和 Etsuro（1999）分析了亚洲 OFDI 的发展趋势，认为 OFDI 改善了母国的产业结构和出口贸易。孙亚轩（2013）分析了日本对外直接投资和贸易技术结构之间的关系，结果表明，日本对外直接投资对贸易技术结构升级具有促进作用，在中高技术行业尤其明显。日本通过对外直接投资，构建了国际生产销售网络，在对资源进行最优配置的同时促进本国贸易产品技术结构升级。周学仁（2012）基于技术因素对中国 OFDI 技术水平和出口贸易技术结构进行了衡量，研究表明，中国 OFDI 技术水平的提高，有助于改善出口贸易的技术结构。张海波（2014）认为，对外直接投资能够提升母国出口贸易产品的技术含量。陈愉瑜（2012）对 1982—2010 年中国对外直接投资的贸易技术结构效应进行时间序列分析，发现中国对外直接投资对货物贸易技术结构变化有积极影响，认为对外直接投资具有贸易技术结构效应。陈俊聪和黄繁华（2014）证实了中国企业进行海外对外直接投资能够加快新兴产业发展，实现出口贸易产业结构升级。

综上所述，中国对外直接投资对外贸结构的优化存在明显的促进作用和明显的贸易技术结构效应。尤其是在经济新常态下提出出口贸易技术结构调整、转型升级的艰巨任务，围绕对外直接投资促进其转型升级也成为"稳增长、调结构"的路径之一。

中国对外直接投资，尤其是在经济新常态背景下逐渐成熟的以战略资产寻求为动机的对外直接投资，是在技术溢出效应下，由引进高新技术带动相关产业发展（何建莹和李晓钟，2012），在高新产业逐渐形成比较优势的背景下进行出口贸易并优化出口贸易技术结构的过程。因此，产业结构的调整与变动对外贸结构的影响至关重要。

首先把一国产业和贸易结合起来进行分析研究的是 Krugman（1981），其对国际贸易格局和成因在不完全竞争市场和规模经济视角下进行分析，提出一国政府如何利用产业政策和贸易政策相结合的方式促进重点出口产业国际竞争力的提升。此后，学者们在此基础上进行了大量研究，以明晰各国产业和贸易之间的联系。Michaely（1997）结合生产函数模型进行分析，表明一国的产业结构调整能够结合该国出口贸易中资源的优化、分配、充分利用以及技术转移等途径，通过提高全要素生产率的方式来实现。Mazumdar（1996）结合资本积累理论，发现一国贸易技术结构的优化对产业结构的调整具有拉动效应。

针对中国出口贸易与产业结构之间的关系，国内学者近十几年积累了一些研究成果。张蕴如（2001）认为，贸易和产业结构的升级促进了中国高新技术产业的发展。孙晓华和王昀（2013）对中国外贸结构对产业结构的带动作用进行了分析，表明外贸结构对产业结构升级存在显著的正向影响。

然而，大多数的研究结论都说明外贸结构对产业结构的影响主要是外贸结构的变化带动产业结构的变化，但事实上，产业结构应该是起决定性作用的，只有在产业结构逐渐实现优化的背景下，才能形成产业比较优势，带动该产业出口贸易的增长，出口贸易技术结构主要是产业结构在空间上的扩展（袁欣，2010），经验研究给予证据。Peter（1987）以8个新兴工业化国家为研究样本，发现了产业发展带动出口贸易增长的证据。姜茜和李荣林（2010）发现中国出口贸易技术结构和产业结构相关性非常高，OFDI是影响两者结构的重要因素。陈愉瑜（2012）强调，中国对外直接投资的行业结构是调整国内产业结构最主要的方式之一。袁欣（2010）认为，中国出口贸易并没有带动产业结构升级的原因是中国大量"两头在外"的加工贸易并不与中国的产业结构存在必然的内部关联。显然，袁欣（2010）的研究结论并不适用于经济新常态背景，原因如下：其一，从世界经济环境看，中国如今的出口贸易技术结构转型升级是建立在"出口疲软"的基础上的，与2010年之前的出口贸易环境不能同日而语；其二，从出口贸易技术结构看，加工贸易已逐渐被技术密集型产品贸易和服务贸易所取代，虽然加工贸易的出口总量仍很大，但其在贸易总量中的占比则越来越小。正如刘斌斌和丁俊峰（2015）所指出的那样，产业结构调整是由低技术、低效率产业向高技术、高效率产业调整的过程。可见，在经济新常态下，中国通过对外直接投资实现产业结构的转型升级，再结合产业结构与外贸结构的高度相关性及带动作用，实现出口贸易技术结构和技术水平的提升。

在对相关理论进行梳理后，本章的基本逻辑如图 2.1 所示。

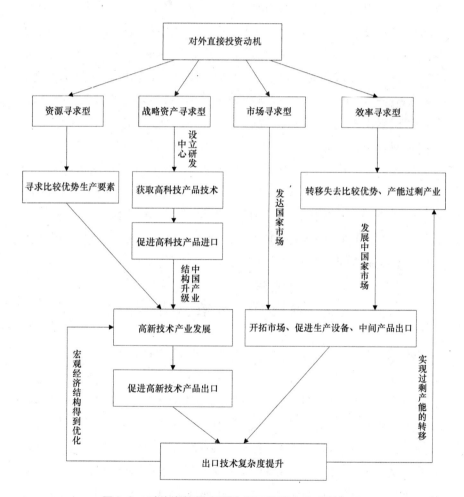

图2.1　对外直接投资影响出口技术复杂度的机理

相对而言，中国早先的对外直接投资动机是以资源寻求型和市场寻求型为主的。通过寻求具有比较优势的生产要素和对国际市场的开拓，把"中国制造"的产品源源不断地输入到世界各地，在创造了出口"奇迹"的同时积累大量资本。近年来，资本流出的主要动机逐渐转变为战略资产寻求和效率寻求。在战略资产寻求方面，中国企业，如华为、中兴、联想通过在海外建设或联合海外优质企业成立研发中心，在积累先进技术的同时促进中国对高科技产品的进口，随着国家对高新技术产业发展的政策扶持以及"中国制造2025""大众创业、万众创新"等发展战略的稳步推进，中国的经济结构在"新常态"下正在一步步优化，从劳动力、资本密集型向技术密集型过渡，基于Vernon（1966）的产品周期理论，中国在技术密集型产业方面会逐渐积累比较优势，以促进高新技术产品的出口贸易，实现出口贸易的转型升级；在效率寻求方面，在"一带一路"发展战略框架下，中国通过对发展中国家的基础设施建设、设立制成品厂房进行生产，从而实现对失去比较优势、产能过剩产业（如水泥、钢铁等）的转移和开拓市场出口生产设备、中间产品的目标，在实现出口贸易转型升级的同时，转移了产能过剩产业，此外，促进了相关沿线国家和地区的互利共赢、共同繁荣。

第三节　本章小结

本章首先梳理了国际贸易和对外直接投资的相关理论，以一个更为广阔的视角来进行本书的研究。其次，对本书的研究样本进行了理论探索，即"一带一路"发展战略研究的理论基础。再次，通过对外直接投资对出口技术复杂度的影响机制的理论探索，找到了对外直接投资对出口贸易技术复杂度的作用逻辑和机制理论基础。最后，通过对出口技术复杂度以及对外直接投资对出口技术复杂度的影响的相关理论进行分析，找到了本书的主要研究创新方向以及拟解决的问题。总体来说，针对学者们基于出口贸易技术结构、出口技术复杂度的表述以及对外直接投资对出口技术复杂度影响的理论分析，以下几点有待本书进行优化解决。

第一，基于研究目的，本书研究中国向各国家和地区对外直接投资对该对应国家和地区的出口技术复杂度的影响，这一点应与对外直接投资对母国外贸的影响、全样本对外直接投资与外贸的相关影响区别开来。

第二，基于出口贸易技术结构的测度，大部分研究仅把中国的出口产品分为初级产品和工业制成品，如周靖祥和曹勤（2007）、俞毅和万炼（2009）、王蕙和张武强（2011）、刘斌斌和丁俊峰（2015）将中国出口贸易产品分为初级产品和工业制成品两大类①；王永齐（2004）把出口产品分为资本品和消费品；王永齐（2006）将出口贸易产品分为高技术品和中低技术品；陈虹和马永健（2015）把出口贸易产品分为初级产品、劳动密集型产品、资本密集型产品、技术密集型产品。这些分类方法过于简单，现阶段，工业制成品在货物贸易中的比重极大，已经在中国出口贸易产品结构中占据主导地位，显然，这些分类标准缺少研究出口贸易产品结构的现实意义。大部分研究成果对中国出口贸易产品的简单分类已不再适用于对当今中国出口贸易转型升级的研究。基于学术的严谨性以及中国出口产品的特点，本书参考 Lall（2000）分类标准②，将出口产品按技术含量、要素禀赋分为 10 大类，使研究成果更加精细、更具有参考性。

第三，基于出口复杂度的测度，当下中国外贸结构转型升级的重心既有"转型"也有"升级"。如果说"转型"表示外贸结构的变化，即由高能耗、高资本、低效率的货物贸易逐渐向更绿色、更持续、更高效的服务贸易侧重，那么"升级"为货物贸易中低技术出口产品向高技术产品的调整、从资本密集型产业向技术密集型产业的过渡，即反映出口产品技术含量由低向高的过程。因此，本书尝试把

---

① 初级产品为食品和活禽、饮料及烟草、非食用原料（燃料除外）、矿物燃料及蜡工业制成品 4 类；工业制成品为化学成品及相关产品、按原料分类的制成品、机械及运输设备、杂项制品及未分类商品 5 大类。

② 依据 Lall（2000）贸易产品分类，出口产品的构成已经涵盖了初级产品、资源型制成品、低技术制成品、中技术制成品以及高技术制成品，从要素因素角度又可分为劳动密集型制成品、资本密集型制成品以及技术密集型制成品。

服务贸易出口技术复杂度、货物贸易出口技术复杂度均作为实证模型中的被解释变量，两者作为全面考察与衡量出口贸易技术结构和技术水平的指标以达到综合分析出口技术复杂度的目的。

第四，基于“一带一路”视角下的实证研究，经验研究通常采用不同经济发展程度国家、不同收入国家等的数据进行实证研究，也有学者尝试基于区域进行研究，如陈俊聪（2015）旨在通过发达国家与发展中国家样本的比较研究对外直接投资对服务出口技术复杂度的影响，类似的研究还有 Manabu 和 Kaoru（2012）；张海波（2014）利用 71 个国家的数据研究对外直接投资对母国出口技术复杂度的影响；Stephen（2006）通过不同收入国家（低、中、高收入国家）样本研究对外直接投资对贸易技术结构的影响。然而，鲜有学者基于“一带一路”视角对对外直接投资对出口技术复杂度的影响进行研究。“一带一路”沿线国家主要为转型经济体或发展中国家，中国对其进行的直接投资和出口贸易存在异于发达国家的现状和特点，实证分析“一带一路”视角下对外直接投资对出口技术复杂度的影响，具有较大的学术价值，在应用价值方面，会为“一带一路”发展战略的相关研究提供启示与借鉴。

第三章 "一带一路"视角下对外直接投资现状分析

明晰现状是本书研究的必要条件。结合国别分析、行业分析、指数分析等不同的分析方法，本章旨在全面系统地描述中国对外直接投资在"一带一路"发展战略框架下的现状与特点，同时，也为接下来的实证分析提供解释变量指标。本章重点对"一带一路"视角下中国以及各国家和地区对外直接投资的现状及特点进行分析，主要包括国别分析、份额分析等。其中更为详细地分析了中国对外直接投资的现状及特点，还包括对其投资标的的行业结构分析和产业结构分析。

对外直接投资不仅是经济新常态的重要特征，更是"一带一路"战略开展经贸合作的重要渠道。同时，其也是本书研究分析的重点内容。接下来分两部分进行分析，具体安排如下。

其一是"一带一路"视角下各国家和地区对外直接投资现状分析。对比分析"一带一路"视角下各国家和地区进行对外直接投资的现状，基于存量的比较分析为本书第七章的实证分析提供数据支持。

其二是"一带一路"视角下中国对外直接投资现状分析。详细分析了中国对"一带一路"沿线国家和地区对外直接投资的现状，基于东道国国别、发展程度、投资行业结构以及产业结构的深度剖析，阐明中国参与"一带一路"发展战略视角下对外直接投资的特点，并为本书第八章的实证分析提供数据支持。

第一节 "一带一路"视角下投资环境分析

根据文献综述，经验研究通常采用不同经济发展程度国家、不同收入国家等的数据进行实证研究，也有学者尝试基于区域进行研究（Stephen，2006；Manabu 和 Kaoru，2012；张海波，2014；陈俊聪，2015）。然而，鲜有学者基于"一带一路"视角对对外直接投资对出口技术复杂度的影响进行研究，但本书难以用大量篇幅具体分析每个国家与中国进行经贸合作的情况和特点。结合中国经济新常态下的具体国情和世界经济布局，考虑到全面性以及后文实证分析部分的需要，本书采取陈虹和杨成玉（2015）的研究成果，将"一带一路"视角下与中国"互联互通"（或正在积极准备"互联互通"）的经济体分为"一带一路"沿线国家和地区（其中所有国家和地区都与中国就"一带一路"战略展开对话与合作）、亚投行其他创始成员国以及世界其他发达经济体，此分类方法不仅考虑到其地理因素涵盖了中国对外合作密集地区，同时还包括世界主要经济体，如 G20 所有国家、金砖 5 国等都包括在内。

选取中国、"一带一路"沿线国家和地区、亚投行其他创始成员国、世界其他发达经济体进行后文的现状分析以及实证分析，其中包括中亚 6 国（蒙古、哈萨克斯坦、乌兹别克斯坦、土库曼斯坦、吉尔吉斯斯坦、塔吉克斯坦）、中东欧 16 国（波兰、罗马尼亚、捷克、斯洛伐克、保加利亚、匈牙利、拉脱维亚、立陶宛、斯洛文尼亚、爱沙尼亚、克罗地亚、阿尔巴尼亚、塞尔维亚、马其顿、波黑、黑山）、西亚北非 16 国（沙特阿拉伯、阿联酋、阿曼、伊朗、土耳其、以色列、埃及、科威特、伊拉克、卡塔尔、约旦、黎巴嫩、巴林、也门、叙利亚、巴勒斯坦）、独联体其他 7 国（俄罗斯、乌克兰、白俄罗斯、格鲁吉亚、阿塞拜疆、亚美尼亚、摩尔多瓦）、东南亚 11 国（印度尼西亚、泰国、马来西亚、越南、新加坡、菲律宾、缅甸、柬埔寨、老挝、文莱、东帝汶）、南亚 8 国（印度、巴基斯坦、孟加拉国、斯里兰卡、阿富汗、尼泊尔、马尔代夫、不丹）。此外，为考虑到涉及

"一带一路"战略的全面性、综合性，本书提出亚洲基础设施投资银行（以下简称亚投行）创始成员国，除"一带一路"战略途经国家外，还有新西兰、法国、德国、意大利、英国、卢森堡、瑞士、奥地利、巴西、荷兰、丹麦、澳大利亚、韩国、挪威、冰岛、瑞典、芬兰、西班牙、马耳他、葡萄牙、南非。综上所述，本书系统性采用中国、"一带一路"战略沿途国家64个、亚投行其他创始成员国21个、世界其他发达经济体2个，共计88个国家的相关数据，进行现状分析以及实证分析。具体分类如表3.1所示。

表3.1　　　　　　　"一带一路"投资环境的国别分类

分类名称		具体国别
"一带一路"沿线国家 （64个）	中亚6国	蒙古、哈萨克斯坦、乌兹别克斯坦、土库曼斯坦、吉尔吉斯斯坦、塔吉克斯坦
	西亚北非16国	沙特阿拉伯、阿联酋、阿曼、伊朗、土耳其、以色列、埃及、科威特、伊拉克、卡塔尔、约旦、黎巴嫩、巴林、也门、叙利亚、巴勒斯坦
	东南亚11国	印度尼西亚、泰国、马来西亚、越南、新加坡、菲律宾、缅甸、柬埔寨、老挝、文莱、东帝汶
	南亚8国	印度、巴基斯坦、孟加拉国、斯里兰卡、阿富汗、尼泊尔、马尔代夫、不丹
	独联体其他7国	俄罗斯、乌克兰、白俄罗斯、格鲁吉亚、阿塞拜疆、亚美尼亚、摩尔多瓦
	中东欧16国	波兰、罗马尼亚、捷克、斯洛伐克、保加利亚、匈牙利、拉脱维亚、立陶宛、斯洛文尼亚、爱沙尼亚、克罗地亚、阿尔巴尼亚、塞尔维亚、马其顿、波黑、黑山
亚投行其他创始成员国（21个）		新西兰、法国、德国、意大利、英国、卢森堡、瑞士、奥地利、巴西、荷兰、丹麦、澳大利亚、韩国、挪威、冰岛、瑞典、芬兰、西班牙、马耳他、葡萄牙、南非
世界其他发达经济体（2个）		美国、日本

资料来源：分类方法参考陈虹和杨成玉（2015）的研究成果。

　　研究样本中，既有中国"一带一路"发展战略的沿线合作国家，也有倡导"一带一路"发展战略落实的亚投行成员国，更不乏世界

上的主要发达经济体，其贸易总值高达全球 99% 以上，以此为对象
计算得到的出口结构，无论是在理论中还是实践中都经得住考验。本
书所选取的世界其他发达经济体，主要是为后文现状分析以及实证分
析中进行对比研究做准备。更具体的是，因为许多国家对外直接投资
或出口贸易数据缺乏，特别是单一产品的数据统计涵盖不尽全面，许
多学者在研究时采取整体剔除该国家所有数据的方法，这种方法会造
成样本数据的减少，还会因为发达国家或代表性典型的国家的数据全
面造成其在样本中的权重过大，从而影响数据的整体平衡，造成实证
结果失真。为了更为全面地展现出口技术结构，本书把中国、"一带
一路"沿线国家、亚投行其他创始成员国、美国、日本视为整体进行
处理，即基于次区域研究视角分析"一带一路"发展建设问题（柳
思思，2014）。在整体处理的基础上既能达到简化运算的目的，又不
至于因为单一国家某一数据的缺失而在样本中被剔除。

　　此外，基于"一带一路"视角下研究样本的分类，在此基础上将
其划分为发展中国家与发达国家两类，以分析研究样本中经济发展程
度的动态变化。结合 IMF 所发布的 World Economic Outlook Report 中对
发达经济体的定义[①]，本书把以上所研究的 88 个国家按照不同的经济
发展程度（发展中国家和发达国家）进行划分，如表 3.2 所示。

表 3.2　　　　　　　　　本书研究样本的经济发展程度分类

发展中国家	中国、巴西、马耳他、波兰、罗马尼亚、捷克、斯洛伐克、保加利亚、匈牙利、拉脱维亚、立陶宛、斯洛文尼亚、爱沙尼亚、克罗地亚、阿尔巴尼亚、塞尔维亚、马其顿、波黑、黑山、俄罗斯、乌克兰、白俄罗斯、格鲁吉亚、阿塞拜疆、亚美尼亚、摩尔多瓦、印度、巴基斯坦、孟加拉国、斯里兰卡、阿富汗、尼泊尔、马尔代夫、不丹、印度尼西亚、泰国、马来西亚、越南、菲律宾、缅甸、柬埔寨、老挝、文莱、东帝汶、沙特阿拉伯、阿联酋、阿曼、伊朗、土耳其、埃及、科威特、伊拉克、卡塔尔、约旦、黎巴嫩、巴林、也门、叙利亚、巴勒斯坦、蒙古、哈萨克斯坦、乌兹别克斯坦、土库曼斯坦、吉尔吉斯斯坦、塔吉克斯坦

　　① IMF 所发布的 World Economic Outlook Report 中把发达国家（Advanced Economies）
和地区总结为 20 个，分别是美国、英国、德国、法国、荷兰、加拿大、韩国、澳大利亚、
中国台湾、瑞典、瑞士、中国香港、丹麦、挪威、以色列、新加坡、新西兰、塞浦路斯、
冰岛、南非。

续表

发达国家	美国、日本、新西兰、法国、德国、意大利、英国、卢森堡、瑞士、奥地利、荷兰、丹麦、澳大利亚、韩国、挪威、冰岛、瑞典、芬兰、西班牙、葡萄牙、南非、以色列、新加坡

资料来源：参照 IMF World Economic Outlook Report，April 2015。

为了方便后文的指数构建以及实证分析，在进行现状分析之前，在此运用数学表达的方式对相关变量进行定义。

把研究样本中的 88 个国家细分为 10 个类别，分别为中国（China）、中亚（Central Asia）6 国、西亚北非（Western Asia and North Africa）16 国、东南亚（Southeast Asia）11 国、南亚（South Asia）8 国、独联体（Commonwealth of Independent States）其他 7 国、中东欧（Central and Eastern Europe）16 国、亚投行（Asian Infrastructure Investment Bank）其他创始成员国 21 国、美国（USA）、日本（Japan）[1]，分别记为 CHN、CA、WANA、SEA、SA、CIS、CEE、AIIB-other、USA、JAP，共 10 个国家和地区，记为 $\Omega = \{i, i = CHN, CA, \cdots, JAP\}$。

第二节 "一带一路"视角下各国家和地区对外直接投资现状分析

图 3.1 为基于国别分类表分类计算、整理所得到的"一带一路"视角下各国家和地区对外直接投资存量国别分布图[2]。考虑到研究数据的一致性，此部分数据与服务贸易数据来源一致，均来源于联合国贸易和发展会议统计数据库。

从总体上看，各国家和地区对外直接投资存量整体呈现逐年上升的态势，中国、中亚 6 国、西亚北非 16 国、东南亚 11 国、南亚 8 国、独联体其他 7 国、中东欧 16 国、亚投行其他创始成员国 21

---

① 详情见表 3.1。
② 具体数据见附录 1。

国、美国、日本对外直接投资存量分别从 2003 年的 332.22 亿美
元、3.39 亿美元、369.07 亿美元、1583.39 亿美元、68.97 亿美
元、924.63 亿美元、138.03 亿美元、47788.01 亿美元、27291.26
亿美元、3354.99 亿美元上升至 2013 年的 6604.78 亿美元、
239.43 亿美元、3182.80 亿美元、8058.92 亿美元、1221.34 亿美
元、5006.63 亿美元、1644.25 亿美元、109386.01 亿美元、
62754.33 亿美元、11180.10 亿美元，再至 2014 年的 8826.42 亿美
元、279.81 亿美元、3464.61 亿美元、8456.97 亿美元、1320.10
亿美元、4552.69 亿美元、1555.68 亿美元、103808.12 亿美元、
63186.40 亿美元、11931.366 亿美元，各国家和地区对外直接投资
均保持着稳中有升的态势。其中，增长势头最为积极的是以发展中
经济体组成的中亚、西亚北非、东南亚、南亚地区，年均增长率均
保持在 10% 以上的水平。

然而，欧美发达国家量化宽松的货币政策以及美联储"加息"的
压力导致部分国家和地区资本回流，对外直接投资存量小幅回落现象
明显。其中，独联体地区、中东欧、亚投行其他创始成员国以及美国
2014 年对外直接投资存量均出现微弱下滑，分别由 2013 年的
5006.63 亿美元、1644.25 亿美元、109386.01 亿美元、62754.33 亿
美元变成 2014 年的 4552.69 亿美元、1555.68 亿美元、103808.12 亿
美元、63186.4 亿美元。美国基本持平，独联体地区、中东欧、亚投
行其他创始成员国分别下降 9.06%、5.38% 和 5.10%。

值得注意的是，中国对外直接投资的存量变化，其增速最为巨
大，伴随着国家"走出去"战略，其从 2003 年的 332.22 亿美元通过
12 年时间迅速积累到 2014 年的 8826.42 亿美元，实现年均 31.01%
的增长速度。可喜的是，这一增长势头受 2008 年美国次贷危机和欧
洲债务危机影响甚微，主要原因是中国近年来对外直接投资份额主要
由发达经济体逐渐转向发展中经济体，此原因将在中国对外直接投资
东道国国别分析一节中详细叙述。

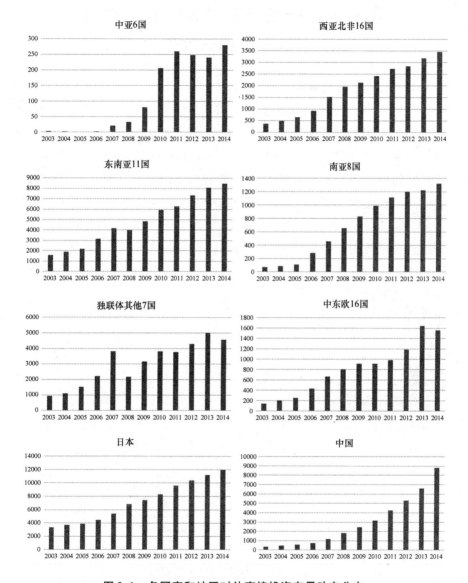

图 3.1　各国家和地区对外直接投资存量动态分布

资料来源：作者根据联合国贸易和发展会议统计数据库数据绘制所得，单位为亿
美元。

第三节 "一带一路"视角下中国对外
直接投资现状分析

一 对外直接投资发展分析

在"走出去"战略的鼓励和引导下，中国对外直接投资呈高速增长态势，如图3.2所示。对外直接投资流量从2003年的28.54亿美元迅猛增长到2014年的1231.2亿美元，增长近60倍，远远超出了经济的增速。受美国次贷危机和欧洲债务危机的影响，虽在2009年同比增长速度仅为1.11%，但自2010年起依然持续着之前高速增长的势头，并且2012年至2014年，连续3年保持两位数以上的增长，在全球外国直接投资流量总体下降的情况下创下1231.2亿美元的历史最高值，连续3年位列全球第三[①]，在经济增速放缓的背景下依然保持稳健动力。

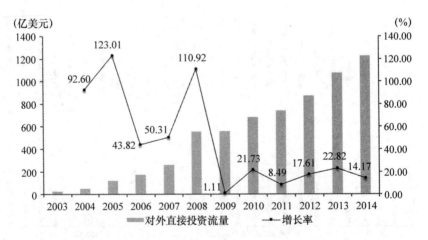

图3.2　2003—2014年中国对外直接投资流量统计

资料来源：作者根据《中国商务年鉴》数据绘制所得。

---

① 2014年中国对外直接投资全球第三，《人民日报》2015年9月18日。

图3.3为2003—2014年中国对外直接投资存量统计图。与对外直接投资流量不同，存量强调滞后性，更加体现了累积效果。从2003年起，中国的对外直接投资存量总体保持着30%以上的增长速度，并在2014年高达8826.4亿美元。根据全球经济合作与发展组织（Organization for Economic Cooperation and Development）FDI数据库监测显示，2014年，中国占全球外国直接投资流出存量的份额由2002年的0.4%提升至3.4%，位居全球第八，首次步入全球前10的行列。

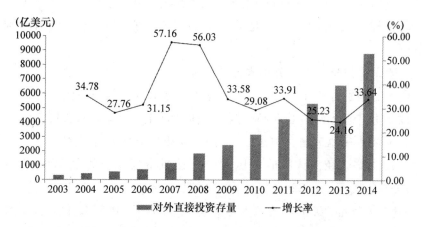

图3.3 2003—2014年中国对外直接投资存量统计

资料来源：作者根据《中国商务年鉴》数据绘制所得。

值得强调的是，2014年，中国对外直接投资流量与实际利用外资金额持平，存量步入全球前10行列，这一标志树立了中国对外直接投资国的地位。可见，中国已由改革开放前期的吸收外商直接投资国成为对外直接投资国，这为中国积极参与国际竞争、提高国际竞争力奠定了基础，积极展开对外直接投资是经济新常态的重要标志之一。可见，改革开放以来，在禀赋结构、国际收支、世界经济环境不断改变的今天，资本相对稀缺已成为过去，对外直接投资已经成为参与国际分工和竞争、促进经济结构调整、增强国际竞争力的重要途径，中国也成为名副其实的对外直接投资大国。

二 对外直接投资东道国国别分析

然而，仅仅从中国对外直接投资流量和存量的一般统计难以全方位剖析中国对外直接投资的特点，为达到梳理对外直接投资东道国、明晰投资东道国主要特点的目的，需根据中国对外直接投资东道国的分类标准进行东道国国别分析。根据《2014 年度中国对外直接投资统计公报》显示，中国境内投资者对外直接投资分布在 186 个国家和地区中，在此需要强调的是，由于国家众多，本书难以用大量篇幅具体分析每个国家吸收中国直接投资的情况或特点。结合本章第一节中的研究样本分类标准，在此进行中国对外直接投资的东道国国别分析。

图 3.4 为基于国别分类表分类计算、整理所得到的中国对外直接投资流量国别分布图①。从总体上看，中国对外直接投资流量整体呈现逐年上升态势，中亚 6 国、西亚北非 16 国、东南亚 11 国、南亚 8 国、独联体其他 7 国、中东欧 16 国、亚投行其他创始成员国 21 国、世界其他发达经济体吸收中国对外直接投资流量分别从 2003 年的 0.1053 亿美元、0.2246 亿美元、1.1932 亿美元、0.1172 亿美元、0.3103 亿美元、0.0673 亿美元、3.0974 亿美元、0.7242 亿美元上升至 2014 年的 10.5331 亿美元、21.2098 亿美元、78.19 亿美元、15.1525 亿美元、9.4318 亿美元、2.0422 亿美元、151.1657 亿美元、79.9058 亿美元，增长速度惊人。其中，以西亚北非 16 国、东南亚 11 国、独联体其他 7 国、世界其他发达经济体最为明显，中亚 6 国在 2012 年利用中国外资达到峰值后，2013 年大幅回落，而南亚 8 国和中东欧 16 国一直处于较低的水平，但在 2014 年，均实现了 100% 以上的增长。从对外直接投资流量金额进行分析，可以看出，以发达国家为主体的亚投行其他国家吸收中国对外直接投资金额最多，2011 年高达 109.717 亿美元，虽随后两年发生回落，但在 2014 年又突然达到 151.1657 亿美元的历史最高水平。值得注意的是，以美国和日

① 详细数据参见附录 2.1。

本为主的世界其他发达经济体,近年来增长势头强劲,特别是在次贷危机的背景下,2009 年依然吸收中国对外直接投资近 9.0874 亿美元,同比增长高达 96.68%,可见,美国依然保持着强势的吸引国际直接投资的竞争力。

图 3.5 为基于国别分类表分类计算、整理所得到的中国对外直接投资存量国别分布图[①]。基于存量视角,不难看出除中东欧 16 国外的其他国家和地区吸收中国对外直接投资存量均呈稳步持续增长态势。中亚 6 国、西亚北非 16 国、东南亚 11 国、南亚 8 国、独联体其他 7 国、中东欧 16 国、亚投行其他创始成员国 21 国、世界其他发达经济体吸收中国对外直接投资金额分别从 2003 年的 0.5751 亿美元、5.2264 亿美元、5.8695 亿美元、0.4567 亿美元、0.6205 亿美元、0.42 亿美元、11.7583 亿美元、5.9163 亿美元上升至 2013 年的122.4693 亿美元、87.1966 亿美元、356.774 亿美元、58.0578 亿美元、81.2996 亿美元、14.3576 亿美元、689.2235 亿美元、237.978亿美元,再至 2014 年的 138.5637 亿美元、113.0412 亿美元、476.4831 亿美元、83.2738 亿美元、96.2779 亿美元、16.9697 亿美元、936.0228 亿美元、405.5801 亿美元,平均实现百倍以上的增长。其中,近两年来,独联体其他 7 国、中东欧 16 国、东南亚 11 国以及中亚 6 国增长最为明显,其表明"一带一路"重大战略已经由倡议阶段转为具体发展实施阶段,中东欧、中亚、东南亚地区大量吸收中国资本就是有力的证明,中东欧、东南亚地区吸收资本同时出现大幅增长证实了"丝绸之路经济带"与"21 世纪海上丝绸之路"正在同时实施与发展。与流量状况相同,以英国、法国、德国为代表的亚投行其他国家存量最大,2013 年接近 700 亿美元,2014 年高达近 936 亿美元,其中的原因跟这些国家的出口市场和技术成熟度密不可分。美国依然是中国最大的对外直接投资东道国,截至 2014 年,中国在美国对外直接投资存量高达 380 亿美元。

---

① 详细数据参见附录 2.2。

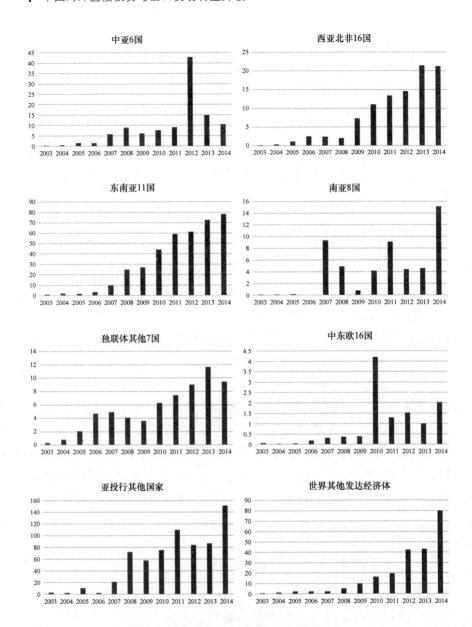

图 3.4　中国对外直接投资流量国别分布

资料来源：作者根据《中国商务年鉴》数据绘制所得，计算与整理参考陈虹和杨成玉
（2015）的研究成果，对外直接投资流量单位为亿美元。

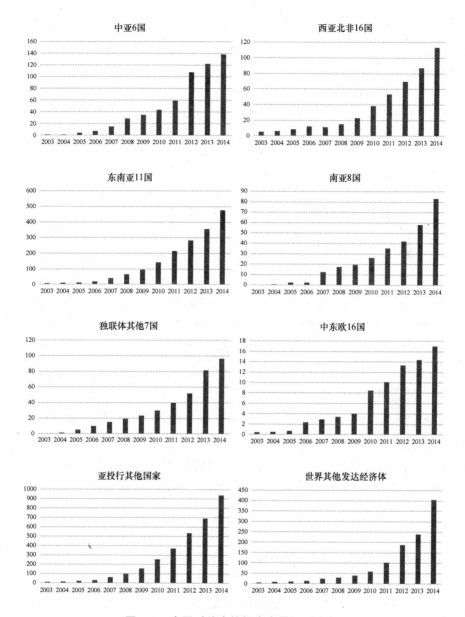

图 3.5　中国对外直接投资存量国别分布

资料来源：作者根据《中国商务年鉴》数据绘制所得，计算与整理参考陈虹和杨成玉
（2015）的研究成果，对外直接投资存量单位为亿美元。

值得肯定的是，中国在"一带一路"沿线国家和地区对外直接投资存量从 2003 年的 13.16 亿美元持续上升至 2014 年的 924.61 亿美元，对亚投行其他创始成员国对外直接投资存量也从 2003 年的 11.75 亿美元上升至 2014 年的 936.02 亿美元。两者的增速均大于中国对世界对外直接投资的平均增长速度，显示出中国对于"一带一路"沿线国家和地区投资动机不断加大、投资份额不断倾斜的特点。

三 对外直接投资东道国发展程度分析

结合本章第一节中按照"一带一路"沿线国家和地区经济发展程度的分类标准，在此分析中国对外直接投资东道国发展程度的分布。

图 3.6 为中国对外直接投资流量东道国发展中国家与发达国家分布图。图中，发展中国家吸收中国直接投资流量与发达国家的比值从 2003 年至 2014 年依次为 56.72%、79.22%、50.77%、17.38%、107.75%、32.41%、39.93%、71.98%、42.20%、85.49%、74.18%、45.65%。从对外直接投资流量的比值不难发现，2007 年，中国对发展中国家直接投资流量首次超过其对发达国家直接投资流量，达到 107.75%，但随着 2008 年美国次贷危机和欧洲债务危机的爆发，比值在 2008 年骤减至历史最低点 32.41%。显然，在全球风险不确定的情况下，发达国家仍被中国投资者视为较安全的直接投资东道国。伴随着全球经济的复苏以及"一带一路"的战略发展导向，近几年，中国对发展中国家直接投资占比开始逐渐增长，截至 2013 年，其比值达到 74.18%。从 2014 年的该比值来看，中国对外直接投资流量大部分重新投入到了发达国家中，从金额方面分析，发达国家和发展中国家吸收中国对外直接投资额分别为 252.4143 亿美元、115.2611 亿美元，这种现象的出现主要有两方面原因：其一是中国对外直接投资的风险意识逐渐增强，在寻找较为安全的投资标的的背景下显然会把资金瞄向较为稳妥的发达国家；其二是这与对外直接投资动机高度相关，依据本书上一章所述，对发展中国家的对外直接投资一般属于资源寻求型和效率寻求型。而对发达国家的对外直接投资一般属于战略

资产寻求型和市场寻求型。在不同历史时刻，中国企业投资动机的变化可能决定了其投资国家的变化。

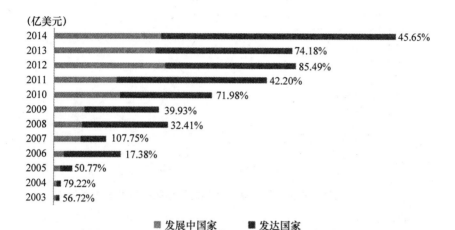

图 3.6 中国对外直接投资流量东道国发展中国家与发达国家分布
资料来源：作者根据《中国商务年鉴》数据绘制所得，图表据上文分类与计算所得。

图 3.7 是中国对外直接投资存量东道国发展中国家与发达国家分布图。图中，发展中国家吸收中国直接投资存量与发达国家的比值从 2003 年至 2014 年依次为 64.05%、66.43%、86.58%、98.62%、84.20%、72.01%、64.46%、65.35%、55.56%、55.08%、55.75%、49.05%。与流量相比，中国对发展中国家与发达国家直接投资存量的比值稍显平稳，但给出了相同的结论。在金融危机之前，中国对发展中国家对外直接投资存量呈不断上升态势，后金融危机时代，存量逐渐偏向于发达国家，其主要有风险偏好和投资动机两个因素。从风险偏好出发，发达国家依然是较为安全的投资对象，投资于发达国家，风险规避与风险控制较好掌握；从投资动机出发，近年来，中国对新兴产业和金融业的直接投资逐步加强（袁肖肖，2014），而这些产业主要聚集于发达国家，基于产业分布的验证，本书之后内容将展开论证。

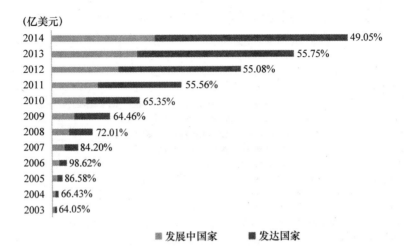

图 3.7　中国对外直接投资存量东道国发展中国家与发达国家分布

资料来源：作者根据《中国商务年鉴》数据绘制所得，图表经上文分类与计算所得。

可见，与吸收外商直接投资份额相比，转型经济体和发展中国家在中国对外直接投资中的份额较高，并且近年来呈现稳步增长的势头。可见，在"一带一路"发展战略中，沿线国家和地区的经济结构、发展模式以及合作需求与发达国家存在差异，作为转型经济体或发展中国家，一方面，其面临升级基础设施的需求；另一方面，其国际贸易市场潜力巨大。同时，中国作为最大的发展中国家，在基础设施建设上具有资金的优势，这也是中国在"一带一路"沿线国家和地区对外直接投资份额持续扩大的原因。

四　对外直接投资行业结构分析

相对而言，中国从 2004 年起才开始统计对外直接投资相关细分行业数据（陈愉瑜，2012）。本书结合《中国商务年鉴》2004—2014年对外直接投资行业分布数据以及国家统计局行业细分类别方法将中国对外直接投资细分行业分类如下，见表 3.3。在此，动态分析中国对外直接投资行业结构的变化。

表3.3　　　　　　　　　中国对外直接投资细分行业分类

行业编号	行业名称
A	农、林、牧、渔业
B	采矿业
C	制造业
D	电力、热力、燃气及水的生产和供应业
E	建筑业
F	批发和零售业
G	交通运输、仓储和邮政业
H	住宿和餐饮业
I	信息传输、软件和信息技术服务业
J	金融业
K	房地产业
L	租赁和商务服务业
M	科学研究和技术服务业
N	水利、环境和公共设施管理业
O	居民服务、修理和其他服务业
P	教育
Q	卫生和社会工作
R	文化、体育和娱乐业
S	公共管理、社会保障和社会组织

资料来源：作者根据《中国商务年鉴》对外直接投资行业分布归纳所得。

　　图3.8为中国对外直接投资流量18个细分行业分布图①，从总体上看，中国对各行业的对外直接投资流量呈整体上升的态势，但交通运输、仓储和邮政业、住宿和餐饮业近3年略有下降，电力、热力及水的生产和供应业近1年下降明显，同比下降64.84%。从数值上看，2004年，中国对外直接投资流量金额前5大行业依次为采矿业，交通运输、仓储和邮政业，批发和零售业，制造业，租赁和商务服务业，其对外直接投资流量金额分别为18.0021亿美元、8.2687亿美

————————
① 详细数据参见附录3.1。

元、7.9969 亿美元、7.5555 亿美元、7.4931 亿美元；2013 年，中国对外直接投资流量金额前 5 大行业依次为租赁和商务服务业、采矿业、金融业、批发和零售业、制造业，其对外直接投资流量金额分别为 270.5716 亿美元、248.0779 亿美元、151.0433 亿美元、146.4682 亿美元、71.9715 亿美元；2014 年，中国对外直接投资流量金额前 5 大行业依次为租赁和商务服务业、批发和零售业、采矿业、金融业、制造业，其对外直接投资流量金额分别为 368.3059 亿美元、182.9071 亿美元、165.4939 亿美元、159.1782 亿美元、95.8360 亿美元。不难看出，中国对外直接投资从传统的制造业、采矿业已经开始逐步转变为以租赁和商务服务业、金融业为代表的现代服务行业。值得关注的是，对外直接投资在金融业的流量在 2013 年达到 151.0433 亿美元，同比增长 49.98%；2014 年高达 159.1782 亿美元，保持持续高增长势头，参与对外直接投资以提高中国金融服务业国际竞争力已成为一个不争的事实（陈虹等，2013）。

从资本存量角度分析，如图 3.9 是中国对外直接投资存量 18 个细分行业分布图①。各行业均呈现上升态势，其中以租赁和商务服务业，科学研究和技术服务业，金融业，文化、体育和娱乐业增长最为明显。2013 年，资本存量最高的 5 大行业依次为租赁和商务服务业、金融业、采矿业、批发和零售业、制造业，存量分别为 1957.3518 亿美元、1170.7819 亿美元、1061.7092 亿美元、876.4768 亿美元、419.7684 亿美元；2014 年，资本存量最高的 5 大行业依次为租赁和商务服务业、金融业、采矿业、批发和零售业、制造业，存量分别为 3224.4391 亿美元、1376.2458 亿美元、1237.2524 亿美元、1029.5680 亿美元、523.5194 亿美元，可见，以租赁和商务服务业和金融业为典型代表的现代服务业已经在中国对外直接投资标的中发挥着主导作用。诚然，采矿业、批发和零售业以及制造业这些传统优势行业依然保持着较大的资本存量，其对于中国比较优势的持续发展起到了促进作用。然而如科学研究和技术服务业（2013 年相比 2004 年

① 详细数据参见附录3.2。

增长 68.93%），文化、体育和娱乐业（2013 年相比 2004 年增长
184.92%），教育（2013 年相比 2004 年增长 87.18%）以惊人的增
长速度异军突起，在分析中也不容忽视。

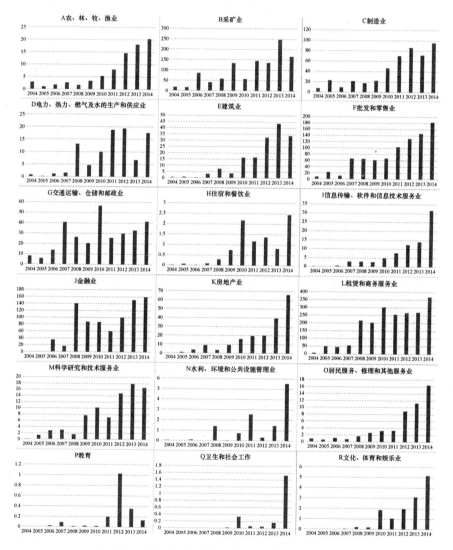

图 3.8　中国对外直接投资流量 18 个细分行业分布

　　资料来源：作者根据《中国商务年鉴》数据绘制所得，对外直接投资流量单位为亿
美元。

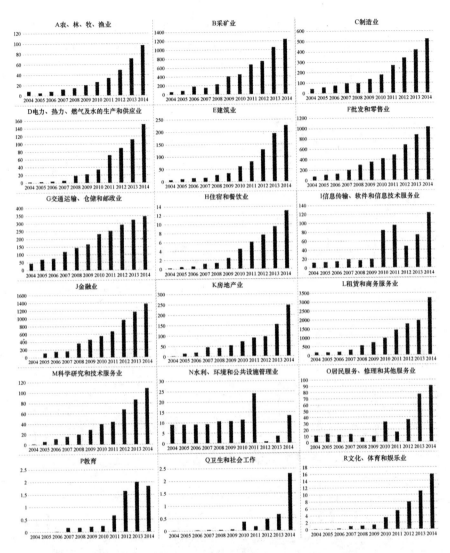

图 3.9　中国对外直接投资存量 18 个细分行业分布

　　资料来源：作者根据《中国商务年鉴》数据绘制所得，对外直接投资存量单位为亿美元。其中，《中国商务年鉴》中金融业和教育业数据起始于 2006 年，金融业 2005 年存量数据为其 2006 年存量数据减去 2006 年流量所得。

五　对外直接投资产业结构分析

　　结合表 3.3 的中国对外直接投资细分行业分类，根据《中国上市公司分类指引》，将第一产业划分为农、林、牧、渔业，将第二产业划分为采矿业，制造业，电力、热力、燃气及水的生产和供应业，建筑业，将第三产业划分为批发和零售业，交通运输、仓储和邮政业，住宿和餐饮业，信息传输、软件和信息技术服务业，金融业，房地产业，租赁和商务服务业，科学研究和技术服务业，水利、环境和公共设施管理业，居民服务、修理和其他服务业，教育；卫生和社会工作，文化、体育和娱乐业以及公共管理、社会保障和社会组织，具体细分内容如表3.4所示。在此，可以计算并监测"一带一路"视角下中国对外直接投资产业结构的动态变化情况。

表3.4　　　　　　　　中国对外直接投资产业分类

产业名称	所属行业名称
第一产业	农、林、牧、渔业
第二产业	采矿业 制造业 电力、热力、燃气及水的生产和供应业 建筑业
第三产业	批发和零售业 交通运输、仓储和邮政业 住宿和餐饮业 信息传输、软件和信息技术服务业 金融业 房地产业 租赁和商务服务业 科学研究和技术服务业 水利、环境和公共设施管理业 居民服务、修理和其他服务业 教育 卫生和社会工作 文化、体育和娱乐业 公共管理、社会保障和社会组织

资料来源：参照《中国商务年鉴》对外直接投资行业分布、《中国上市公司分类指引》。

按照中国对3大产业的分类划分，本书将中国对外直接投资流量和存量的3大产业占比情况进行计算。根据表3.5的中国对外直接投资流量以及存量产业占比计算结果显示,在对外直接投资流量方面,2004 年,第二产业占比最高达 48.79%,在 3 大产业中占据主导地位,不过后来其主导地位逐渐被第三产业取代。从 2005 年起,中国对外直接投资于第三产业的流量开始成为主角,长期维持在 50% 以上,其中,2008 年高达 82.46%,成为当年对外直接投资的主要标的。截至 2014 年,这种主导地位已经稳固,基本达到当年总流量的 3/4 的水平。对外直接投资存量同时显示了第三产业的主导地位,除 2006 年外,一直维持在 70% 以上的水平,值得肯定的是,存量占比与流量在 2014 年均基本达到当年总量 3/4 的水平。对外直接投资存量本身的高位加上流量的不断积累,可以预见第三产业会继续延续增长势头,它在中国对外直接投资甚至是国民经济体系中所扮演的角色会越来越强。结合以上细分行业的分析结果可知,对第三产业贡献最大的是金融业、房地产业、租赁和商务服务业以及科学研究和技术服务业,表明中国正在通过对外直接投资积极融入上述行业的国际竞争中,其中,金融业、租赁和商务服务业主要结合自身资本优势拓展海外业务,房地产业的主要动力是为了持有海外不动产并赚取稳定回报,科学研究和技术服务业主要为获取高端技术、积累相关行业比较优势。可见,以上对外直接投资均能通过开拓海外市场、积累新比较优势等途径促进国内出口贸易转型升级的持续优化。

表3.5　　　中国对外直接投资流量、存量的产业占比分布　　　(%)

时间	对外直接投资资本流量			对外直接投资资本存量		
	第一产业	第二产业	第三产业	第一产业	第二产业	第三产业
2004	5.25	48.79	45.96	1.86	25.74	72.39
2005	0.86	32.99	66.15	0.74	22.97	76.29
2006	0.87	45.35	53.77	0.90	30.28	68.81
2007	1.03	25.16	73.81	1.02	22.72	76.26
2008	0.31	17.24	82.46	0.80	20.14	79.06
2009	0.61	29.03	70.36	0.83	24.35	74.83
2010	0.78	18.91	80.31	0.82	22.71	76.46

续表

时间	对外直接投资资本流量			对外直接投资资本存量		
	第一产业	第二产业	第三产业	第一产业	第二产业	第三产业
2011	1.07	33.50	65.43	0.80	25.70	73.50
2012	1.66	31.20	67.14	0.93	24.58	74.48
2013	1.68	34.35	63.96	1.09	27.07	71.84
2014	1.65	25.42	72.93	1.10	24.21	74.69

资料来源：作者根据《中国商务年鉴》数据计算所得。

事实上，对外直接投资产业结构对中国产业结构的调整具有一定的前瞻性，或者说，对外直接投资的投资标的产业属性会带动中国相关属性产业的发展。陈碧琼和刘会（2014）也指出，对外直接投资对产业结构调整具有关联效应作用机制。结合图3.10中第三产业在中国经济产业结构与在对外直接投资存量结构中占比的动态变化比较，可以看出，对外直接投资存量中，第三产业占比与中国经济产业结构中第三产业占比整体均呈现微弱上升的态势，两者具有一定的协

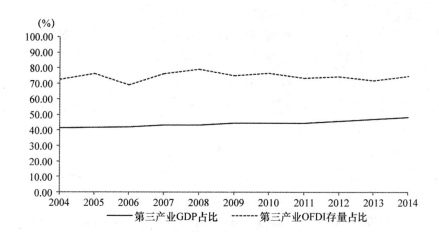

**图3.10 第三产业在中国经济产业结构与对外直接投资
存量结构中占比的变化**

资料来源：第三产业GDP占比由历年第三产业增加值除以当年国内生产总值所得，作者根据国家统计局（http://data.stats.gov.cn）数据绘制所得。

同性。然而，对外直接投资存量中第三产业占比领先于中国经济产业结构中第三产业占比的水平，证实了其先导性的存在。可见，结合对外直接投资对中国经济结构进行调整也是经济新常态下的着手点之一。

更为重要的是，基于本书的研究出发点，对外直接投资存量中第三产业占比高的特点可以通过加大服务业的投入、积累服务业的出口比较优势而反映到中国出口贸易转型升级这一主题上来。因此对外直接投资是否促进了本书中的中国出口贸易转型升级衡量指标之一的服务贸易出口总值，是本书继续通过实证检验考察的重点问题。

第四节　本章小结

作为更加主动的参与国际分工的方式，伴随着"一带一路"发展战略的展开，中国在"一带一路"沿线对外直接投资显示出更加快速的增长趋势。此外，在对外直接投资份额方面，中国对转型经济体或发展中国家的对外直接投资份额保持逐年上升的态势；在对外直接投资产业方面，标的产业属性逐渐偏向于更有效率的制造业、更加持续绿色的第三产业以及更高技术含量的高新技术产业。不难想象，中国对外直接投资在逻辑上蕴含着更为深远的历史使命，是中国经济、产业、出口贸易技术结构转型升级的重大动力。

结合研究目的，本书重点研究"一带一路"视角下中国对外直接投资的发展以及其对出口技术复杂度的影响。其原因有二：其一，"一带一路"战略是国家"走出去"战略的升华，通过参与沿线国家和地区的基础设施建设、经贸合作，实现共同繁荣，因此对外直接投资对"一带一路"战略具有决定性作用；其二，经济新常态下对外贸易的主要特点之一是对外直接投资的快速发展和出口贸易的快速下滑，因此研究对外直接投资对出口贸易技术结构和技术水平的影响具有很强的现实意义。

第四章 "一带一路"视角下服务贸易出口转型升级现状分析

明晰现状是本书研究的必要条件。结合国别分析、行业分析、指数分析等不同的分析方法，本章旨在全面系统地描述中国服务贸易出口在经济新常态下以及"一带一路"发展战略背景下的现状与特点，同时，也为接下来的实证分析提供解释变量指标。

相对而言，就"出口贸易转型升级"而言，其实际含义主要有以下两点：其一，如上文所述，本书替代指标"出口技术复杂度的提升"所强调的是出口贸易中技术结构的转型升级，即货物贸易和服务贸易出口技术结构的优化；其二，"出口技术复杂度的提升"所强调的是出口技术水平的提高，即从低技术、竞争力低逐渐转移到高端制造业、技术密集、竞争力强的出口技术水平，这是出口贸易逐渐升级的一种定量的变迁过程。本书所研究的"出口技术复杂度"即考察出口技术水平由低向高、出口技术结构逐渐优化的过程，即出口贸易转型升级路径，并以对外直接投资为切入点研究对其的影响。

然而，在此值得一提的是，由于联合国贸易和发展会议统计数据库中服务贸易数据仅有各国家和地区各行业细分数据，作者难以找到中国对沿线国家和地区服务贸易细分数据（《中国商务年鉴》中仅有部分国家相关数据）。本书遗憾的是并未能像第五章第四节和第五章第五节那样对中国对"一带一路"沿线国家和地区服务贸易出口进行分析，同样也无法对中国对"一带一路"沿线国家和地区服务贸易出口技术复杂度进行计算。因此，本章主要对"一带一路"视角下各国家和地区服务贸易出口的现状进行分析，重点基于各国家和地区服务贸易出口技术复杂度的描述和分析，在剖析现状的同时，为接下来的实证分析中指标体系的建立以及实证分析的全面性、逻辑性、科学性打下坚实的基础。

本章首先对中国服务贸易出口环境进行分析。其次，基于"一带一路"视角下各国家和地区服务贸易出口总值的现状进行分析，其中服务贸易出口现状主要分析其出口总值的动态变化，并把中国与"一带一路"沿线国家和地区、亚投行其他创始成员国以及发达经济体的服务贸易出口总值进行跨国比较研究。再次，在建立本书服务贸易出口产品分类框架的基础上（见第四章第二节），运用显性比较优势指数、出口复杂度指数等一系列成熟的指数分析方法，对服务贸易出口现状与特点进行剖析。最后，现状分析中得到的服务贸易出口技术复杂度将作为实证研究中的被解释变量，以衡量服务贸易出口技术结构和技术水平的评价指标。

第一节　中国服务贸易出口环境分析

改革开放以来，以出口为导向的经济发展模式在塑造了一个又一个出口神话的同时，作为拉动经济的"三驾马车"之一的出口贸易，也为中国经济的持续增长提供了强劲动力。借助于人口红利以及生产要素的高速积累，中国在劳动密集型产业，尤其是加工制造业方面迅速建立巨大的比较优势，从而带动相应产品的出口，显然，相应产品的出口是以货物贸易的形式出现的。因此，可以肯定的是，改革开放前期，中国货物贸易出口总值以及增长速度均依赖于人口和资本的优势而高速发展。然而改革开放后期，特别是在 2000 年之后，服务贸易异军突起，逐渐成为出口贸易增长的主要动力。

如图 4.1 所示，中国服务贸易出口总体呈现持续上升的态势，且一直维持在两位数的增长速率上。然而，以货物贸易出口为主的出口模式并未得到有效改变，服务贸易占货物贸易出口总值的比重一直在 10% 左右徘徊，货物贸易在中国的出口贸易技术结构中还是起到了主导作用。根据联合国贸易和发展会议统计数据库的显示，截至 2014

年，中国服务贸易出口总值为2335.1亿美元，占货物贸易出口总值的9.96%。然而，近年来，服务贸易增长速度明显快于货物贸易，以2014年为例，较上年服务贸易同比增长12.23%，而货物贸易仅为6.03%。在2003—2014年中，中国服务贸易出口总值从467.5亿美元增长至2335.1亿美元，其增速平均达到12%以上，显示出服务贸易出口增长的强大动能。诚然，近年来，服务贸易增长速度一直高于货物贸易已成为不争的常态。可见，随着中国经济结构中服务业的占比不断加大、服务业的比较优势不断加深以及国家对发展服务业政策的不断倾斜，服务贸易出口的空间巨大，值得本书进行细化分析。此外，值得注意的是，2014年，中国货物贸易出口总值同比增长6.03%，10年来，首次低于经济的增长速度，出口增速的下滑已经开始拖累经济的增长，以出口为导向的传统贸易模式受到了挑战。可见，通过出口贸易转型升级，调整出口产品结构，培养新的增长动力

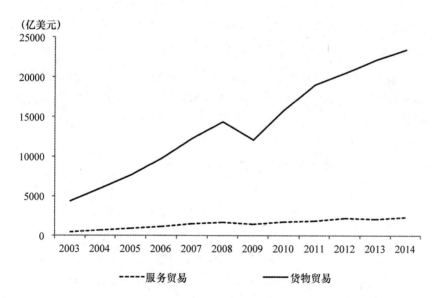

图4.1　2003—2014年中国货物贸易和服务贸易出口总值统计

资料来源：2003—2014年，中国服务贸易出口总值的数据来源于联合国贸易和发展会议统计数据库，中国货物贸易出口总值的数据来源于联合国贸易数据库（COMTRADE Database）。作者根据以上数据库数据绘制所得。

已经势在必行。新的增长动力概括起来主要有两点：其一是通过更持续、更高效的服务贸易比较优势的培养，促进服务贸易出口，使之在出口结构中占据更大的份额；其二是把出口贸易目标和注意力从出口总值上逐渐转移到出口技术水平和技术结构的提升上，不断提升出口贸易的国际竞争力。

第二节 "一带一路"视角下服务贸易 出口总值分析

作为出口贸易转型升级的重要方向，服务贸易出口因其绿色、持续、高效成为外贸转型的重点方向。陈虹和章国荣（2010）强调，中国出口贸易技术结构应向服务业侧重，从而提升中国整体出口贸易的国际竞争力。因此，对服务贸易出口现状进行分析是本书研究的重点内容。联合国贸易和发展会议统计数据库显示的数据内容包括国家和地区服务贸易出口总值以及各行业的出口总值，然而，其并不像联合国贸易数据库中显示的那样涵盖中国对沿线国家和地区货物贸易出口的总值。因此，稍显遗憾的是，本章只能基于各国家和地区出口总值以及分项行业出口总值的数据对中国同"一带一路"沿线国家和地区的比较进行研究。

一 按国别分类的服务贸易出口总值分析

如图4.1所示，中国服务贸易与货物贸易规模极其不匹配，历年来，服务贸易出口总值占货物贸易出口总值的比重一直在10%左右徘徊。但其从另一方面体现出中国服务贸易出口空间和转型的潜力巨大。如图4.2和图4.3所示中国与各国家和地区服务贸易出口总值的比较可以看出，一方面，与发展中国家相比，中国服务贸易出口具有巨大的优势；另一方面，与发达国家相比，中国服务贸易出口正在平稳接近发达国家水平，两者间的差距正在缩小。

图4.2展示了中国同"一带一路"沿线国家和地区服务贸易出口

总值的比较关系①。从总体上看,各国家和地区的服务贸易出口总值处于平稳上升的态势,时间序列趋势整体同步。中国、中亚、西亚北非、东南亚、南亚、独联体、中东欧地区的服务贸易出口总值分别从2003年的467.59亿美元、27.03亿美元、755.54亿美元、806.41亿美元、301.16亿美元、242.90亿美元、561.84亿美元上升至2014年的2335.1亿美元、84.83亿美元、1929.37亿美元、2991.18亿美元、1747.41亿美元、984.96亿美元、1891.40亿美元,各区域的增长都维持着稳中有升的态势。

与以发展中经济体为主的中亚、西亚北非、东南亚、南亚、独联体、中东欧次区域相比较,中国的服务贸易出口总值仅落后于东南亚地区。但值得特别注意的是,2014年,东南亚11国实现了服务贸易2991.18亿美元(同比增长-0.24%)的出口值,略微高于中国的2335.10亿美元(同比增长12.23%)的出口值,而在2003年,中国服务贸易出口总值仅为467.59亿美元,而当时东南亚11国就高达806.41亿美元(2003—2014年,中国、东南亚地区服务贸易出口总值年均增长速度分别为12.23%和8.66%)。可见,10余年来,中国服务贸易出口的增速明显高于同期的发展中国家。值得肯定的是,据联合国贸易和发展会议统计数据库的数据显示,2014年,中国服务贸易出口同比增长12.23%(与此同时,中亚6国、西亚北非16国、东南亚11国、南亚8国、独联体其他7国、中东欧16国分别同比增长-18.02%、4.15%、-0.24%、3.96%、-10.12%、5.69%)。在发展中经济体与转型经济体整体服务贸易出口放缓的背景下,其彰显了中国服务贸易出口的强劲动力与实力。

以上是从中国与"一带一路"沿线各国家和地区服务贸易出口总值的现状进行分析,通过比较不难发现,在沿线各国家和地区服务贸易出口整体放缓的背景下,中国服务贸易可谓是异军突起,逐渐形成了"一带一路"辐射地区的比较优势(在下节内容中具体分

---

① 详细数据见附录4。

析)。相信经过"一带一路"发展战略的不断深化以及中国服务贸易出口的不断扩大,服务贸易定能结合"一带一路"发展战略而在中国外贸技术结构和技术水平的优化以及其转型升级的过程中起到积极作用。

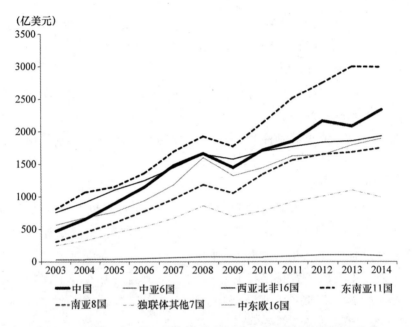

图4.2 中国与"一带一路"沿线各国家和地区服务贸易出口比较
资料来源:作者根据联合国贸易和发展会议统计数据库的数据绘制所得。

图4.3展示了中国同美国、日本服务贸易出口总值的比较关系。从总体上看,从2003年至2014年,中国、美国以及日本的服务贸易出口总值均处于平稳上升的态势,时间序列趋势整体同步。美国因其在服务贸易中长期建立的比较优势总量巨大,在2014年,美国实现了服务贸易出口总值7094.48亿美元,位列世界服务贸易出口国家第一,其同比3.20%的增长速度明显高于其国内生产总值。可见,美国服务贸易的比较优势依然明显(具体比较优势分析将在第五章第三节中详细展开),对推动其经济发展起到不可或缺的关键作用。日本服务贸易起步较早,2003年,其服务贸易出口总值就以775.67亿美

元而远超中国（同年中国为467.59亿美元）。然而在2006年，中国
以1138.51亿美元的服务贸易出口总值首次超越日本（同年日本为
1093.87亿美元），之后，随着中国在服务贸易出口领域的不断发展，
同比增速一直高于日本的水平，两者差距逐渐拉大，截至2014年，
中国和日本的服务贸易出口总值分别为2335.10亿美元和1625.39亿
美元。可见，中国的服务贸易出口国际竞争力已经明显超越日本，但
与美国相比，依然差距明显。

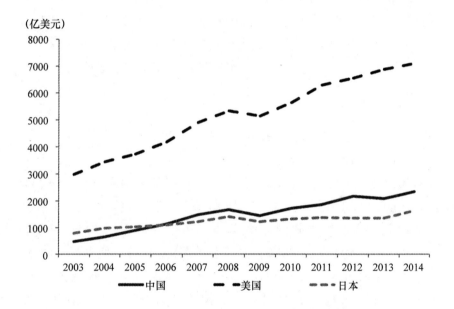

图4.3 中国与发达经济体服务贸易出口比较

资料来源：作者根据联合国贸易和发展会议统计数据库的数据绘制所得。

综上所述，在2003年至2014年期间，中国服务贸易出口水平取
得了长足的进步，从467.59亿美元到2335.10亿美元的增长水平整
体高于世界各国家和地区。同以发展中国家为代表的"一带一路"
沿线国家和地区相比，中国服务贸易出口因体量大、增速快的特点而
展示出显著的比较优势。同发达国家相比，虽然在2006年中国服务
贸易出口总值首次超越日本，但同以美国为代表的服务贸易比较优势

明显的国家相比，中国依然存在较大的差距。发达国家的经济发展模式具有一定的借鉴性和参考性，因此在经济结构转型时期，尤其应该关注服务贸易的发展，以更高效、更绿色、更持续的方式促进出口贸易的转型升级。

由于中国服务贸易出口的详细数据不可获得，本书只通过联合国贸易和发展会议统计数据库找到了各国家和地区服务贸易出口总值以及各项行业出口总值，未能如愿找到中国对各国家和地区的服务贸易出口总值。然而，依据现有的数据，本书依然能进行中国以及"一带一路"沿线各国家和地区产品分类现状分析、各产品显示比较优势分析以及（本书重点的）服务贸易出口技术复杂度分析。接下来，利用中国以及"一带一路"沿线各国家和地区产品分类出口数据进行按产品分类的服务贸易出口总值分析。

二 按产品分类的服务贸易出口总值分析

相对于货物贸易，服务贸易因为其产品的独特性而很难像货物贸易那样使用产品出口总值的方法具体监测服务贸易出口总值。取而代之的是 Mishra 等（2011）的研究思路，按照服务贸易出口所述行业进行分类，以往研究纷纷采取这一方法（戴翔，2011；马鹏和肖宇，2014；陈俊聪，2015；张雨和戴翔，2015）。值得肯定的是，在相关数据的获取方面，在联合国贸易和发展会议统计数据库中，服务贸易出口分项的分类同样也是按照其出口行业的属性进行划分的。

在联合国贸易和发展会议统计数据库中，服务贸易出口分项的分类是按照 IMF 国际收支平衡表分类的方法进行的，其中包括运输服务、旅游、建筑服务、保险服务、金融服务、专利和特许费、通信服务、计算机和信息服务、个人文化和娱乐服务、其他商业服务、政府服务 11 类。《中国商务年鉴》的服务贸易出口分类中包括运输服务、旅游、通信服务、建筑服务、保险服务、金融服务、计算机和信息服务、专利和特许费、咨询、广告和宣传、电影和音像、其他商业服务

12 类①。然而,《中国商务年鉴》中只列出了中国服务贸易出口总值数据,并没有列出各出口分项数据,而且其他国家样本不足。戴翔(2011) 也认为,服务贸易主要研究的是商业服务,因此需将政府服务剔除。但其同时认为,"其他商业服务"出口分项描述太泛,在其研究中予以剔除。通过对数据的观察不难看出,其他商业服务出口总值在部分国家的服务贸易出口总值中所占份额较大,例如,2014 年,美国其他商业服务出口总值为 1276.75 亿美元,占其服务贸易出口总值的 18%;中国同年其他商业服务出口总值占服务贸易出口总值的29.5%。考虑到研究的完整性以及"其他商业服务"所占份额较大,因此在本书的研究中予以保留。

值得注意的是,联合国贸易和发展会议统计数据库中存在两个分类标准,即 BPM5 和 BPM6。两者之间的区别在于 BPM6 提供的数据区间为 2005—2014 年,BPM5 提供的数据区间截至 2013 年。此外,在 BPM5 标准下,"通信服务"和"计算机和信息服务"作为两个单独出口分项分别给出了历年数据,但在 BPM6 标准下对两者进行合并处理,以"通信、计算机和信息服务"的形式作为单项出现。因此,本书在处理上选取 2005—2014 年 BPM6 标准下的数据,2003 年和2004 年的数据选取 BPM5 标准并对"通信服务"和"计算机和信息服务"两项数据进行加总处理。

综上所述,本书把服务贸易出口行业分为运输服务、旅游、建筑服务、保险服务、金融服务、专利和特许费、通信、计算机和信息服务、个人文化和娱乐服务、其他商业服务,共 9 类。使用联合国贸易和发展会议统计数据库作为数据来源,其中 2003 年和 2004 年的数据采用"通信服务"和"计算机和信息服务"两项数据加总的形式。数据来源于联合国贸易和发展会议统计数据库。

为了方便后文的指数构建以及实证分析,在进行服务贸易技术复杂度现状分析之前,本书运用数学表达的方式对相关变量进行定义。

将服务贸易出口产品在 BPM6 标准下分为 9 个出口分项,分别为

---

① 项目类别为国际收支口径,因此不含政府服务。

运输服务（transport）、旅游（travel）、建筑服务（construction）、保险服务（insurance）、金融服务（financial services）、专利和特许费（royalties and licence fees）、通信、计算机和信息服务（telecommunications, computer, and information services）、个人文化和娱乐服务（personal, cultural and recreational services）、其他商业服务（other business services），分别记为 TRAN、TRAV、CONS、INSU、FINA、LICE、TELE、PERS、OTHE，$\Psi = \{k, k = TRAN, TRAV, \cdots, OTHE\}$。

本节分析各国家和地区服务贸易各分项行业出口总值的动态比较关系①，勾画各分项行业中各国家和地区出口总值动态图，如图4.4所示。

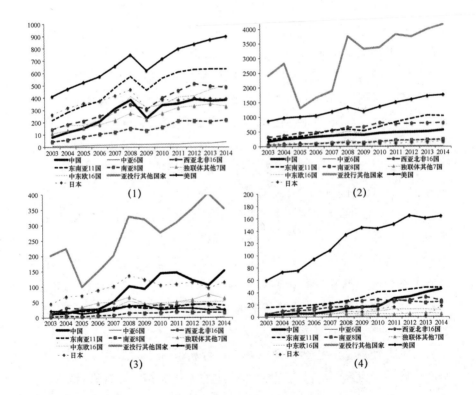

———————

① 详细数据见附录5。

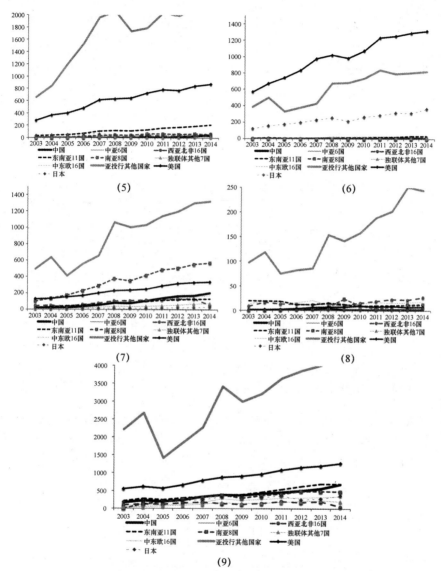

图4.4　服务贸易各分项行业中各国家和地区出口总值动态比较

资料来源：作者根据联合国贸易和发展会议统计数据库的数据绘制所得，单位为亿美元。

　　图4.4中的（1）至（9）分别为运输服务、旅游、建筑服务、保险服务、金融服务、专利和特许费、通信、计算机和信息服务、个

人文化和娱乐服务、其他商业服务各国家和地区出口总值动态比较图。从整体上看，在服务贸易各分项行业中，各国家和地区的出口总值基本保持着稳中有升的态势。虽经历了 2008 年美国次贷危机和欧洲债务危机的影响导致世界需求总体下降，但经过几年时间世界经济的平稳复苏，各分项行业出口总值整体上已经恢复至 2008 年的水平，甚至部分达到了历史最高点。然而，从整体上看，服务贸易出口依然是发达经济体占据主导地位，其中，以发达经济体以及 G20 国家为主要组成部分的亚投行其他创始成员国在旅游、建筑服务、金融服务、通信、计算机和信息服务、个人文化和娱乐服务、其他商业服务分项行业中排名最为靠前，美国在运输服务、保险服务、专利和特许费分项行业中排名最为靠前。相对而言，本章仅通过出口总值的数据反映各国家和地区在各分项行业中出口总值的动态变化，各国家和地区在各分项行业中比较优势的对比情况将在接下来的章节中详细分析。

图 4.4（1）描述的是各国家和地区运输服务出口总值的动态比较。中国、"一带一路"沿线国家和地区在 2003—2014 年间运输服务出口增速明显，均维持在年均 10% 以上。其中，中亚地区、南亚地区、中国以及中东欧地区从 2003 年的 8.44 亿美元、45.47 亿美元、79.06 亿美元、151.36 亿美元增至 2014 年的 44.32 亿美元、221.58 亿美元、382.42 亿美元、506.53 亿美元，增长速度最为惊人。值得注意的是，中亚地区是中国"一带一路"发展战略中"丝绸之路经济带"的必经之路，而南亚地区是"21 世纪海上丝绸之路"的重要发展区域，中东欧地区是中国通往欧洲实现经贸深化合作的"桥头堡"。这 3 大区域运输服务业的发展将会为促进中国"一带一路"发展战略提供交通便利支持。

图 4.4（2）描述的是各国家和地区旅游出口总值的动态比较。如图，不难看出，以发达经济体为主的亚投行其他创始成员国以及美国的旅游出口依然强势，但较大的波动反映了其受世界经济周期影响明显。近年来，中国旅游出口基本与中东欧地区持平，但前者起点明显低于后者（2003 年中国、中东欧旅游出口总值分别为 174.06 亿美元、247.53 亿美元），反映出中国旅游出口空间依然巨大。旅游出口

增长突出的是东南亚地区,其出口总值从 2003 年的 238.29 亿美元持续上升至 2014 年的 1050.97 亿美元。日本旅游出口增势最弱,其基本处于 150 亿美元左右,但在 2014 年,其旅游出口首次实现 20% 以上的增长(具体数据为 20.70%),突起之势值得期待。

图 4.4(3)描述的是各国家和地区建筑服务出口总值的动态比较。在建筑服务出口方面,由于亚投行其他创始成员国整体基数较大,其出口总值巨大,但其增速在 2008 年之后显得不太强劲。与此同时,中国建筑服务出口较之其他国家和地区异军突起,从 2003 年的 12.89 亿美元发展至 2014 年的 153.55 亿美元,特别是从 2013 年提出"一带一路"倡议开始,伴随着参与沿线国家的基础设施建设,2014 年,中国的建筑服务出口同比增长 44%,大大高于世界其他国家和地区。

图 4.4(4)和图 4.4(5)分别描述的是各国家和地区保险、金融服务出口总值的动态比较。保险(金融)服务出口一直是美国的优势出口分项,其从 2003 年的 59.73(278.40)亿美元上升至 2014 年的 164.34(872.64)亿美元,具有绝对比较优势。与之相比,其他国家和地区在这 12 年间并没有突出的起色,然而,随着中国保险、金融业国际竞争力的不断提升(陈虹和杨成玉,2013),2014 年,中国实现保险(金融)出口总值 45.74(45.309)亿美元,高于"一带一路"沿线国家和地区。

图 4.4(6)描述的是各国家和地区专利和特许费出口总值的动态比较。在专利和特许费出口方面,美国依靠其强大的研发实力稳固占据榜首位置,其从 2003 年的 568.13 亿美元持续上升至 1316.35 亿美元,即便在次贷危机时期也一路向上。此外,南亚地区专利和特许费出口有迅速攀升之势,基本维持在年均 30% 左右的增速上,2014 年,其出口总值基本与中国持平。从中国的角度看,2003—2010 年,其从 1.06 亿美元上升至 8.30 亿美元,并经历 2009 年稍许回落后,在 2012 年实现出口总值 10.44 亿美元,首次突破 10 亿美元大关并处于历史最高点。但近年来,其出现持续下滑的趋势,2014 年回落至 6.76 亿美元,同比下降 23.71%。

图 4.4(7)描述的是各国家和地区通信、计算机和信息服务出

口总值的动态比较。通信、计算机和信息服务出口总值最大的国家和地区依次为亚投行其他创始成员国、南亚地区、美国以及中国，2014年，分别实现通信、计算机和信息服务出口总值 1320.06 亿美元、573.02 亿美元、342.20 亿美元、201.72 亿美元。其中，整体呈现南亚地区、中国增速最快，发达经济体增速次之的特点。

图 4.4（8）描述的是各国家和地区个人文化和娱乐服务出口总值的动态比较。在个人文化和娱乐服务出口方面，最为强势的是亚投行其他创始成员国，依靠巨额的人均可支配收入和传统优势的文化、娱乐产业，其在个人文化和娱乐服务方面基本处于垄断地位。中国个人文化和娱乐服务出口因基数小、增速低并没有在整体服务贸易出口方面做出较大积极贡献。

图 4.4（9）描述的是各国家和地区其他商业服务出口总值的动态比较。在其他商业服务出口方面，出口总值最大的国家和地区依次为亚投行其他创始成员国、美国、东南亚地区和中国，其出口总值分别从 2003 年的 2216.84 亿美元、552.74 亿美元、206.58 亿美元、174.27 亿美元上升至 2014 年的 4364.05 亿美元、1276.75 亿美元、700.10 亿美元、688.95 亿美元。与之相比，中国因为其起步晚、增速快的特点，在其他商业服务出口方面大有可为。

明晰中国服务贸易出口各分项行业出口总值的动态变化是本节分析的重要内容。接下来，重点分析中国服务贸易各分项行业出口总值的动态数据，如图 4.5 所示。

总体而言，2003 年，中国各分项行业服务贸易出口总量不大，但差距较大，运输服务、旅游、建筑服务、保险服务、金融服务、专利和特许费、通信、计算机和信息服务、个人文化和娱乐、其他商业服务出口总值依次为 79.06 亿美元、174.06 亿美元、12.89 亿美元、3.38 亿美元、1.51 亿美元、1.06 亿美元、17.40 亿美元、0.33 亿美元、174.27 亿美元。在各分项中，中国服务贸易出口仅在运输服务、旅游、建筑服务以及其他商业服务方面出口总值较大，然而在保险服务、金融服务、专利和特许费、通信、计算机和信息服务、个人文化和娱乐方面均未形成规模。在 2003 年至 2014 年期间，以保险服务、

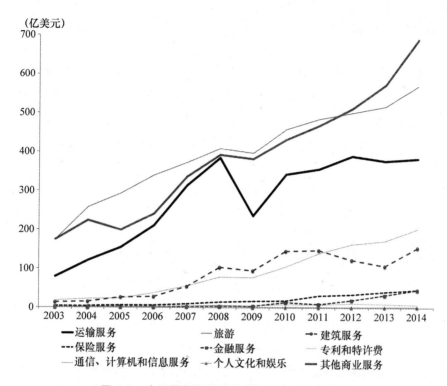

图 4.5　中国服务贸易各分项行业出口总值动态

资料来源：作者根据联合国贸易和发展会议统计数据库的数据绘制所得。

金融服务、通信、计算机和信息服务为代表的现代服务业[①]异军突起，年均增速分别达到 23.42%、32.32% 和 21.73%，均高于同期中国出口贸易的增长水平。截至 2014 年，这 3 类服务贸易出口分项行业分别实现出口总值 45.74 亿美元、45.31 亿美元、201.72 亿美元，奠定了中国现代服务业形成的基础。此外，现代服务业中的专利和特许费、个人文化和娱乐、其他商业服务增长均较为明显，分别从 2003年的 1.06 亿美元、0.33 亿美元、174.27 亿美元增长至 2014 年的6.76 亿美元、1.74 亿美元、688.95 亿美元，其增速虽没有保险服务、金融服务、通信、计算机和信息服务强劲，但却分别维持在年均

---

① 戴翔（2011）把传统服务业归类为运输服务、旅游、建筑服务，将现代新型服务业归类为保险服务、金融服务、通信、计算机和信息服务等。

14.95%、12.76%、9.44%的增长速度上,其增长水平均高于同期中国经济的增长速度。从传统服务业角度看,运输服务、旅游、建筑服务出口总值分别从 2003 年的 79.06 亿美元、174.06 亿美元、12.98 亿美元增长至 2014 年的 382.42 亿美元、569.13 亿美元、153.55 亿美元,均维持在年均 10% 以上的增长速度。可见,传统服务贸易出口的中流砥柱作用,再加上现代服务贸易出口的异军突起之势,在经济新常态出口贸易整体疲软的背景下,服务贸易出口将越来越多地承担起出口贸易技术结构和技术水平调整的责任与使命,并成为中国外贸转型升级的新动力。

第三节 "一带一路"视角下服务贸易出口指数分析

一 显示比较优势分析

本节利用 Balassa(1965)所构建的显性比较优势(revealed comparative advantage,RCA)展开对国家和地区 i 服务贸易出口产品 k 的显示比较优势指数计算,计算公式如下:

$$RCA_{it}^{k} = \frac{x_{it}^{k}/X_{it,w}}{x_{wt}^{k}/X_{wt}}, \forall i \in \Omega, k \in \Psi, t \in T \qquad (4-1)$$

其中,

RCA_{it}^{k}:t 时刻 i 国家和地区服务贸易出口产品 k 的显示比较优势指数;

x_{it}^{k}:t 时刻 i 国家和地区服务贸易出口产品 k 的出口总值[①];

$X_{it,w}$:t 时刻 i 国家和地区的服务贸易出口总值;

x_{wt}^{k}:t 时刻服务贸易出口产品 k 的世界出口总值;

X_{wt}:t 时刻的世界服务贸易出口总值。

一般而言,如果 $RCA_{it}^{k} > 1$,则认为在 t 时刻,i 国家和地区的服务贸易出口产品 k 具有比较优势;如果 $RCA_{it}^{k} < 1$,则认为在 t 时刻,i

---

① 各国家和地区各种技术含量出口产品的出口值详细数据见附录 5。

国家和地区的服务贸易出口产品 k 具有比较劣势。初始数据来源于联合国贸易和发展会议统计数据库。依据第三章中所定义的研究样本分类和本章上节内容中的服务贸易出口产品分类，得到世界各国家和地区各类别服务贸易出口产品的显性比较优势指数，如表4.1所示。

表4.1　各国家和地区各类别服务贸易出口产品的显性比较优势指数

	分项	2003	2004	2005	2006	2007	2008	2009	2010	2011	2012	2013	2014
中国	运输服务	0.80	0.86	0.94	0.99	1.13	1.09	0.89	1.06	1.04	0.97	1.00	0.94
	旅游	1.31	1.42	1.62	1.50	1.30	1.03	1.14	1.15	1.14	1.01	1.07	1.06
	建筑服务	1.28	1.02	1.79	1.34	1.85	2.46	2.51	3.78	3.69	2.56	2.34	3.21
	保险服务	0.31	0.29	0.28	0.19	0.26	0.35	0.40	0.42	0.63	0.63	0.78	0.79
	金融服务	0.05	0.02	0.02	0.01	0.02	0.02	0.03	0.09	0.05	0.11	0.18	0.23
	专利和特许费	0.03	0.05	0.03	0.03	0.04	0.06	0.04	0.07	0.06	0.08	0.07	0.05
	通信、计算机和信息服务	0.68	0.60	0.57	0.63	0.71	0.73	0.77	0.92	1.12	1.07	1.14	1.24
	个人文化和娱乐	0.08	0.07	0.23	0.20	0.39	0.37	0.09	0.11	0.10	0.08	0.08	0.09
	其他商业服务	1.65	1.49	1.43	1.25	1.32	1.21	1.31	1.31	1.30	1.18	1.37	1.45
中亚	运输服务	1.48	1.49	2.03	2.17	1.98	1.75	2.14	2.02	1.87	1.79	1.84	3.00
	旅游	0.99	1.08	1.32	1.39	1.49	1.07	0.94	0.88	0.95	0.98	0.91	1.05
	建筑服务	0.43	0.18	0.50	0.38	0.24	0.25	0.16	0.47	0.76	0.56	0.62	1.16
	保险服务	0.07	0.08	0.08	0.10	0.30	0.56	0.68	0.52	0.45	0.41	0.15	0.33
	金融服务	0.10	0.12	0.11	0.10	0.16	0.22	0.12	0.07	0.07	0.20	0.33	0.04
	专利和特许费	0.01	0.01	0.01	0.01	0.01	0.03	0.01	0.00	0.01	0.01	0.01	0.01
	通信、计算机和信息服务	0.60	0.50	0.65	0.54	0.45	0.40	0.41	0.44	0.35	0.36	0.35	0.52
	个人文化和娱乐	0.23	0.32	0.29	0.40	1.43	1.48	1.49	1.48	1.69	1.39	0.94	1.40
	其他商业服务	0.31	0.32	0.48	0.38	0.41	0.35	0.43	0.61	0.56	0.51	0.42	0.54

续表

	分项	2003	2004	2005	2006	2007	2008	2009	2010	2011	2012	2013	2014
西亚北非	运输服务	0.91	0.95	1.05	1.10	1.09	0.99	1.06	1.26	1.41	1.52	1.48	1.45
	旅游	1.52	1.50	2.08	1.95	2.01	1.67	1.78	2.09	1.91	1.89	1.86	1.84
	建筑服务	0.76	1.60	1.63	1.07	1.12	0.96	0.89	1.14	1.05	1.10	1.10	0.63
	保险服务	0.27	0.53	0.56	0.51	0.65	0.63	0.61	0.71	0.57	0.62	0.72	0.57
	金融服务	0.09	0.08	0.07	0.06	0.05	0.14	0.14	0.33	0.22	0.22	0.24	0.21
	专利和特许费	0.10	0.10	0.02	0.04	0.01	0.00	0.00	0.04	0.03	0.05	0.05	0.00
	通信、计算机和信息服务	1.08	0.98	0.71	0.94	1.03	0.99	0.97	1.05	1.01	1.03	0.99	0.42
	个人文化和娱乐	1.23	1.92	1.80	1.75	1.50	1.29	0.90	1.32	1.55	1.69	1.40	1.72
	其他商业服务	0.55	0.57	0.68	0.73	0.71	0.44	0.39	0.46	0.59	0.47	0.53	0.14
东南亚	运输服务	1.29	1.24	1.60	1.49	1.53	1.41	1.42	1.40	1.32	1.24	1.17	1.22
	旅游	1.04	1.06	1.51	1.62	1.70	1.30	1.26	1.39	1.47	1.52	1.54	1.53
	建筑服务	0.53	0.80	1.16	0.99	0.97	0.76	0.68	0.67	0.69	0.71	0.71	0.66
	保险服务	0.85	0.82	0.71	0.59	0.58	0.57	0.66	0.81	0.65	0.68	0.66	0.66
	金融服务	0.64	0.57	0.53	0.58	0.66	0.68	0.71	0.72	0.77	0.78	0.77	0.86
	专利和特许费	0.07	0.14	0.11	0.07	0.08	0.09	0.11	0.09	0.13	0.13	0.19	0.19
	通信、计算机和信息服务	0.49	0.58	0.82	0.77	0.74	0.62	0.68	0.70	0.68	0.63	0.60	0.64
	个人文化和娱乐	2.70	1.93	2.47	1.56	1.33	1.17	0.98	0.61	0.57	0.54	0.45	0.49
	其他商业服务	1.14	1.14	1.37	1.30	1.14	1.01	1.10	1.13	1.10	1.14	1.16	1.15

	分项	2003	2004	2005	2006	2007	2008	2009	2010	2011	2012	2013	2014
南亚	运输服务	0.72	0.63	0.77	0.75	0.68	0.61	0.70	0.65	0.75	0.70	0.69	0.73
	旅游	0.66	0.61	0.71	0.65	0.71	0.52	0.54	0.57	0.60	0.58	0.60	0.64
	建筑服务	0.49	0.58	0.43	0.52	0.45	0.53	0.57	0.55	0.62	0.50	0.51	0.48
	保险服务	0.68	1.02	0.79	0.61	0.73	0.61	0.56	0.60	0.71	0.64	0.57	0.58
	金融服务	0.21	0.13	0.23	0.33	0.35	0.41	0.42	0.56	0.50	0.43	0.48	0.40
	专利和特许费	0.02	0.02	0.06	0.03	0.04	0.03	0.03	0.02	0.03	0.03	0.04	0.06
	通信、计算机和信息服务	6.08	5.49	6.34	5.78	5.76	5.01	4.83	4.72	4.66	4.40	4.58	4.69
	个人文化和娱乐	0.02	0.11	0.29	0.68	0.97	0.89	3.06	1.10	0.33	0.64	0.89	0.91
	其他商业服务	0.09	1.27	2.05	2.00	1.90	1.64	1.39	1.44	1.37	1.51	1.46	1.36
独联体	运输服务	2.17	1.97	1.95	1.86	1.76	1.52	1.77	1.87	1.89	1.81	1.79	1.93
	旅游	0.88	1.00	1.11	1.15	1.20	0.94	0.88	0.83	0.90	0.91	0.89	0.87
	建筑服务	2.24	2.49	4.92	5.04	3.91	3.13	2.57	2.32	2.62	2.69	3.19	3.19
	保险服务	0.33	0.45	0.38	0.36	0.33	0.27	0.23	0.29	0.19	0.23	0.23	0.23
	金融服务	0.13	0.14	0.12	0.14	0.22	0.23	0.23	0.23	0.18	0.20	0.23	0.23
	专利和特许费	0.12	0.12	0.10	0.10	0.11	0.09	0.11	0.11	0.11	0.13	0.14	0.14
	通信、计算机和信息服务	0.68	0.63	0.73	0.70	0.87	0.75	0.78	0.80	0.80	0.83	0.91	1.15
	个人文化和娱乐	0.61	0.63	0.75	1.03	1.30	1.04	0.96	1.29	1.03	0.99	1.03	1.03
	其他商业服务	0.71	0.67	1.02	0.98	1.05	0.98	0.99	1.05	1.03	1.04	1.05	1.02

续表

	分项	2003	2004	2005	2006	2007	2008	2009	2010	2011	2012	2013	2014
中东欧	运输服务	1.28	1.25	1.27	1.27	1.28	1.22	1.34	1.28	1.36	1.38	1.45	1.54
	旅游	1.55	1.55	1.78	1.66	1.68	1.39	1.41	1.41	1.39	1.34	1.26	1.22
	建筑服务	1.76	1.48	1.59	1.54	1.46	1.36	1.30	1.53	1.45	1.42	1.33	1.39
	保险服务	0.30	0.19	0.17	0.14	0.16	0.22	0.20	0.27	0.31	0.31	0.28	0.25
	金融服务	0.24	0.27	0.20	0.17	0.21	0.24	0.20	0.21	0.21	0.20	0.19	0.19
	专利和特许费	0.13	0.16	0.22	0.12	0.17	0.28	0.28	0.35	0.29	0.31	0.29	0.28
	通信、计算机和信息服务	0.80	0.85	1.11	1.07	1.06	0.97	1.03	1.10	1.14	1.18	1.20	1.32
	个人文化和娱乐	2.59	3.07	3.25	2.84	3.16	1.04	1.03	1.33	1.49	1.27	1.10	1.19
	其他商业服务	0.64	0.65	0.81	0.79	0.86	0.86	0.87	0.95	0.92	0.91	0.89	0.89
亚投行	运输服务	1.01	1.03	0.88	0.90	0.90	0.98	0.99	0.94	0.93	0.93	0.93	0.92
	旅游	0.96	0.95	0.64	0.71	0.70	0.94	0.94	0.86	0.88	0.86	0.86	0.86
	建筑服务	1.06	0.95	0.61	0.70	0.73	0.77	0.84	0.73	0.75	0.84	0.92	0.82
	保险服务	1.30	1.19	1.35	1.38	1.35	1.33	1.34	1.26	1.31	1.32	1.33	1.31
	金融服务	1.14	1.15	1.35	1.36	1.36	1.33	1.29	1.22	1.25	1.27	1.24	1.22
	专利和特许费	0.63	0.66	0.51	0.51	0.50	0.65	0.70	0.67	0.67	0.65	0.64	0.63
	通信、计算机和信息服务	1.02	1.06	0.88	0.91	0.88	0.98	0.98	0.92	0.89	0.90	0.90	0.90
	个人文化和娱乐	1.20	1.19	1.12	1.17	1.11	1.33	1.30	1.37	1.43	1.45	1.50	1.44
	其他商业服务	1.11	1.09	0.90	0.92	0.94	1.04	1.02	0.99	0.98	1.02	0.99	1.02

续表

	分项	2003	2004	2005	2006	2007	2008	2009	2010	2011	2012	2013	2014
美国	运输服务	0.66	0.64	0.76	0.74	0.72	0.66	0.66	0.67	0.69	0.69	0.70	0.73
	旅游	1.03	1.03	1.34	1.27	1.26	1.06	0.97	1.05	1.05	1.07	1.08	1.09
	建筑服务	0.33	0.26	0.22	0.25	0.28	0.29	0.30	0.22	0.23	0.22	0.17	0.19
	保险服务	0.86	1.06	0.91	0.89	0.96	1.04	1.01	1.07	0.93	1.04	0.95	0.94
	金融服务	1.45	1.54	1.21	1.21	1.23	1.29	1.37	1.49	1.45	1.42	1.44	1.45
	专利和特许费	2.77	2.77	3.10	3.22	3.32	3.11	2.87	2.95	2.98	2.98	2.99	2.98
	通信、计算机和信息服务	0.80	0.71	0.90	0.80	0.78	0.67	0.67	0.67	0.69	0.70	0.68	0.69
	个人文化和娱乐	0.07	0.07	0.10	0.18	0.24	0.21	0.20	0.26	0.19	0.19	0.12	0.13
	其他商业服务	0.83	0.78	0.98	0.94	0.94	0.85	0.88	0.90	0.89	0.89	0.87	0.88
日本	运输服务	1.62	1.53	1.90	1.85	1.84	1.57	1.42	1.57	1.51	1.62	1.62	1.39
	旅游	0.40	0.41	0.60	0.39	0.40	0.32	0.35	0.43	0.35	0.47	0.48	0.49
	建筑服务	2.72	3.19	4.36	4.57	4.31	3.84	3.94	3.63	3.69	3.90	3.27	3.47
	保险服务	0.21	0.55	0.38	0.57	0.48	0.28	0.26	0.41	0.47	-0.12	0.05	0.45
	金融服务	0.69	0.66	0.56	0.59	0.50	0.42	0.44	0.32	0.35	0.42	0.40	0.52
	专利和特许费	2.28	2.28	2.68	2.95	3.17	2.96	2.68	3.15	3.21	3.69	3.72	3.64
	通信、计算机和信息服务	0.41	0.27	0.32	0.25	0.24	0.18	0.18	0.21	0.21	0.25	0.28	0.28
	个人文化和娱乐	0.20	0.08	0.14	0.22	0.23	0.16	0.18	0.17	0.17	0.18	0.14	0.36
	其他商业服务	1.03	0.97	1.18	1.21	1.19	1.19	1.42	1.26	1.37	0.95	1.04	1.12

资料来源：作者根据联合国贸易和发展会议统计数据库的数据计算所得。

如表4.1所示,从各国家和地区各自服务贸易出口产品的显示比较优势角度来看,中国在旅游、建筑服务以及其他商业服务方面比较优势明显。特别是在建筑服务方面,2014年比较优势为3.21,表明中国2014年建筑服务出口份额超过世界平均水平3.21倍,其优势不言而喻。建筑服务突飞猛进,主要原因是中国结合"一带一路"的倡议,大量国内海外工程企业通过输出建筑服务的方式积极参与沿线国家和地区的基础设施建设。在保险服务、金融服务、专利和特许费、个人文化和娱乐出口方面,中国比较劣势明显,然而伴随着中国金融业国际竞争力的不断提高(陈虹和杨成玉,2013),保险服务和金融服务的显示比较优势指数呈现不断上升的趋势,但在专利和特许费以及个人文化和娱乐方面,中国的比较劣势极其明显(均不足0.1)。此外,中国在运输服务方面一直徘徊在世界平均水平。在通信、计算机和信息服务出口方面,行业初期比较劣势逐渐消除,并于2011年开始形成相关行业的比较优势,2014年,其显示比较优势达到1.24;中亚地区仅在运输服务、个人文化和娱乐方面具有比较优势,其他分项服务贸易出口均处于比较劣势水平。值得一提的是,其运输服务的显示比较优势在2014年高达3.00,显示出其发达的运输能力。可以想象,作为"一带一路"战略中"丝绸之路经济带"的重要交通枢纽,中亚地区的运输服务能力值得期待;西亚北非地区在运输服务、旅游、个人文化和娱乐方面具有比较优势,在其他方面比较劣势明显;东南亚地区在运输服务、旅游、其他商业服务方面比较优势明显,特别是作为"21世纪海上丝绸之路"的重要合作对象,其具有优势的运输服务值得肯定。其旅游上的比较优势逐渐深化,呈现逐年增长的态势;南亚地区仅在通信、计算机和信息服务、其他商业服务方面建立了比较优势,但其通信、计算机和信息服务的比较优势强劲,这与南亚地区服务外包产业的迅速发展、软件信息技术的不断深化密不可分。可见,一国的产业结构或者说优势产业可以通过贸易出口的形式进行传导或表达。换种角度说,出口贸易中的比较优势可以侧面反映一国对某产业的重视程度和发展水平。独联体地区在运输服务、建筑服务、个人文化和娱乐以及其他商业服务出口优势方面均有不俗表现，特别是其在建筑服务方面的比较优势明显，2014年，其建筑服务显示比较优势指数为3.19，反映出其为欧洲地区劳务输出的主要来源；中东欧地区在传统服务业出口方面比较优势明显，近年来，个人文化和娱乐也逐渐建立起比较优势，从其转型经济特点来看，在稳固传统服务优势的同时，兼顾发展现代服务业也是其转型发展路径的重要所在；亚投行其他创始成员国在传统服务业方面一直徘徊在世界平均水平，无明显优势可言。然而其现代服务业的优势正在不断深化，其保险服务、金融服务、专利和特许费、通信、计算机和信息服务、个人文化和娱乐、其他商业服务的比较优势正在全方位累积；相对而言，美国仅在金融服务、专利和特许费方面具有比较优势，然而就是这两大服务贸易分项的优势，却反映出美国的实力。一方面，金融服务作为现代服务业中利润高、起点高、控制力强的服务行业，是一国国际竞争力的重要体现；另一方面，专利和特许费的比较优势形成是一国科研实力的体现。不得不说，这两大服务分项的比较优势的建立和优化均是缓慢的，更是一国综合实力的象征。在专利和特许费方面同样具备比较优势的还有日本，相比美国，日本在运输服务、建筑服务、其他商业服务方面均具有比较优势。然而日本的通信、计算机和信息服务、保险服务等方面也是劣势明显。可见，对比发达国家，中国在稳固传统服务业并发展现代服务业方面的空间依然巨大。当然，这与国内产业结构的优化、新的产业国际竞争力的建立是密不可分的。

二 服务贸易出口技术复杂度分析

出口技术复杂度体现了一国的出口产品技术分布，客观反映该国的出口贸易技术结构和技术水平（周学仁，2012）。樊纲等（2006）认为，技术是生产率的参照指标，因此全要素生产率可以用来指代一国的技术要素丰裕程度。然而，因为全要素生产率统计的复杂性和不可得性，这一指标往往被一国劳动生产率所替代，在忽略人口结构差异的假设下用该国人均 GDP 表示。在得到显示比较优势的基础上，接下来需要测度出口技术复杂度。计算时，需要本书定义的各国家和地区人均 GDP，数据来源于世界银行 WDI 数据库 2005 年不变价的人均 GDP，单位为美元。由于本书所定义的"一带一路"沿线国家和地区的细分类别中包含有多个国家组成的地区，因此本书利用平均加权的办法来定义各地区的人均 GDP，记为 $perGDP_{it}$，其中 $i \in \Omega$，$t \in T$。

　　Haussmann 等（2005；2007）、Rodrik（2007）率先运用复杂度测度产品的技术含量，并认为出口复杂度可以反映一国出口产品的产业技术结构。同时，出口复杂度可以反映出口产品的国际竞争力（黄先海等，2010；文东伟，2011；戴翔，2011）。其内在的逻辑是如果一国出口产品的复杂度越高，那么该国出口产品的技术水平就越高，就越有竞争力。本书采用 Haussmann 等（2005；2007）、Rodrik（2007）的结论并参照樊纲等（2006）、洪世勤和刘厚俊（2013）的研究成果来度量出口技术复杂度（technological sophistication index，TSI）。与 Haussmann 等（2005）的技术复杂度略有不同，樊纲等（2006）、洪世勤和刘厚俊（2013）更加考虑了小国出口的重视程度，在计算时对人均 GDP 取对数，消除计算过程中可能产生的误差。此外，陈俊聪（2015）在 Mishra 等（2011）基于 Hausmann 等（2007）提出的货物贸易出口技术复杂度计算方法的基础上，测算了部分国家服务贸易出口技术复杂度，其认为，技术复杂度的测算方法同样适用于计算服务贸易出口技术复杂度。由于研究目的的不同，本书更加关注出口产品技术复杂度的动态变化。如采用取对数的方法进行加权，技术复杂度最终运算结果可能会波动不明显而造成后文实证分析的偏差。综上所述，本节参照 Mishra 等（2011）计算服务贸易出口技术复杂度的方法计算"一带一路"视角下各国家和地区的服务贸易出口技术复杂度，为使服务贸易出口技术复杂度数值变化范围更加明显，本书采用人均 GDP 作为全要素劳动生产率的替代指标。具体运算公式如下：

$$TSI_t^k = \left(\frac{x_{1t}^k / X_{1t,w}}{x_{wt}^k / X_{wt}} \right) perGDP_{1t} + \left(\frac{x_{2t}^k / X_{2t,w}}{x_{wt}^k / X_{wt}} \right) perGDP_{2t} + \cdots +$$

$$\left(\frac{x_{nt}^k / X_{nt,w}}{x_{wt}^k / X_{wt}} \right) perGDP_{nt}$$

$$= \sum_{i=1}^{n} \left(\frac{x_{it}^k / X_{it,w}}{x_{wt}^k / X_{wt}} \right) perGDP_{it} \qquad (4-2)$$

$$= \sum_{i=1}^{n} RCA_{it}^k \times perGDP_{it}$$

其中,

TSI_t^k:t 时刻服务贸易出口产品 k 的出口技术复杂度;

RCA_{it}^k:t 时刻 i 国家和地区服务贸易出口产品 k 的显示比较优势指数;

$perGDP_{it}$:t 时刻 i 国家和地区的人均 GDP。

根据公式（4-2）得到各分项服务贸易出口产品出口技术复杂度,如表 4.2 所示。

表 4.2　　　　各分项服务贸易出口产品出口技术复杂度一览

年份	运输	旅游	建筑服务	保险服务	金融服务	专利和特许费	通信、计算机和信息服务	个人文化和娱乐	其他商业服务
2003	156119	134382	177741	101729	131958	219928	116308	105522	132527
2004	157227	139548	204801	124828	138084	227418	111432	113302	133122
2005	179007	166221	247198	119159	129835	254676	118439	120926	151284
2006	182172	160157	255637	127215	133701	274121	117735	124172	155538
2007	185307	164858	253531	131193	135186	290299	120101	129658	157975
2008	171367	148907	231573	126913	135042	276980	113525	110412	151423
2009	161309	141218	223165	120013	131863	246258	109550	99851	153656
2010	173801	153669	222330	131000	136422	273531	113051	110960	154959
2011	175969	151924	227037	127753	136243	278278	115214	115007	161356
2012	183081	158247	238361	113606	140108	299553	118571	116365	147477
2013	185875	159722	219587	118150	141425	305802	120106	107890	152661
2014	183711	162260	224016	131683	147516	304010	117735	122097	153547

资料来源:联合国贸易和发展会议统计数据库,作者根据公式（4-2）计算所得。

依据以上公式（4-2），得到各分项服务贸易出口产品的技术复杂度，再根据下列公式（4-3），可以计算出具体某一国家和地区的服务贸易出口技术复杂度（services export technological sophistication index，SETSI）。具体运算公式如下：

$$SETSI_{it} = \sum_{k=1}^{m} \frac{x_{it}^{k}}{X_{it,w}} TSI_t^k, \forall i \in \Omega, k \in \Psi, t \in T \qquad (4-3)$$

其中，

$SETSI_{it}$：t 时刻 i 国家和地区的服务贸易出口技术复杂度；

TSI_t^k：t 时刻出口产品 k 的服务贸易出口产品技术复杂度[1]；

$\dfrac{x_{it}^{k}}{X_{it,w}}$：$t$ 时刻服务贸易出口产品 k 在 i 国家和地区中占所有服务贸易出口产品的出口份额。

各国家和地区在2003—2014年的服务贸易出口技术复杂度分布[2]如图4.6所示。各国家和地区服务贸易出口技术复杂度分布描述了各国家和地区出口技术复杂度的动态变化，客观反映了相关国家和地区服务贸易出口产品技术含量的动态演变。

从总体上看，各国家和地区对服务贸易出口技术复杂度在高位浮动且呈现上升的趋势，中国、中亚地区、西亚北非地区、东南亚地区、南亚地区、独联体地区、中东欧地区、亚投行其他创始成员国、美国以及日本的服务贸易出口技术复杂度分别从2003年的136789、102481、118236、132379、95815、143088、139632、136943、149141、153812 上升至 2014 年的 146253、164575、131975、157115、139221、157246、149369、137341、175765、193259。受2008年美国次贷危机和欧洲债务危机的影响，各国家和地区服务贸易出口技术复杂度在2009年略有下滑，从2010年起，这种下滑势头相伴世界经济的复苏戛然而止，并呈现逐年上升的态势。然而，只有亚投行其他创始成员国没能维持复苏态势，其服务贸易技术复杂度从

---

① 依据公式（4-2）计算得到。
② 详细数据参见附录6。

2009 年起一直在 138000 左右徘徊，2014 年，其数值为 137341，略小于 2009 年的 138005。可见，以欧洲发达经济体为主的亚投行其他创始成员国在受到欧洲债务危机影响导致经济复苏乏力的背景下，其服务贸易出口技术复杂度的提升动力明显不足。

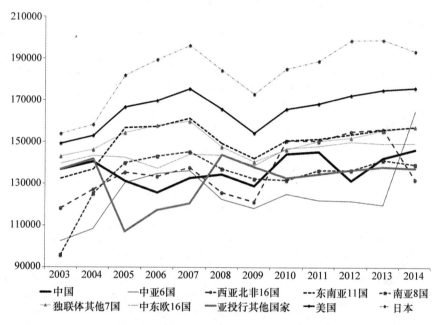

图 4.6　各国家和地区服务贸易出口技术复杂度分布
资料来源：作者根据公式（4－3）计算所得。

截至 2014 年，出口技术复杂度最高的国家和地区为日本和美国，最低的国家和地区为西亚北非地区以及亚投行其他创始成员国。从出口技术复杂度国家分布看，其反映出发达和高速发展中经济体服务贸易出口技术含量高、欠发达经济体服务贸易出口技术含量低的客观事实。

此外，一方面，本书计算出的独联体、中亚地区的服务贸易出口技术复杂度相对偏高，主要是因为这些地区的主要服务贸易出口产品为运输服务，而根据各分项出口技术复杂度的测度情况看，运输服务被赋予了较高的数值；另一方面，日本、美国的服务贸易出口技术复杂度最高，出现这一情况的原因主要是日本和美国在专利和特许费方面比较优势强劲，而专利和特许费的出口技术复杂度经过计算为所有分项服务中数值最高的，日本、美国专利和特许费出口份额的逐渐扩大和专利和特许费本身技术复杂度的逐渐增大是两国服务贸易出口技术复杂度最高的主要原因之一。

最后，结合中国服务贸易出口技术复杂度与"一带一路"沿线国家和地区的动态比较，不难看出，中国服务贸易出口技术复杂度整体呈现稳固高速增长的态势，但其在数量上仍与日本、美国、中亚地区、独联体地区、东南亚地区存在差距。主要原因是这些国家都在两个或者多个分项行业中比较优势明显，而中国只有在建筑服务中比较优势强劲，其他分项则基本处于世界平均水平。

第四节 本章小结

中国出口总值增速的日益下滑，为其提升技术结构和技术水平提供了契机，伴随着中国高度重视的"一带一路"发展战略和近年来服务贸易出口的强势崛起，在其视角下剖析中国服务贸易出口技术复杂度的现状十分有必要。

从服务贸易出口总值上看，与"一带一路"沿线国家和地区（主要为转型经济体或发展中国家）相比，中国服务贸易优势明显，具有很好的发展基础。同美国、日本等发达经济体相比，中国服务贸易虽在 2006 年首次超越日本显示出强劲的发展势头，但与美国等服务贸易传统优势国之间仍存在巨大差距。值得肯定的是，2003—2014年，中国服务贸易出口增长水平一直高于世界平均水平。在服务贸易各分项行业出口方面，中国服务贸易出口仅在运输服务、旅游、建筑服务以及其他商业服务方面出口总值较大，而在保险服务、金融服务、专利和特许费、通信、计算机和信息服务、个人文化和娱乐方面均未形成规模，与发达经济体之间存在较大差距。另外，中国在保险服务、金融服务、通信、计算机和信息服务方面，出口总值增长迅速，大有迎头赶超的架势。

从显示比较优势和服务贸易出口技术复杂度的视角来看，中国旅游、建筑服务、其他商业服务具有显著的比较优势，通信、计算机和信息服务比较优势也正在确定，但其他分项服务行业的比较优势还未显现。"丝绸之路经济带"和"21世纪海上丝绸之路"的必经之路的中亚、东南亚以及南亚地区运输服务比较优势强劲，其良好发展是"一带一路"互联互通的前提条件，中东欧地区作为中国通向欧洲的"桥头堡"，运输服务优势明显。美国、日本因其强大的研发实力，在专利和特许费方面比较优势显著，反映出其惊人的研发实力。

从服务贸易出口技术复杂度上看，中国依然处于世界平均水平，略逊于日本、美国以及东南亚地区。可见，在稳固自身传统服务出口的同时发展现代服务业，是中国逐渐建立服务贸易比较优势、提升服务贸易出口技术复杂度以及国际竞争力的必由之路。

第五章 "一带一路"视角下货物贸易出口转型升级现状分析

明晰现状是本书研究的必要条件。结合国别分析、行业分析、指数分析等不同的分析方法，本章旨在全面系统地描述中国货物贸易出口在经济新常态以及"一带一路"发展战略背景下的现状与特点，同时也为接下来的实证分析提供解释变量指标。

相对而言，就"出口贸易转型升级"而言，其实际含义主要有以下两点：其一，如上文所示，本书替代指标"出口技术复杂度的提升"所强调的是出口贸易中技术结构的转型升级，即货物贸易和服务贸易出口技术结构的优化；其二，"出口技术复杂度的提升"所强调的是出口技术水平的提高，即从低技术、竞争力低逐渐转移到高端制造业、技术密集、竞争力强的出口技术水平上，这是出口贸易逐渐升级的一种定量的变迁过程。本书所研究的"出口技术复杂度"即考察出口技术水平由低向高、出口技术结构逐渐优化的过程，即出口贸易转型升级路径，并以对外直接投资为切入点研究对其的影响。

因此，本章主要对中国货物贸易出口现状进行分析，重点基于中国货物贸易出口技术复杂度的描述和分析，在剖析现状的同时，为接下来的实证分析中指标体系的建立以及实证分析的全面性、逻辑性、科学性打下坚实基础。

本章首先进行中国货物贸易出口环境的分析。其次，对"一带一路"视角下货物贸易出口进行分析，其中，货物贸易出口现状主要分析其出口总值的动态变化，并把其与"一带一路"沿线国家和地区、亚投行其他创始成员国以及发达经济体的货物贸易出口总值进行比较研究。再次，在建立本书货物贸易出口产品分类框架的基础上（见本章第二节），运用显性比较优势指数、出口复杂度指数等一系列成熟的指数分析方法，对"一带一路"视角下货物贸易出口的现状与特点进行剖析。最后，采用国别分析、产品分析以及指数分析等方法，系统性分析中国对"一带一路"沿线国家和地区的货物贸易出口现状。在现状分析中得到的货物贸易出口技术复杂度将作为实证研究中的被解释变量，以衡量货物贸易出口技术结构和技术水平的评价指标。

在此需要说明的是，本书服务贸易数据来源于联合国贸易和发展会议统计数据库，而货物贸易数据来源于联合国贸易数据库。在前者中无法找到中国对世界各国家和地区服务贸易出口以及各分项出口的数据，但后者可以找到中国对世界各国家和地区货物贸易出口的数据，包括对一国各细分产品出口的数据。因此，在本书分析货物贸易出口技术复杂度现状时，可以添加章节进行具体的中国对"一带一路"沿线国家和地区货物贸易出口技术复杂度的分析，但很遗憾，相关分析并未能用于分析服务贸易的现状。

第一节　中国货物贸易出口环境分析

作为资源禀赋的重要依附载体，伴随着加入世界贸易组织以来中国出口贸易开放度的不断深化，货物贸易作为中国对外开放的传统优势在中国出口贸易技术结构中的比重一直维持在90%左右（根据第四章第一节中的分析）。可见，货物贸易在中国出口贸易转型升级的过程中扮演着主要角色，因此对货物贸易出口现状的分析是本书的重点。

改革开放以来，以出口为导向的出口贸易政策在塑造了一个又一个出口神话的同时，出口作为拉动经济的"三驾马车"之一，也为中国经济的持续增长提供了强劲动力。如图5.1所示，以货物贸易为主导的出口贸易技术结构从1979年开始总体保持平稳上升的态势。从1979年至1999年，货物贸易出口总值均在2000亿美元以下

（1979 年 136.6 亿美元至 1999 年 1949.3 亿美元），增长速度平均保持在 20% 以下，这主要受中国还未加入世界贸易组织、加工制造业还未完全成熟、海外市场对中国出口产品的需求不足等原因的限制。2000 年，中国货物贸易出口总值突破 2000 亿美元大关，达到 2492 亿美元，同比增长 27.84%，受中国加入世界贸易组织等多方面的利好因素的影响，2000 年以后，货物贸易出口总体保持在 20% 以上的增长速度，并在 2012 年总值突破 20000 亿美元大关（2012 年货物贸易总值达 20489.3 亿美元），仅仅用了 10 余年的时间，货物贸易总值扩大了 10 倍。虽然受美国次贷危机以及欧洲债务危机的冲击，2009 年出口贸易表现略有下滑，然而从 2010 年起，中国货物贸易出口持续保持增长势头，贸易总值也一直维持在高位。显然，如果说改革开放至入世之前出口拉动经济增长的作用不甚明显的话，那么入世后，出口贸易的经济增长效应表现抢眼，其增长速度一直高于经济的增长速

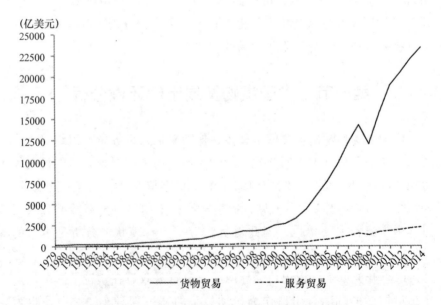

图 5.1　1979—2014 年中国货物贸易出口总值统计

资料来源：作者根据商务部商务数据中心（http://data.mofcom.gov.cn）的数据绘制所得。

度（2009 年受外界经济体影响除外）。但值得注意的是，2014 年，中国货物贸易出口总值同比增长 6.1%，10 年来首次低于经济增长速度，出口增速的下滑已经开始拖累经济增长，以出口为导向的传统贸易模式受到了挑战。可见，通过提升货物贸易出口技术复杂度，从而调整出口产品技术结构与技术水平，培养新的增长动力势在必行。

第二节 "一带一路"视角下货物贸易出口总值分析

作为出口贸易技术结构和技术水平调整的重要方向，货物贸易出口因其在中国出口贸易中所占的比例极大（90% 左右）而格外引人关注。提升货物贸易出口技术复杂度强调中国出口贸易技术结构应向更具技术含量和高技术、高利润侧重，从而提升中国整体出口贸易的国际竞争力。因此，对货物贸易出口现状进行分析也是本书研究的重点内容。本节基于"一带一路"视角下各国家和地区货物贸易出口总值以及细分产品出口总值的数据对中国同"一带一路"沿线国家和地区的比较进行研究。

一 按国别分类的货物贸易出口总值分析

结合第三章中关于"一带一路"沿线国家和地区的分类以及联合国贸易数据库得到"一带一路"视角下各国家和地区出口总值的动态数据[①]，描绘各国家和地区货物贸易出口总量分布图的动态比较，如图 5.2 所示。

从总体上看，"一带一路"所辐射的绝大部分国家和地区的货物贸易出口总值在 2003 年至 2014 年保持着持续增长的态势，中国、中亚地区、西亚北非地区、东南亚地区、南亚地区、独联体地区、中东欧地区、亚投行其他创始成员国以及美国、日本由 2003 年货物贸易

---

① 详细数据见附录 7。

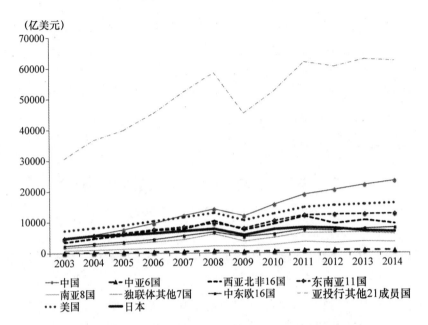

图 5.2 中国与"一带一路"沿线各国家和地区货物贸易出口比较

资料来源：作者根据联合国贸易数据库的数据绘制所得，国家和地区分类参照陈虹和杨成玉（2015）的研究成果。

出口总值的 4382 亿美元、141 亿美元、3465 亿美元、4686 亿美元、833 亿美元、1711 亿美元、2294 亿美元、30528 亿美元、7236 亿美元、4718 亿美元上升至 2014 年的 23423 亿美元、852 亿美元、9503 亿美元、12700 亿美元、3551 亿美元、6162 亿美元、8226 亿美元、62291 亿美元、16197 亿美元、6902 亿美元。虽受 2008 年美国次贷危机以及欧洲债务危机导致需求萎缩的影响，在 2009 年普遍出现出口下滑，但自 2010 年以来，开始平稳复苏并且出口总值在短期内超过了 2008 年时的出口水平。其中，增长最为强劲的是中国，其货物贸易出口总值从 2003 年的 4382 亿美元锐升至 2014 年的 23423 亿美元，前期基本保持 20% 以上的年均增长水平，然而近年来，逐渐显示出其增速放缓的态势，2014 年，同比增长 6.03%，首次低于国内生产总值的增长速度，这主要是受外部需求速度放缓的影响，但通过调整结构的方式进行其转型升级，以提升出口技术结构和技术水平已显得至关重要和迫切。

从具体国家和地区的角度看，基本分为 3 类：一是以西欧、北欧等欧盟发达经济体以及巴西、南非、澳大利亚这样的 G20 国家为首的亚投行其他创始成员国；二是中国"一带一路"发展战略沿线主要辐射到的转型经济体和发展中经济体；三是与中国出口贸易往来密切且对世界经济影响深远的发达国家，如美国和日本。

亚投行其他创始成员国货物贸易出口总值最为巨大，2003—2008年，其货物贸易出口实现高速增长态势，出口总值从 30528 亿美元迅速攀升至 58466 亿美元。然而，因其主要由西欧、北欧等欧盟发达经济体组成，受欧洲债务危机影响最大，2009 年，其货物贸易出口总值滑落至 45295 亿美元，同比下降 22.52%。2011—2014 年，归因于外需疲软，其货物贸易出口增长处于基本停滞状态，2014 年，同比下降 0.84%。

作为"一带一路"主要沿线国家和地区，中亚 6 国、西亚北非16 国、东南亚 11 国、南亚 8 国、独联体其他 7 国以及中东欧 16 国主要以发展中国家或转型经济体为主，其经济结构、模式与发达国家存在差异。从总体上看，"一带一路"沿线国家和地区的货物贸易出口从 2003 年至 2014 年呈现整体稳中有升的态势。其中，出口总值最大、增长最为强劲的是东南亚 11 国。在 2003 年，东南亚 11 国货物贸易出口总值为 4686 亿美元（基本与中国同期持平），略低于日本的4718 亿美元。此后，因其强劲的增长态势力压日本，截至 2014 年，东南亚地区货物贸易出口实现 12700 亿美元的总值，成为"一带一路"沿线的最大出口主体。相比而言，西亚北非和中东欧地区出口总值数据相似，然而不同的是西亚北非出口产品主要以原油等初级产品为主，近年来，受国际原油需求以及价格下滑等影响波动较大，而中东欧货物贸易出口始终保持良好的增长势头。此外，中亚、南亚、独联体地区 2014 年实现货物贸易出口总值分别为 852 亿美元、3551 亿美元、6162 亿美元，其出口总值不容小觑。

美国和日本一直是中国传统的贸易伙伴，占中国出口贸易市场的份额极大。与亚投行其他创始成员国的货物贸易出口走势趋同，次贷危机之后，因美国经济复苏的速度快于欧洲，其货物贸易出口也得到显现，2009—2014 年，其货物贸易出口总值从 10567 亿美元平稳增长至 16197 亿美元。然而，与世界其他国家和地区货物贸易增长的态势不同，2003—2014 年，日本货物贸易出口增速最慢，从 4719 亿美元仅增至 6902 亿美元（与此同时，中国货物贸易出口总值由 4382 亿美元增至 23423 亿美元）。这种现象产生的原因可能是中国一直是日本较大的出口目的地，而因中日两国之间的有关历史问题，两国的经贸合作渐渐趋于紧张，但这并不是本书分析的重点。

二 按产品分类的货物贸易出口总值分析

对货物贸易出口产品进行分类，进而对货物贸易出口结构的表述是本书研究的基础和关键，不同分类标准决定了不同货物贸易出口技术结构的表示形态，因此准确的分类标准对衡量货物贸易出口技术复杂度起决定性作用。

国内外学者从不同角度对货物贸易出口产品进行了分类以及对出口结构进行了表述，Chenery 等（1989）根据产品的产业结构来源，将出口贸易产品分为第一产业、第二产业以及第三产业，但这种分类方法明显不适用于现在，因为许多出口产品均交织于不同产业之间，难以归纳，比如橡胶，既能以原材料的形式归纳到第一产业，又可能以制成品的形式归纳到第二产业，这使得重复归纳又很难限定。Krause（1987）在 SITC 4 位数下将出口产品分为资源密集型、非技术密集型、技术密集型和人力资本密集型 4 类。如按该方法分类，中国许多工业制成品都横跨两大类别，因此该分类方法并不适用于中国的出口产品。

周靖祥和曹勤（2007）、俞毅和万炼（2009）、王蕙和张武强（2011）、刘斌斌和丁俊峰（2015）将中国出口贸易产品分为初级产品和工业制成品两大类①；王永齐（2004）把出口产品分为资本品和

---

① 初级产品为食品和活禽、饮料及烟草、非食用原料（燃料除外）、矿物燃料及蜡工业制成品 4 类；工业制成品为化学成品及相关产品、按原料分类的制成品、机械及运输设备、杂项制品及未分类商品 5 大类。

消费品；王永齐（2006）将出口贸易产品分为高技术品和中低技术品；陈虹和马永健（2015）把出口贸易产品分为初级产品、劳动密集型产品和资本及技术密集型产品。这些分类方法都过于简单，现阶段，工业制成品在货物贸易中的比重极大，已经在中国出口贸易产品中占据主导地位，显然，这些分类标准缺少研究出口贸易产品结构的现实意义。在技术含量的视角下，工业制成品根据技术含量的差异，根据其技术复杂度进行划分（Hausmann 等，2005），这对细化工业制成品的分类具有极大的现实意义。Rodrik（2006）把中国出口产品的技术含量高低视作出口结构的决定因素，显示了中国出口产品国际竞争力的强弱。因此有必要从技术含量的视角细分工业制成品的种类。包群等（2008；2010）以工业制成品和高技术产业的出口比重作为衡量地区出口结构的代理指标。王国安和范昌子（2006）按照 SITC Rev. 1 分类标准把世界上所有产品分为 10 个类别，然而此种分类并没有考虑出口产品的要素禀赋和技术分布特点，例如，门类 5 中的洗浴品（554）和医药产品（541）按其标准划分为相同类别。然而实际上，医药产品因为其具有的高技术含量被大量学者纳入高技术密集型产品中，但洗浴用品往往不被视为技术含量高的产品，因此把两者归为同一大类进行分析，有失偏颇。

综上所述，通过货物贸易出口产品技术含量水平的不同对其进行分类才符合现阶段货物贸易出口的特点。Lall（2000）指出，不同技术水平的贸易产品比重的变化可以反映货物贸易出口技术结构的变化。而出口技术结构的变化即本书所强调的出口技术复杂度的方向，劳动密集型、资本密集型的外贸出口产品逐渐向技术密集型的出口产品过渡，低中技术含量的出口产品逐渐向高技术含量的出口产品过渡。因此，为了进一步弥补 Lall（2000）、Julia（2005）、张如庆和张二震（2010）静态分析或者使用时间跨度段不能反映动态过程的缺陷，挖掘时间跨度在 2003—2014 年的货物贸易出口数据以及本书所研究的 88 个国家的 200 多种货物贸易出口产品数据，全面系统地得到货物贸易出口技术结构。考虑到数据的可得性、整理的规范性以及行文的连贯性，根据 Lall（2000）的贸易产品分类方法，本书将 3 位

SITC 编码的 200 多种出口产品进行划分，该方法综合考虑了要素禀赋和技术在出口贸易产品生产中的作用，中国的出口特性也得到了充分的体现。分类方法以及代表性产品见表 5.1，详细产品及其 3 位 SITC 编码见附录 8。

表 5.1　　Lall（2000）货物贸易出口产品分类及代表性产品

编码	Lall（2000）贸易产品分类	3 位 SITC 编码代表性产品
PP	初级产品	生鲜水果、肉类、米、可可、茶、咖啡、木材、煤炭、原油
RB	资源型制成品	
	RB1 农林产品	初加工肉类/水果、饮料、林产品、食用油
	RB2 其他资源型制成品	选矿、石油/橡胶制品、水泥、玻璃
LT	劳动密集型制成品/低技术制成品	
	LT1 纺织、服装、鞋类	纺织面料、服装、帽子、鞋类、皮革制品
	LT2 其他低技术产品	陶器、简单金属零件、家具、首饰、玩具、塑料制品
MT	资本密集型制成品/中技术制成品	
	MT1 机动车辆	乘用车及零件、商务车、摩托车及零件
	MT2 中技术加工产品	合成纤维、化学品及油漆、塑料、铁、管
	MT3 中技术工程产品	发动机、电动机、工业机械、泵、开关设备、船、表
HT	技术密集型制成品/高技术制成品	
	HT1 电子和电气产品	数据处理/通信设备、电视机、晶体管、涡轮机、发电设备
	HT2 其他高技术产品	药品、航空器、光学/测量仪器、照相机

值得一提的是，高技术制成品是指具有高研发强度、高技术含量以及密集度高的产品。一方面，Lall（2000）定义的高科技产品具体使用 COMTRADE database（United Nations）数据库中 SITC 3 位码的 18 类产品，包括电子电力产品（716、718、751、752、759、761、764、771、774、776、778）和其他高科技产品（524、541、712、

792、871、874、881）共 18 类产品；另一方面，《中国商务年鉴》所定义的高技术制成品涵盖了生物技术、生命科学技术、光电技术、计算机与通信技术、电子技术、计算机集成制造技术、材料技术、航空航天技术以及其他技术。两者基本吻合。可见，考虑到中国国情，根据 Lall（2000）的贸易产品分类方法，既能充分反映有中国特色的出口产品要素禀赋（分类涵盖初级产品、资源型制成品、劳动密集型制成品、资本密集型制成品、技术密集型制成品），又能全面刻画中国工业制成品出口贸易产品的技术含量特征（工业制成品包括低技术制成品、中技术制成品、高技术制成品）。

为了方便后文的指数构建以及实证分析，在进行货物贸易技术复杂度现状分析之前，本书运用数学表达的方式对相关变量进行定义。

将货物贸易出口产品样本的 SITC Rev. 3 标准下的 200 多种产品按要素禀赋和技术属性细分为 10 个类别，分别为初级产品、农林产品、其他资源型制成品、纺织服装鞋类、其他低技术产品、机动车辆、中技术加工产品、中技术工程产品、电子和电气产品、其他高技术产品[①]，分别记为 PP、RB1、RB2、LT1、LT2、MT1、MT2、MT3、HT1、HT2，共 10 类出口产品，其中 $\Phi = \{j, j = PP, RB1, \cdots, HT2\}$。

结合以上货物贸易出口产品的分类[②]以及联合国贸易数据库得到"一带一路"视角下货物贸易各出口产品出口总值的动态数据[③]，如图 5.3 所示。

由图 5.3 不难看出，"一带一路"沿线国家和地区主要货物出口产品为初级产品、电子和电气产品以及中技术工程产品。其中，初级产品技术含量最低，而中技术工程产品属于资本密集型产品，电子和电气产品属于技术密集型产品，其技术含量最高。"一带一路"沿线国家和地区的初级产品、电子和电气产品以及中技术工程产品所实现的出口总值分别由 2003 年的 9249.89 亿美元、11524.55 亿美元、

---

① 详情见附录 8。
② 货物贸易出口产品分类的详细说明见附录 8。
③ 详细数据见附录 9。

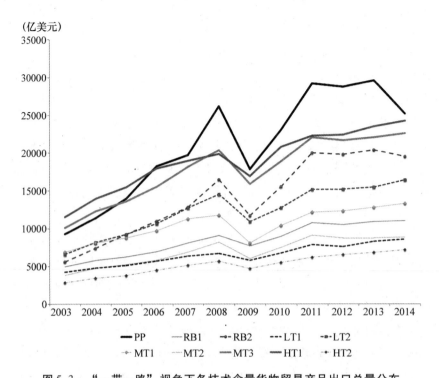

（亿美元）

图5.3 "一带一路"视角下各技术含量货物贸易产品出口总量分布

资料来源：作者根据联合国贸易数据库的数据绘制所得，分类参照 Lall（2000）以及 OECD（1994）。

10071.56 亿美元增长至 2014 年的 25178.41 亿美元、24232.44 亿美元、22582.16 亿美元。出口总值处于中部位置的产品依次为其他资源型制成品、其他低技术产品、机动车辆、农林产品，其出口总值分别由 2003 年的 5584.43 亿美元、6583.70 亿美元、6872.62 亿美元、4944.24 亿美元增长至 2014 年的 19484.62 亿美元、16397.93 亿美元、13291.27 亿美元、11010.35 亿美元，其中，涵盖了资源型产品、劳动密集型产品以及资本密集型产品。出口总值处于底部位置的分别是中技术加工产品、纺织服装鞋类和其他高技术产品，其出口总值由 2003 年的 3808.30 亿美元、4228.64 亿美元、2838.86 亿美元微弱上升至 2014 年的 8827.57 亿美元、8559.33 亿美元、7160.14 亿美元。

第三节 "一带一路"视角下货物
贸易出口指数分析

一 显示比较优势分析

本节利用 Balassa（1965）所构建的显性比较优势（revealed comparative advantage，RCA）展开对国家和地区 i 货物贸易出口产品 j 的显示比较优势指数计算，计算公式如下：

$$RCA_{it}^{j} = \frac{x_{it}^{j}/X_{it,w}}{x_{wt}^{j}/X_{wt}}, \forall\, i \in \Omega, j \in \Phi, t \in T \qquad (5-1)$$

其中，

RCA_{it}^{j}：t 时刻 i 国家和地区货物贸易出口产品 j 的显示比较优势指数；

x_{it}^{j}：t 时刻 i 国家和地区货物贸易出口产品 j 的出口总值[①]；

$X_{it,w}$：t 时刻 i 国家和地区的货物贸易出口总值；

x_{wt}^{j}：t 时刻出口产品 j 的世界货物贸易出口总值；

X_{wt}：t 时刻的世界货物贸易出口总值。

一般而言，如果 $RCA_{it}^{j} > 1$，则认为在 t 时刻，i 国家和地区的货物贸易出口产品 j 具有比较优势；如果 $RCA_{it}^{j} < 1$，则认为在 t 时刻，i 国家和地区的货物贸易出口产品 j 具有比较劣势。初始数据来源于 COMTRADE database（United Nations）数据库。值得注意的是，在 COMTRADE database 数据库中，以 HS 分类标准与 SITC 分类标准计算出的世界所有货物贸易产品出口总值、各国对世界的货物贸易出口总值略有差别，例如，2014 年，世界货物贸易出口总值在 HS 分类下为 179405.99 亿美元，在 SITC Rev.3 分类下为 179405.97 亿美元；2003 年，世界货物贸易出口总值在 HS 分类标准下为 74157.89 亿美元，在 SITC Rev.3 分类标准下为 74199.03 亿美元。考虑到连贯性和严谨性，本书在贸易数据中统一以 SITC Rev.3 分类标准进行数据收集。依据

---

① 各国家和地区货物贸易各出口产品的出口总值详细数据见附录 10。

上节所定义的国家和地区细分类别和货物贸易出口产品结合技术含量的细分类别，得到世界各国家和地区各类别货物贸易出口产品的显性比较优势指数，如表 5.2 所示。

表 5.2　各国家和地区各类别货物贸易出口产品的显性比较优势指数

	分项	2003	2004	2005	2006	2007	2008	2009	2010	2011	2012	2013	2014
中国	PP	0.38	0.31	0.27	0.25	0.23	0.18	0.22	0.20	0.20	0.18	0.18	0.21
	RB1	0.49	0.49	0.51	0.55	0.52	0.49	0.47	0.48	0.52	0.52	0.51	0.50
	RB2	0.65	0.58	0.56	0.53	0.50	0.53	0.54	0.51	0.50	0.48	0.49	0.51
	LT1	3.95	3.80	3.77	3.84	3.69	3.79	3.69	3.67	3.75	3.71	3.62	3.44
	LT2	1.58	1.56	1.58	1.65	1.68	1.79	1.60	1.67	1.78	1.92	1.92	1.91
	MT1	0.17	0.20	0.22	0.25	0.29	0.33	0.32	0.32	0.35	0.35	0.34	0.34
	MT2	0.84	0.96	0.92	0.88	0.87	0.84	0.67	0.80	0.90	0.82	0.81	0.86
	MT3	0.24	0.23	0.24	0.25	0.23	0.22	0.23	0.23	0.25	0.25	0.25	0.24
	HT1	1.81	1.94	2.01	2.06	2.20	2.32	2.26	2.27	2.35	2.31	2.34	2.15
	HT2	0.56	0.64	0.75	0.69	0.77	0.82	0.82	0.88	0.87	0.86	0.80	0.71
中亚6国	PP	5.39	5.47	5.22	4.80	4.91	4.36	4.92	4.85	4.49	4.53	4.64	5.33
	RB1	0.18	0.18	0.18	0.15	0.18	0.26	0.28	0.23	0.16	0.18	0.20	0.19
	RB2	1.27	1.32	1.26	1.22	1.26	0.89	0.96	0.83	0.85	0.85	0.92	1.08
	LT1	0.33	0.30	0.30	0.24	0.23	0.20	0.21	0.08	0.07	0.07	0.07	0.04
	LT2	0.82	0.60	0.40	0.31	0.40	0.37	0.39	0.29	0.31	0.20	0.21	0.21
	MT1	0.03	0.03	0.02	0.01	0.02	0.01	0.02	0.01	0.02	0.02	0.03	0.01
	MT2	0.77	0.90	0.77	0.64	0.75	1.00	0.71	0.79	0.88	0.99	0.47	0.54
	MT3	0.09	0.09	0.08	0.07	0.08	0.11	0.14	0.11	0.08	0.09	0.10	0.09
	HT1	0.03	0.02	0.02	0.01	0.02	0.02	0.01	0.01	0.02	0.05	0.04	0.07
	HT2	0.11	0.10	0.08	0.23	0.28	0.30	0.07	0.08	0.05	0.09	0.09	0.10

续表

分项		2003	2004	2005	2006	2007	2008	2009	2010	2011	2012	2013	2014
西亚北非16国	PP	4.05	4.09	4.05	3.76	3.70	3.39	3.26	3.43	3.34	3.79	3.82	2.58
	RB1	0.29	0.28	0.30	0.28	0.30	0.29	0.34	0.37	0.34	0.33	0.33	0.42
	RB2	1.88	1.85	1.44	1.51	1.60	1.31	1.37	1.23	1.06	0.99	1.08	1.24
	LT1	1.13	1.01	0.92	0.83	0.88	0.76	0.83	0.80	0.70	0.79	0.73	0.89
	LT2	0.43	0.45	0.41	0.41	0.45	0.47	0.51	0.49	0.48	0.48	0.45	0.63
	MT1	0.22	0.27	0.28	0.29	0.36	0.34	0.41	0.33	0.29	0.25	0.26	0.42
	MT2	0.59	0.56	0.54	0.51	0.55	0.60	0.69	0.72	0.71	0.78	0.71	0.68
	MT3	0.14	0.13	0.14	0.12	0.13	0.13	0.17	0.17	0.16	0.16	0.16	0.20
	HT1	0.18	0.16	0.16	0.13	0.12	0.14	0.18	0.15	0.14	0.13	0.12	0.19
	HT2	0.19	0.17	0.15	0.14	0.17	0.14	0.23	0.22	0.18	0.18	0.18	0.21
东南亚11国	PP	0.86	0.88	0.80	0.76	0.75	0.74	0.75	0.71	0.73	0.75	0.72	0.85
	RB1	1.10	1.08	1.07	1.13	1.26	1.45	1.38	1.45	1.58	1.54	1.48	1.48
	RB2	1.11	1.13	1.15	1.19	1.19	1.20	1.18	1.16	1.22	1.19	1.19	1.17
	LT1	1.24	1.24	1.22	1.22	1.20	1.21	1.23	1.20	1.25	1.28	1.33	1.30
	LT2	0.68	0.67	0.67	0.68	0.70	0.69	0.76	0.74	0.69	0.69	0.70	0.68
	MT1	0.19	0.22	0.27	0.28	0.31	0.38	0.39	0.41	0.37	0.45	0.45	0.43
	MT2	0.67	0.66	0.65	0.65	0.67	0.66	0.70	0.72	0.77	0.79	0.80	0.80
	MT3	0.54	0.51	0.49	0.51	0.56	0.65	0.67	0.69	0.77	0.74	0.73	0.72
	HT1	2.46	2.40	2.33	2.27	2.30	2.06	2.04	1.90	1.79	1.82	1.89	1.85
	HT2	0.50	0.49	0.49	0.50	0.53	0.53	0.61	0.56	0.60	0.68	0.64	0.62
南亚8国	PP	0.96	0.95	0.84	0.79	0.87	0.76	0.78	0.82	0.72	0.92	0.92	1.05
	RB1	0.48	0.42	0.45	0.52	0.51	0.56	0.37	0.46	0.51	0.57	0.52	0.53
	RB2	2.83	2.76	2.95	2.97	3.11	2.87	2.77	2.93	2.71	2.66	2.88	2.77
	LT1	6.75	6.63	6.28	6.17	5.61	5.55	5.02	4.97	4.68	3.65	3.58	3.68
	LT2	1.08	1.26	1.18	1.19	1.09	1.01	1.36	1.13	1.15	1.50	1.09	1.11
	MT1	0.19	0.24	0.27	0.28	0.25	0.34	0.39	0.48	0.39	0.50	0.49	0.52
	MT2	0.87	0.76	0.79	0.81	0.83	0.91	0.83	0.89	0.80	0.90	0.92	0.90
	MT3	0.24	0.20	0.21	0.23	0.23	0.25	0.18	0.22	0.25	0.28	0.26	0.26
	HT1	0.13	0.13	0.12	0.14	0.15	0.18	0.28	0.19	0.22	0.21	0.19	0.15
	HT2	0.27	0.24	0.21	0.20	0.27	0.39	0.38	0.37	0.41	0.39	0.54	0.72

续表

	分项	2003	2004	2005	2006	2007	2008	2009	2010	2011	2012	2013	2014
独联体其他7国	PP	3.37	3.24	3.26	3.08	3.15	2.92	3.20	3.03	2.83	2.94	2.96	3.30
	RB1	0.92	0.88	0.88	0.87	0.94	0.74	0.85	0.79	0.74	0.83	0.86	0.89
	RB2	1.97	1.91	2.06	2.03	1.94	1.78	1.88	1.88	1.82	1.96	2.03	2.32
	LT1	0.29	0.26	0.21	0.19	0.19	0.15	0.16	0.14	0.13	0.14	0.15	0.15
	LT2	0.83	0.90	0.80	0.71	0.71	0.61	0.61	0.53	0.51	0.53	0.54	0.50
	MT1	0.13	0.14	0.13	0.14	0.16	0.13	0.11	0.09	0.11	0.14	0.14	0.12
	MT2	1.44	1.74	1.53	1.48	1.56	1.72	1.43	1.47	1.45	1.54	1.32	1.29
	MT3	0.45	0.41	0.40	0.39	0.42	0.33	0.41	0.38	0.36	0.40	0.42	0.43
	HT1	0.10	0.09	0.07	0.07	0.08	0.08	0.10	0.08	0.08	0.09	0.10	0.10
	HT2	0.65	0.51	0.20	0.14	0.14	0.10	0.14	0.15	0.14	0.21	0.22	0.21
中东欧16国	PP	0.45	0.44	0.44	0.44	0.45	0.38	0.48	0.47	0.47	0.50	0.50	0.55
	RB1	1.44	1.43	1.50	1.49	1.47	1.46	1.47	1.56	1.56	1.64	1.69	1.63
	RB2	0.93	0.92	0.91	0.90	0.77	0.76	0.70	0.73	0.74	0.76	0.71	0.68
	LT1	1.79	1.67	1.52	1.35	1.23	1.16	1.12	1.07	1.08	1.06	1.04	1.02
	LT2	1.73	1.71	1.67	1.65	1.58	1.56	1.49	1.54	1.57	1.53	1.56	1.47
	MT1	1.14	1.19	1.26	1.42	1.51	1.65	1.93	1.76	1.76	1.73	1.81	1.83
	MT2	0.96	0.98	0.95	0.96	0.99	1.01	0.94	0.96	1.00	1.04	1.05	1.05
	MT3	0.71	0.67	0.69	0.66	0.66	0.65	0.71	0.74	0.76	0.80	0.83	0.80
	HT1	0.79	0.84	0.79	0.84	0.93	1.09	1.13	1.13	1.13	1.03	0.96	0.92
	HT2	0.33	0.35	0.34	0.34	0.35	0.37	0.39	0.39	0.42	0.42	0.45	0.41
亚投行其他21国	PP	0.70	0.70	0.67	0.63	0.67	0.61	0.67	0.66	0.66	0.66	0.68	0.77
	RB1	1.25	1.25	1.27	1.29	1.27	1.30	1.30	1.31	1.30	1.28	1.27	1.27
	RB2	0.97	0.94	0.96	1.00	0.98	0.97	0.95	1.01	1.04	1.04	1.00	0.98
	LT1	0.93	0.92	0.89	0.88	0.87	0.90	0.86	0.83	0.85	0.84	0.83	0.84
	LT2	1.07	1.07	1.08	1.10	1.07	1.08	1.07	1.08	1.08	1.01	1.00	0.98
	MT1	1.22	1.25	1.27	1.27	1.26	1.27	1.27	1.29	1.34	1.27	1.27	1.28
	MT2	1.14	1.10	1.11	1.13	1.12	1.10	1.12	1.11	1.09	1.08	1.11	1.12
	MT3	0.62	0.59	0.58	0.58	0.57	0.58	0.63	0.62	0.63	0.62	0.63	0.62
	HT1	0.73	0.74	0.76	0.77	0.69	0.69	0.64	0.65	0.66	0.61	0.60	0.60
	HT2	1.09	1.12	1.14	1.18	1.16	1.25	1.40	1.45	1.47	1.48	1.50	1.53

续表

	分项	2003	2004	2005	2006	2007	2008	2009	2010	2011	2012	2013	2014
美国	PP	0.64	0.61	0.53	0.50	0.57	0.55	0.62	0.60	0.58	0.56	0.58	0.74
	RB1	0.84	0.85	0.87	0.88	0.87	0.91	0.90	0.93	0.92	0.92	0.92	0.89
	RB2	0.91	0.94	0.92	1.00	1.04	1.13	1.13	1.20	1.28	1.25	1.28	1.27
	LT1	0.45	0.45	0.44	0.41	0.36	0.36	0.33	0.34	0.34	0.34	0.33	0.32
	LT2	0.83	0.81	0.83	0.83	0.79	0.80	0.83	0.83	0.79	0.80	0.82	0.76
	MT1	0.92	0.94	1.00	1.02	1.03	1.06	0.97	1.04	1.10	1.13	1.12	1.06
	MT2	1.08	1.07	1.07	1.10	1.04	1.13	1.18	1.15	1.14	1.12	1.16	1.12
	MT3	0.41	0.40	0.40	0.39	0.39	0.41	0.44	0.44	0.45	0.45	0.45	0.43
	HT1	1.20	1.16	1.11	1.07	1.02	1.04	0.98	0.96	0.97	0.92	0.90	0.86
	HT2	2.56	2.59	2.68	2.84	2.87	2.67	1.41	1.33	1.23	1.19	1.17	1.16
日本	PP	0.11	0.11	0.11	0.13	0.15	0.13	0.16	0.16	0.15	0.15	0.16	0.19
	RB1	0.34	0.34	0.36	0.37	0.37	0.39	0.41	0.43	0.43	0.44	0.45	0.43
	RB2	0.58	0.57	0.59	0.60	0.63	0.66	0.76	0.64	0.63	0.61	0.72	0.71
	LT1	0.27	0.27	0.25	0.25	0.24	0.26	0.25	0.25	0.24	0.25	0.23	0.22
	LT2	0.81	0.83	0.91	0.91	0.88	0.96	0.97	1.00	1.03	0.99	0.99	0.93
	MT1	2.36	2.29	2.41	2.65	2.67	2.90	2.64	2.70	2.58	2.86	2.91	2.75
	MT2	1.03	1.04	1.13	1.18	1.14	1.10	1.34	1.29	1.27	1.26	1.30	1.28
	MT3	0.17	0.16	0.17	0.16	0.16	0.17	0.20	0.20	0.21	0.21	0.22	0.21
	HT1	1.38	1.33	1.26	1.22	1.24	1.27	1.22	1.10	1.12	1.09	1.06	1.02
	HT2	1.11	1.23	1.19	1.09	0.91	0.91	0.98	1.10	1.29	1.24	1.23	1.26

资料来源：作者根据联合国贸易数据库的数据计算所得。

从各国家和地区各货物贸易出口产品的显示比较优势角度来看，中国在初级产品以及资源型制成品方面不具有比较优势，而且这种比较劣势有逐渐扩大的趋势。相比较而言，资本密集型制成品/中技术制成品（M1、M2、M3）、技术密集型制成品/高技术制成品（H2）因其显示比较优势指数均小于1，虽然暂时处于比较劣势的地位，但逐年增长的趋势明显，证明中国产品的比较优势正在慢慢建立。与此同时，中国在劳动密集型制成品/低技术制成品、电子和电气产品方面具备明显的比较优势。一方面，传统优势的劳动密集型制成品的比较优势明显，但以纺织、服装、鞋类为典型正在呈现逐渐弱化的态势；另一方面，技术密集型制成品中的电子和电气产品的比较优势逐年增强，动态地比较，反映出中国整体出口产品的比较优势正在从低技术产品向高技术产品转移。中亚 6 国和西亚北非 16 国依然在初级产品方面具有强劲的比较优势，主要归功于其丰富的原油储备和出口贸易。东南亚 11 国和南亚 8 国的比较优势建立在其大量的资源型制成品和劳动密集型制成品上，主要归功于其廉价的劳动力所带来的较低的生产成本。值得注意的是，东南亚地区纺织、服装、鞋类比较优势的逐渐增长正在瓜分中国沿海地区的该类产品的出口份额。独联体国家因其丰富的资源储备和传统的钢铁工业优势，在初级产品、资源型产品和钢铁产品方面具有比较优势。正在转型的中东欧国家在资源密集型制成品、劳动密集型制成品以及资本密集型制成品方面均具有一定的比较优势，在其他比较优势维持在合理区间的情况下，其技术制成品的比较优势保持增长势头。以发达国家和表现突出的发展中国家为代表的亚投行成员国在技术型制成品方面的比较优势显著，并且高技术产品具有一定的比较优势。美国和日本依然以其高新产业的规模发展在技术密集型制成品方面比较优势明显。需要注意的是，美国在以医药产品、飞行器等为代表的高技术领域的比较优势正在不断弱化，同时，日本在以机动车辆为典型的资本密集领域维持了稳中有升的势头。

从按照技术含量分布所划分的货物贸易出口产品类别来看，中亚 6 国、西亚北非 16 国、独联体其他 7 国在初级产品和资源型制成品方面具有比较优势，此外，在资源型制成品方面具有比较优势的还有东南亚 11 国、南亚 8 国、中东欧 16 国以及亚投行其他 21 国。低技术产品的比较优势主要被中国、东南亚 11 国、南亚 8 国、中东欧 16 国所占有。中东欧 16 国、亚投行其他 21 国、美国以及日本在中技术产品方面的比较优势明显。同时，美国、日本、亚投行其他 21 国、中国在高技术产品方面具有比较优势，并且中国在电子和电气产品方面的比较优势越来越强劲。

二 货物贸易出口技术复杂度分析

出口技术复杂度体现了一国的出口技术水平和技术结构分布，客观反映了该国出口贸易技术结构（周学仁，2012）。樊纲等（2006）认为，技术是生产率的参照指标，因此全要素生产率可以用来指代一国的技术要素丰裕程度。然而，因为全要素生产率统计的复杂性和不可得性，这一指标往往被一国劳动生产率所替代，在忽略人口结构差异假设下，用该国人均 GDP 表示。在得到显示比较优势的基础上，接下来需要测度细分各货物贸易出口产品的技术复杂度。计算时，需要本书定义的各国家和地区人均 GDP，数据来源于世界银行 WDI 数据库 2005 年不变价的人均 GDP，单位为美元。由于本书定义的"一带一路"沿线国家和地区的细分类别中包含有多个国家组成的地区，因此本书利用平均加权的办法来定义各地区的人均 GDP，记为 $perGDP_{it}$，其中 $i \in \Omega, t \in T$。

Haussmann 等（2005；2007）、Rodrik（2007）率先运用复杂度测度产品的技术含量，并认为出口技术复杂度可以反映一国出口产品的产业技术结构。同时，出口技术复杂度可以反映出口产品的国际竞争力（黄先海等，2010；文东伟，2011；戴翔，2011）。其内在的逻辑是如果一国出口产品的技术复杂度越高，那么该国出口产品的技术水平就越高，就越有竞争力。本书采用 Haussmann 等（2005；2007）、Rodrik（2007）的结论，并参照樊纲等（2006）、洪世勤和刘厚俊（2013）的研究成果来度量出口产品的出口技术复杂度（technological sophistication index，TSI）。与 Haussmann 等（2005）的技术复杂度略有不同，樊纲等（2006）、洪世勤和刘厚俊（2013）更加考虑了小国出口的重视程度，在计算时对人均 GDP 取对数，消除计算过程中可能产生的误差。然而，由于研究目的的不同，本书更加关注出口产品技术复杂度的动态变化。如采用取对数的方法进行加权，因为对数变化范围不大，技术复杂度最终运算结果可能会波动不明显从而造成后文实证分析的偏差。综上所述，为使出口产品技术复杂度数值变化范围更加明显，本书采用人均 GDP 作为全要素劳动生

产率的替代指标。具体运算公式如下:

$$TSI_t^j = \left(\frac{x_{1t}^j/X_{1t,w}}{x_{wt}^j/X_{wt}}\right)perGDP_{1t} + \left(\frac{x_{2t}^j/X_{2t,w}}{x_{wt}^j/X_{wt}}\right)perGDP_{2t} + \cdots +$$

$$\left(\frac{x_{nt}^j/X_{nt,w}}{x_{wt}^j/X_{wt}}\right)perGDP_{nt}$$

$$= \sum_{i=1}^{n} \left(\frac{x_{it}^j/X_{it,w}}{x_{wt}^j/X_{wt}}\right)perGDP_{it} \qquad (5-2)$$

$$= \sum_{i=1}^{n} RCA_{it}^j \times perGDP_{it}$$

其中,

TSI_t^j: t 时刻出口产品 j 的货物贸易出口产品出口技术复杂度;

RCA_{it}^j: t 时刻 i 国家和地区货物贸易出口产品 j 的显示比较优势指数;

$perGDP_{it}$: t 时刻 i 国家和地区的人均 GDP。

依据以上公式(5-2),得到各细分货物贸易出口产品的技术复杂度,再根据下列公式(5-3)可以计算出具体某一国家和地区的货物贸易出口技术复杂度(merchandise export technological sophistication index, METSI):

$$METSI_{it} = \sum_{j=1}^{m} \frac{x_{it}^j}{X_{it,w}}TSI_t^j, \forall i \in \Omega, j \in \Phi, t \in T \qquad (5-3)$$

其中,

$METSI_{it}$: t 时刻 i 国家和地区的货物贸易出口技术复杂度;

TSI_t^j: t 时刻出口产品 j 的货物贸易出口产品技术复杂度[①];

$\dfrac{x_{it}^j}{X_{it,w}}$: t 时刻出口产品 j 在 i 国家和地区所有货物贸易出口产品中的出口份额。

各国家和地区在 2003—2014 年的世界货物贸易出口技术复杂度分布图[②]如图 5.4 所示。各国家和地区的货物贸易出口技术复杂度分

---

① 依据公式(5-2)计算所得。
② 详细数据参见附录 11。

布描述了各国家和地区货物贸易出口技术复杂度的变化，客观反映了相关国家和地区货物贸易出口产品技术含量的动态演变。

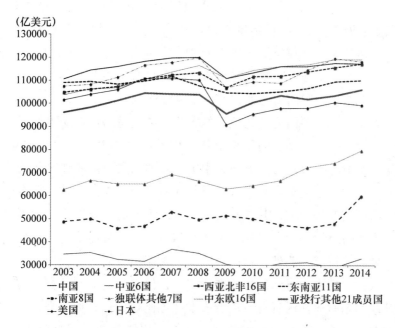

图5.4 各国家和地区货物贸易出口技术复杂度分布

资料来源：作者根据公式（5-3）计算所得。

从总体上看，各国家和地区的世界货物贸易出口技术复杂度呈现总体上升的趋势，伴随着2008年金融危机，各国家和地区货物贸易出口技术含量在2009年略有下滑，从2010年起，这种下滑势头伴随着世界经济的复苏戛然而止，并呈现逐年上升的态势。然而，值得关注的是西亚北非地区，该地区的货物贸易出口技术含量并没有随着金融危机的发生而下降，反而出现与国际大趋势相反的情形，归纳其原因，主要是西亚北非地区向世界货物贸易出口的产品中原油等初级产品占绝大部分的比重，在世界技术含量高产品需求疲软的背景下，初级产品在公式（5-2）的计算中被赋予了比之前较高的权重。因此在西亚北非地区原油等初级产品的出口总值影响不大的情况下，该地区出口技术复杂度的上升是可以解释的。

从货物贸易出口技术复杂度总量的角度观察，截至 2014 年，货物贸易出口技术复杂度最高的国家和地区依次为亚投行其他创始成员国、日本以及中国，最低的国家和地区为中亚 6 国、西亚北非 16 国以及中东欧 16 国。从货物贸易出口技术复杂度的国家分布看，其反映出发达国家和高速发展中国家和地区的货物贸易出口技术含量高、欠发达国家和地区的货物贸易出口技术含量低的客观事实。

一方面，独联体、西亚北非、中亚地区的货物贸易出口技术复杂度相对偏低，主要因为这些地区的主要货物贸易出口产品以原油等初级产品为主，这客观证明了本书货物贸易出口技术复杂度的准确性，并与真实情况吻合；另一方面，中国、日本以及东南亚地区的货物贸易出口技术复杂度最高，出现这一情况的原因主要是日本以传统的技术产品比较优势闻名，其是高技术研发及生产的主要国家；中国自加入世界贸易组织之后，以加工制造业闻名，其组装出口的产品具有技术含量高的特点，此外，近年来，中国高端制造业的崛起使其自身建立起从科研到生产再到出口的整体流程，促进了出口产品技术含量的上升；因东南亚地区具有劳动力成本低等比较优势，近年来，中国传统的加工制造业逐渐向东南亚地区出口，促进了该地区自 2009 年以后出口技术复杂度大规模提升的繁荣景象。

结合对具有传统高技术优势的美国和以欧洲发达国家、部分金砖国家为主的亚投行成员国出口技术复杂度的比较来看，在 2008 年以前，美国出口技术复杂度一直高于亚投行成员国，在 2009 年，两者货物贸易出口技术复杂度均出现下滑，但美国因其大规模的下滑程度而开始落后于亚投行成员国，此后，美国的货物贸易出口技术复杂度一直处于低于亚投行成员国的水平。2014 年，美国货物贸易出口技术复杂度相较 2013 年有所下降，亚投行货物贸易出口技术复杂度的持续上升加大了两者之间的差距。

为印证货物贸易出口技术复杂度与各国家和地区人均 GDP 之间的关系，在此构建简单的散点图以初步识别两者的关系。以各国家和地区的货物贸易出口技术复杂度的自然对数为纵坐标，以其对应的人均 GDP 的自然对数为横坐标（如图 5.5 所示），描绘各国家和地区人均 GDP 与其对世界货物贸易出口技术复杂度的线性趋势关系。显然，货物贸易出口技术复杂度总体上随着全要素生产率的提高而上升（樊纲等，2006）。

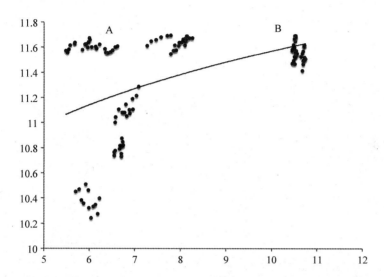

图 5.5　各国家和地区人均 GDP 与其货物贸易出口技术复杂度散点图

此外，图 5.5 反映出世界货物贸易出口技术复杂度存在着显著的集聚效应。欧美发达国家（图中 B 区域）因为其全要素生产率水平高所以其货物贸易出口产品技术复杂度也较高，东南亚以及南亚地区（图中 A 区域）虽然全要素生产率较低，但其对世界的货物贸易出口产品技术含量与欧美发达国家旗鼓相当。这种现象可能与世界加工制造业向东南亚及南亚区域转移和该区域加工贸易的崛起相关（许军，2013；赵红洁，2014）。

第四节　中国对"一带一路"沿线国家和地区货物贸易出口总值分析

一　按国别分类的货物贸易出口总值分析

结合前文中关于"一带一路"视角下国家和地区的分类以及从

联合国贸易数据库中得到的中国对相应国家和地区出口总值的动态数据[①],描绘出中国对各国家和地区货物贸易出口总量分布图的直观表达,如图5.6所示。

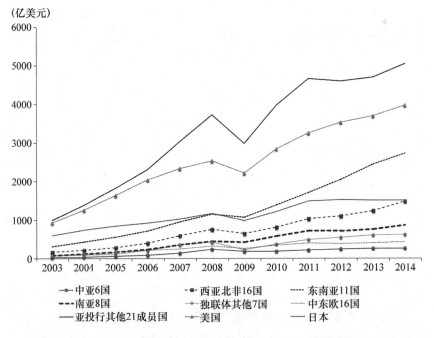

（亿美元）

图5.6　中国对各国家和地区货物贸易出口总量分布

资料来源:作者根据联合国贸易数据库的数据绘制所得,国家和地区分类参照陈虹和杨成玉(2015)的研究成果。

从总体上看,中国对绝大部分国家和地区的货物贸易出口总值在2003年至2014年期间保持着持续增长的态势,随着2008年美国次贷危机以及欧洲债务危机导致需求萎缩的影响,在2009年,普遍出现出口下滑,但自2010年以来,开始平稳复苏并且出口总值在短期内超过2008年的水平。

从具体国家和地区的角度看,基本分为3类:一是以德国、法国

---

① 中国对各国家和地区货物贸易出口总值详细数据见附录12。

等欧盟国家以及巴西、南非这样的新兴经济体为首的亚投行其他21成员国;二是中国"一带一路"发展战略沿线主要辐射到的发展中国家;三是与中国出口贸易往来密切且对世界经济影响深远的发达国家,如美国和日本。

亚投行其他21成员国是中国对外货物出口贸易的主要东道国,2003年,其进口中国产品989.38亿美元,力压其他国家和地区,2003年至2008年,中国对亚投行其他21成员国的货物贸易出口增速最为迅猛,年平均增长速度高达11.84%。然而受到欧洲债务危机需求放缓的冲击,在2009年,中国对亚投行其他21成员国的货物出口总值仅为2976.74亿美元,相比2008年的3715.74亿美元下滑明显。自2009年,随着世界经济的平稳复苏,中国对亚投行其他21成员国的货物出口维持稳中有升的态势,并在2014年实现5042.81亿美元的历史峰值。

作为"一带一路"沿线的主要国家和地区,中亚6国、西亚北非16国、东南亚11国、南亚8国、独联体其他7国以及中东欧16国主要以发展中国家或转型经济体为主,其经济结构、模式以及合作需求与发达国家存在差异,一方面,作为转型经济体,其面临升级基础设施的需求;另一方面,作为新兴市场的集中区,其国际贸易的市场潜力巨大。同时,中国作为最大的发展中国家,在基础设施建设上拥有装备和资金的双重优势,在出口贸易上肩负着消化产能加快产业转型升级的使命,因此围绕中国对这些次区域开展出口贸易的分析,对本书意义重大。从总体上看,中国在"一带一路"沿线国家和地区的货物贸易出口总值从2003年至2014年呈现整体稳中有升的态势。其中,出口总值最大、增长最为强劲的是东南亚11国。2003年,中国对东南亚11国货物贸易出口总值为309.28亿美元,低于对日本的594.08亿美元,直到2008年,该值为1143.26亿美元,与日本基本持平(同期,中国对日本的货物贸易出口总值为1161.32亿美元)。此后,因其强劲的增长态势力压日本,截至2014年,中国对东南亚地区的货物贸易出口实现2721.15亿美元的总值,因此东南亚地区是中国"一带一路"经贸合作的主要合作对象。另外，从2010年起，中国对西亚北非地区的货物贸易出口突破千亿美元大关（实际数据为1026.35亿美元），以年均10%以上的速度，增长到2014年，实现出口总值1474.10亿美元。此外，2014年，中国对中亚、南亚、独联体、中东欧地区的货物贸易出口总值依次为262.72亿美元、858.35亿美元、616.84亿美元、431.24亿美元，较之2003年的22.19亿美元、71.91亿美元、72.25亿美元、69.36亿美元，增速也颇为惊人。

美国和日本一直是中国传统的贸易伙伴，占中国出口贸易市场的份额极大。与对亚投行成员国的货物贸易出口走势趋同，中国对美国的货物贸易出口也呈现整体上升的态势，但其增速并没有对亚投行成员国迅猛。从2003年至2014年，中国对美国的货物贸易出口总值年均增长速度为11.04%（低于对亚投行成员国的11.24%），2014年，实现历史峰值3971.05亿美元，并接近4000亿美元大关。然而，与中国对其他国家和地区货物贸易增长速度不同，中国对日本的货物贸易出口从2011年起结束了增长势头，2012年、2013年、2014年分别为1516.26亿美元、1501.32亿美元、1494.10亿美元，呈现逐年微弱递减的态势。

值得关注的还有中国对美国和日本的货物贸易出口总值占世界的份额，如表5.3所示。

表5.3　　　中国对美国、日本的货物贸易出口总值占世界份额　　　（％）

年份 国别	2003	2004	2005	2006	2007	2008	2009	2010	2011	2012	2013	2014
美国	21.13	21.09	21.41	21.03	19.11	17.67	18.41	17.98	17.12	17.20	16.70	16.95
日本	13.55	12.39	11.02	9.45	8.36	8.11	8.14	7.67	7.81	7.40	6.79	6.37

资料来源：作者根据联合国贸易数据库的数据计算所得。

根据表5.3中的数据不难看出，美国以及日本在中国货物贸易出口中所占的份额整体上逐年递减，美国的市场份额由2003年的21.13%跌至2014年的16.95%，日本的市场份额由2003年的

13.55% 跌至 2014 年的 6.37%。一方面，由于世界其他国家市场需求逐渐加大，中国对世界其他国家的货物出口有所侧重；另一方面，也是由美国次贷危机导致需求疲软以及中日两国历史问题而引起的。

二 按产品分类的货物贸易出口总值分析

结合前文中关于货物贸易出口产品的分类以及从联合国贸易数据库中得到的中国货物贸易各出口产品出口总值的动态数据[①]，本书得到中国各技术含量货物贸易出口总量分布图，如图 5.7 所示。

总体而言，2003 年，中国各技术含量货物贸易出口总量并不大，差距也很小（初级产品、农林产品、其他资源型制成品、纺织服装鞋类、其他低技术产品、机动车辆、中技术加工产品、中技术工程产品、电子和电气产品、其他高技术产品出口总值依次为 206.41 亿美元、142.83 亿美元、212.84 亿美元、987.62 亿美元、614.89 亿美元、70.23 亿美元、188.53 亿美元、142.83 亿美元、1231.01 亿美元、94.68 亿美元）。然而在 2003 年至 2014 年，以纺织、服装、鞋类和其他低技术产品为代表的劳动密集型产品以及以电子和电气产品为代表的技术密集型产品异军突起，年均增速分别达到了 10.92%、11.55% 和 11.34%，均高于同期中国出口贸易的增长水平。截至 2014 年，这 3 类优势出口产业分别实现出口总值 3841.80 亿美元、4087.06 亿美元、6800.14 亿美元，这 3 大优势产业形成了中国在出口贸易中的中流砥柱作用。此外，其他技术含量出口产品的出口总值均有不同程度的增长。2014 年，初级产品、农林产品、其他资源型制成品、机动车辆、中技术加工产品、中技术工程产品、其他高技术产品的出口总值依次达到 701.14 亿美元、720.65 亿美元、1299.69 亿美元、589.81 亿美元、988.76 亿美元、720.65 亿美元、633.55 亿美元，相比 2003 年，均实现数倍的增长。其中值得一提的是，中国初级产品的出口贸易，在 10 大类技术含量产品中出口总值最低且增

①　中国货物贸易各出口产品出口总量详细数据见附录13。

速最慢，这也从侧面反映出中国在初级产品方面不具有比较优势，发展劳动型、资本型、技术密集型的制成品才是实现出口贡献经济发展的取胜之道。

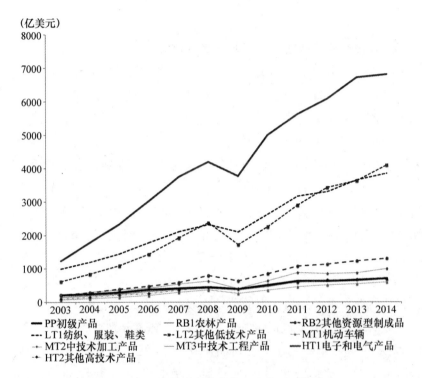

图5.7　中国各技术含量货物贸易出口总量分布

资料来源：作者根据联合国贸易数据库的数据绘制所得，分类参照 Lall（2000）以及 OECD（1994）。

　　为了观察并比较中国制成品在不同出口市场上的技术含量的差异性及其动态变化的异同性，依据本书上节对货物贸易出口产品的分类标准（按技术含量的不同划分），结合联合国贸易数据库中的数据得到中国对各国家和地区各种不同技术含量出口产品的分布图[①]，如图5.8所示。由于前两个章节分别按国别和产品技术含量对中国货物

---

　　① 中国对各国家和地区各出口产品出口总值详细数据见附录14。

贸易出口进行逐一分析，本章在此不再赘述。考虑到图形表达的直观性，本节技术产品的划分采用本章第二节中的一级表达形式，即把出口贸易产品分为初级产品、资源型制成品、低技术制成品（劳动密集型制成品）、中技术制成品（资本密集型制成品）以及高技术制成品（技术密集型制成品）。

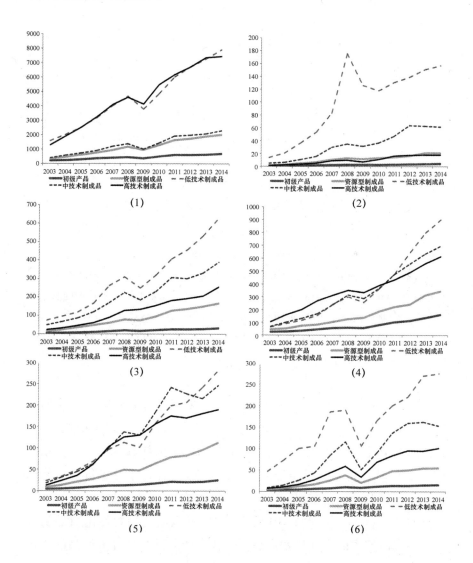

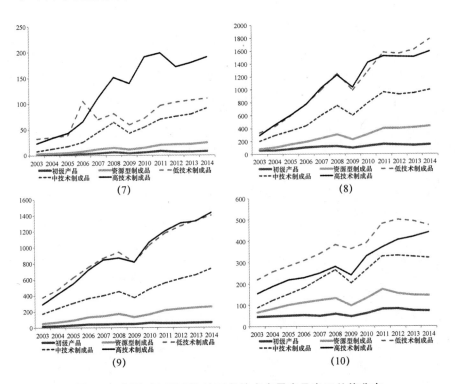

图5.8　中国对各国家和地区各技术含量产品出口总值分布

资料来源：根据 Lall（2000）的贸易产品分类方法，本书计算归纳出中国对各国家和地区各种技术含量出口产品的出口总值，单位为亿美元，作者根据联合国贸易数据库的数据绘制所得。图中依次为中国对世界、中亚6国、西亚北非16国、东南亚11国、南亚8国、独联体其他7国、中东欧16国、亚投行其他21成员国、美国、日本各种技术含量货物贸易出口产品的出口总值分布。

图5.8（1）为中国对世界各种技术含量货物贸易出口产品的出口总值分布图，图5.8（2）至图5.8（10）依次为中国对中亚6国、西亚北非16国、东南亚11国、南亚8国、独联体其他7国、中东欧16国、亚投行其他21成员国、美国、日本各种技术含量货物贸易出口产品出口总值的分布图。

如图5.8（1）所示，2014年，中国对世界货物贸易出口的初级产品、资源型产品、低技术产品、中技术产品以及高技术产品的出口总值分别为 701.14 亿美元、2020.35 亿美元、7928.86 亿美元、

2299.23 亿美元、7463.70 亿美元，中国整体出口产品的技术含量分布基本呈现以低技术制成品和高技术制成品出口总值最大、资源型制成品和中技术制成品次之、初级产品出口总值最小的特点。其中，以纺织、服装等初级加工产品为代表的劳动密集型制成品在中国出口贸易技术结构中始终处于首要地位，其出口总值从 2003 年的 1602.52 亿美元逐渐增长到 2014 年的 7928.86 亿美元，实现年均增长 12.12% 的惊人速度。与此同时，以通信设备、航空器为代表的技术密集型制成品后来居上，截至 2014 年，其出口总值实现 7463.70 亿美元，基本接近劳动密集型制成品的出口总值，其年均 13.62% 的增长速度已成为中国在高技术领域逐步建立起比较优势、出口贸易产品技术含量不断提高、出口贸易技术结构正在不断优化、出口贸易转型升级正在不断进行的证明。另外，中国初级产品出口总值虽在 2003 年至 2014 年，只从 206.42 亿美元增长至 701.14 亿美元，但在增速缓慢的同时总量也低于同期的工业制成品，2014 年，其在中国出口总值的占比不到 3%（精确值为 2.99%），因此在中国的出口贸易技术结构中，农林牧渔业、未加工资源的比重极少，并且呈现逐年弱化的趋势，其从侧面显示出中国出口贸易是以加工产品和电子电气等高端制造产品为主导的贸易发展模式。

　　图 5.8（2）显示了中国对中亚地区各技术含量货物贸易出口产品的出口总量分布。从整体上看，2003 年至 2007 年，中国对该地区各技术含量货物贸易出口产品的出口增长明显，受金融危机需求减缓的影响，在 2009 年略有回落，但从 2010 年起保持了平稳上升的势头。其中，受 2008 年金融危机冲击最大的是低技术制成品，2009年，中国对中亚地区低技术制成品的出口总值回落到 126.54 亿美元，下降 28.14%，直到 2014 年还没有恢复到历史最高水平。然而，归因于中亚地区资源禀赋和经济发展的特点，中国对中亚地区货物贸易的出口主要以低、中技术制成品为主，这两类产品占市场份额的 83%。

　　图 5.8（3）显示了中国对西亚北非地区各技术含量货物贸易出口产品的出口总量分布。与同期中国对中亚地区的货物贸易出口形势不同，后金融危机时期，各技术含量出口产品出口总值均呈现高速增

长态势，逐年冲刺历史峰值，并在 2014 年达到历史最高值。2014
年，中国对西亚北非地区初级产品、资源型产品、低技术产品、中技
术产品以及高技术产品的出口总值分别为 32.14 亿美元、165.51 亿
美元、628.94 亿美元、390.43 亿美元、256.76 亿美元。可见，中国
外贸产品已经深入西亚北非市场，在其贸易伙伴市场的地位不断提
升。此外，中国对西亚北非地区出口的产品主要以低技术制成品和中
技术制成品为主，高技术制成品次之。

图 5.8（4）显示了中国对东南亚地区各技术含量货物贸易出口
产品的出口总量分布。相对而言，中国对东南亚地区的货物贸易出口
受 2008 年金融危机影响较小，各技术含量出口产品的出口总值仅在
2009 年出现微弱调整。凸函数的分布形态显示出其增长速度逐年增
长的动力。2014 年，各类技术含量产品出口总值均达到历史峰值，
分别为 160.52 亿美元、342.75 亿美元、902.67 亿美元、695.50 亿
美元、613.90 亿美元。从产品分布上看，高技术制成品在 2010 年以
前一直在东南亚市场上占据主导地位，然而 2011 年起，其主导地位
逐渐被低、中技术制成品所取代，这也影射着中国技术密集型制成品
的比较优势在东南亚市场上逐渐丧失的事实。

图 5.8（5）显示了中国对南亚地区各技术含量货物贸易出口产
品的出口总量分布。中国在南亚地区的出口产品也主要以技术性产品
为主，但其分布较为复杂。低、中、高技术产品的出口总值在 2003
年至 2014 年期间交错上升，后金融危机时代，中国对其高技术制成
品的出口增速开始放缓（从 2009 年的 129.69 亿美元到 2014 年的
190.31 亿美元），然而与此同时，低技术制成品的增长异军突起，到
2014 年，占据其市场的主导地位（从 2009 年的 102.05 亿美元到
2014 年的 281.69 亿美元）。值得注意的是，中国对南亚地区资源型
制成品的出口呈现逐年拉升的态势，年均增长率高达 12.24%，远超
过同期其他技术含量出口产品的增长速度。

图 5.8（6）显示了中国对独联体地区各技术含量货物贸易出口
产品的出口总量分布。与前面各亚洲国家和地区有所不同，受欧洲债
务危机需求放缓的影响严重，中国对独联体地区各技术含量出口产品

的出口总量分布整体呈现"V"形走势，后金融危机时代，各技术含量出口均有不同程度的反弹，其中，低技术制成品反弹力度最为明显，2014 年，其出口总值高达 275.84 亿美元，在中国对该地区的出口份额中占据主导地位。中技术制成品在 2014 年的出口总值略有回落，是 152.84 亿美元，同比下降 5.88%，其他出口产品基本趋于平稳。

图 5.8（7）显示了中国对中东欧地区各技术含量货物贸易出口产品的出口总量分布。2003 年至 2014 年，中国对中东欧地区出口的初级产品和资源型制成品保持平稳上升的态势，但增长幅度不大。与此同时，技术产品增长迅猛，低、中、高技术制成品出口总值分别从 2003 年的 32.26 亿美元、8.61 亿美元、23.19 亿美元上升到 2014 年的 110.09 亿美元、92.13 亿美元、190.38 亿美元。其中，技术含量最高的高技术制成品最为明显，2014 年相较 2003 年增长高达 720.2%，并且占出口总量的比重为 44.77%，可见，中国对中东欧地区出口产品总体呈现技术含量越高、出口总值越高、占总量比重越大的特点。

图 5.8（8）显示了中国对亚投行成员国各技术含量货物贸易出口产品的出口总量分布。由于本书分类中的亚投行其他创始成员国主要以英国、德国、法国等欧洲国家为主，因此中国对其货物贸易受欧洲债务危机影响较为严重，其分布图中"V"形走势与中国对独联体国家相似。不同的是，从 2010 年起，高技术制成品和低技术制成品出口总值同时出现反弹，两者的市场份额主导地位交替，不分伯仲。截至 2014 年，低技术制成品出口总值略高于高技术制成品（分别为 1785.52 亿美元和 1598.48 亿美元），中技术制成品出口总值以微弱速度上升（2012 年至 2014 年出口总值分别为 921.15 亿美元、944.80 亿美元、966.82 亿美元），而初级产品和资源型制成品的出口总值均不足 150 亿美元和 450 亿美元（准确数值为 148.07 亿美元和 433.90 亿美元），持续在低位徘徊。

图 5.8（9）显示了中国对美国各技术含量货物贸易出口产品的出口总量分布。与中国对亚投行成员国各技术含量出口产品分布图相

似，在次贷危机影响下中国对美国货物贸易整体微弱回落后，在2010年开始反弹。截至2014年，中国对美国出口的初级产品、资源型产品、低技术产品、中技术产品以及高技术产品出口总值分别为61.13亿美元、259.23亿美元、1405.15亿美元、740.54亿美元、1439.93亿美元。值得肯定的是，自2009年以后，中国对美国出口的高技术制成品的出口总值高居首位，且2014年以8.11%的增长速度位列各类出口产品之前。

图5.8（10）显示了中国对日本各技术含量货物贸易出口产品的出口总量分布。归因于日本的资源禀赋和经济特点，中国对日本的货物贸易出口主要以低技术制成品为主，但这一主导地位逐渐有被高技术制成品所取代的趋势。自2011年起，中国对日本的低技术制成品的出口总值开始微弱回落，然而与此同时，高技术制成品迅猛上涨，截至2014年，高技术制成品出口总值实现441.99亿美元，接近低技术制成品出口总值的474.10亿美元，两者间差距有进一步缩小之势。此外，初级产品和资源型制成品的出口总值均低于3大技术类产品，并且初级产品和资源型产品近年来没有出现增长的势头，总体持平甚至微弱回落，其从侧面反映出中国并不是依靠出售"资源"与日本进行出口贸易的，而是依靠高新技术不断地出售技术密集型制成品与日本进行出口贸易的。

第五节　中国对"一带一路"沿线国家和地区货物贸易出口技术复杂度分析

上节针对货物贸易出口技术复杂度的测度与分析是建立在各国家和地区货物贸易出口技术复杂度的基础上的，测度各国家和地区货物贸易出口技术复杂度，主要有两点原因：一是便于比较中国与世界其他经济体在货物贸易出口技术复杂度方面的异同，分析各国家和地区货物贸易出口技术复杂度的差异性以及其动态变化的异同性；二是为后文实证分析中全球向量自回归模型指标的建立打下基础。然而本书侧重研究中国制成品在不同出口市场上的技术含量，因此本节对公式

（5-3）进行细微改动，旨在计算中国对各国家和地区货物贸易出口技术复杂度。

依据公式（5-2）得到的各细分出口产品的技术复杂度，对公式（5-3）做出细微改动（在此将权重设置为中国对各国家和地区各类货物贸易出口产品在相应出口市场的市场份额），可以计算出中国对某一国家和地区的货物贸易出口技术复杂度（merchandise export technological sophistication index，$MESTI_{chn}$），计算公式如下：

$$METSI_{chni}(t) = \sum_{j=1}^{m} \frac{x_{chni}^{j}(t)}{X_{chni}(t)} TSI^{j}(t) \qquad (5-4)$$

其中，

$METSI_{chni}(t)$：t 时刻中国对 i 国家的货物贸易出口技术复杂度，$i \in \Omega$ 且 $i \neq chn$，$\Omega = \{CHN, \cdots, USA, JAP\}$；

$TSI^{j}(t)$：t 时刻货物贸易出口产品 j 的货物贸易出口产品技术复杂度[①]；

$\dfrac{x_{chni}^{j}(t)}{X_{chni}(t)}$：$t$ 时刻中国对 i 国家和地区货物贸易出口产品 j 的出口份额，其中，$x_{chni}^{j}(t)$ 表示 t 时刻中国在 i 国家对国家和地区货物贸易出口产品 j 的出口总值，$X_{chni}(t)$ 表示 t 时刻中国对 i 国家和地区的货物贸易出口总值。

2003 年至 2014 年，中国对各国家和地区货物贸易出口技术复杂度分布图如图 5.9 所示。中国对各国家和地区货物贸易出口技术复杂度分布描述了中国对各国家和地区货物贸易出口技术复杂度的变化，客观反映了中国对相关国家和地区货物贸易出口产品技术含量的动态演变。

从总体上看，中国对各国家和地区货物贸易出口技术复杂度呈现总体上升的趋势，并且均高于中国对世界的平均水平。伴随着 2008 年的金融危机，中国对各国家和地区的货物贸易出口技术含量在 2009 年下滑严重，从 2010 年起，这种下滑势头伴随着世界经济的复

---

① 依据公式（5-2）计算所得。

苏戛然而止，并呈现逐年上升的态势。然而，值得关注的是，中国对
中东欧、美国、东南亚地区以及亚投行成员国的货物贸易出口技术复
杂度，虽经历了 2010 年开始的持续增长，但截至 2014 年，均未能达
到历史最高水平。

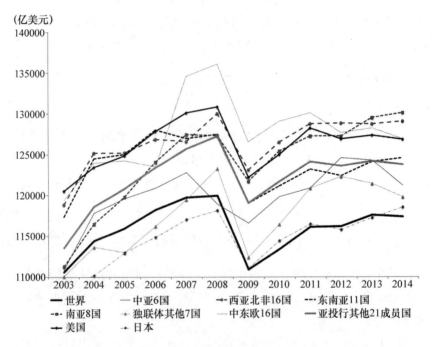

图 5.9　中国对各国家和地区货物贸易出口技术复杂度分布

资料来源：作者根据公式（5-4）计算所得。

相比而言，中国对中东欧、西亚北非、南亚地区的这些发展中国
家和地区的货物贸易出口技术含量最高，其次是由美国、亚投行成员
国组成的发达经济体，最后是中亚、独联体地区以及日本。结合
表5.2中的各国家和地区各类别货物贸易出口产品的显性比较优势指
数，不难发现，以 2014 年为例，中国在 HT1 出口产品方面的显性比
较优势指数为 2.15，而与此同时，中东欧、西亚北非、南亚地区的
显性比较优势指数分别为 0.92、0.19、0.15，其比较优势差距明显。
可见，中国相对于这些国家和地区具有高技术产品出口的比较优势，

因此中国在这些地区的出口技术复杂度最高,这是不言而喻的。然而此时日本在 HT1 产品上的显性比较优势指数为 1.02,其数值虽然比不上中国,但大于 1 的数值反映出日本在相关产品上同样具有比较优势。其货物贸易出口产品与中国是相互竞争的关系,而不是依赖中国市场并进口中国的相关产品,这是中国对日本货物贸易出口技术复杂度偏低的主要原因。此外,根据图 5.8(10)显示的中国对日本货物贸易出口主要以低技术制成品为主,这也是中国对日本货物贸易出口技术复杂度偏低的主要原因。

第六节　本章小结

中国货物贸易出口总值增速的日益下滑为其转型升级提供了契机,伴随着中国高度重视的"一带一路"发展战略,在其视角下剖析中国货物贸易出口技术复杂度的现状是十分有必要的。

从出口总值角度分析,在"一带一路"视角下,中国货物贸易出口增长势头最为强劲,其货物贸易出口总值从 2003 年的 4382 亿美元锐升至 2014 年的 23423 亿美元,前期基本保持 20% 以上的年均增长水平,然而近年来,逐渐显示出其增速放缓的态势,2014 年,同比增长 6.03%,首次低于国内生产总值的增长速度,这主要是受外部需求放缓的影响,但通过调整结构的方式进行其转型升级以提升出口技术结构和技术水平已显得至关重要和迫切。中国对以发达国家为主的亚投行其他创始成员国出口总量最大,"一带一路"沿线国家和地区次之。其中"一带一路"沿线国家和地区又以"21 世纪海上丝绸之路"为主导,"丝绸之路经济带"次之。

从出口技术复杂度角度分析,中国出口总体上依然以低技术产品和劳动型、资本密集型产品为主,然而中国在高技术领域特别是在电子和电气产品领域具有显著的比较优势,而且中国在"一带一路"沿线国家的货物贸易出口技术复杂度正在保持持续增长的势头。

第六章 "一带一路"发展战略对外贸易与投资效应的实证分析

在进行对外直接投资对出口技术复杂度影响的实证研究之前,必须就本书研究的样本进行贸易效应和投资效应的分析,即对"一带一路"发展战略的贸易效应和投资效应进行前瞻性分析。其原因有二:其一,"一带一路"发展战略的目标即促使贸易投资便利化,在前瞻性确定"一带一路"发展战略存在贸易效应和投资效应的前提下才能展开两者之间的相关研究;其二,此处旨在尝试在实证分析的基础上探索"一带一路"发展战略的贸易效应和投资效应,在深化经贸合作的背景下找到"一带一路"带动区域乃至全球经济实现共同发展、促进共同繁荣的证据。

"一带一路"战略可归结为区域一体化问题。研究区域一体化经济效应的模型归纳起来主要分为两大类:传统计量经济学模型和可计算的一般均衡模型。通过计量经济学模型的研究起步较早,且成果众多,例如,吴明宇(2012)采用格兰杰的两变量模型,根据Engle-Granger 的协整检验及误差修正模型,通过加入时间趋势项以及虚拟变量,分析日本对华直接投资对中日双边贸易所产生的效应;张光南等(2010)采用 SUR 方法实证分析基础设施投资短期和长期的就业效应、产出弹性和投资弹性;蔡彤娟(2014)基于欧元区主要成员国 2000 年至 2012 年的横向数据,检验欧元区的经济增长同步性和投资效应内生性;巩在峰(2014)基于拓展 DEA 模型探索东亚太区域经济的合作模式;王开和靳玉英(2014)通过采用面板数据 SUR 变系数估计,以期考察不同国家的 FTA 对中国出口贸易所产生的不同影响。

区别于早期的计量经济学模型，近年来，CGE 模型越来越被社会各界所重视。目前，CGE 模型广泛应用于 60 多个国家的政府机构，学界也运用 CGE 模型进行了很多国际贸易、公共财政、环境和发展政策等方面的研究，如 Devault（1996）、Gallaway 等（1999）利用 CGE 模型分析反倾销措施的经济影响，尤其是福利效应；Barfield（2011）运用 CGE 模型对 TPP 成员可能受到的影响进行分析；Bye 等（2003）分析增值税改革政策的社会福利损失；Whalley（1982；1984；1989）结合 CGE 模型进行贸易协定和多边贸易之间的政策分析，扩展了模型在政策层面的应用性；陆文聪和李元龙（2011）基于 CGE 模型分析中国出口增长的就业效应；陈虹等（2013）结合 CGE 模型进行了 TTIP 对中国经济影响的前瞻性研究。

以计量经济学的方法研究区域一体化，往往无法同时兼顾区域一体化对成员国经济增长、贸易、投资、就业以及福利等深层次经济活动的影响，而且利用计量模型同时深入行业层面，分析就业、收入、生产者和消费者福利等方面的影响略显乏力。然而，可计算的一般均衡（CGE）模型是一个基于新古典微观理论且内在一致的宏观经济模型，其可用来全面评估政策的实施效果，不仅可以全面分析成员国各方面的经济效应，而且可以深入中观行业层面模拟分析各项政策变化对不同国家的经济影响。

第一节　一般均衡（CGE）模型函数的选择

生产函数是新古典经济学范式的核心，是采用一般均衡运用中常替代弹性函数（CES）描述要素投入以何种方式组合起来，将资源与投入原料转化为商品和服务的过程。假设在要素市场为完全竞争的条件下，生产者在当前的生产技术条件下，实现其投入成本目标最小化。

$$P = \frac{1}{A}\left[\sum_i a_i^\sigma \left(\frac{P_i}{\lambda_i}\right)^{1-\sigma}\right]^{1/(1-\sigma)} \tag{6-1}$$

$$X_i = (A\lambda_i)^{\sigma-1} a_i^{\sigma} \left(\frac{P}{P_i}\right)^{\sigma} V \tag{6-2}$$

公式（6-1）和公式（6-2）为 CES 函数的简化形式[①]。已知价格向量 P_i 和总体产出水平 V，那么单位产出成本 P 可以由公式（6-1）计算得到；对各种生产投入的需求可由公式（6-2）得出。

在需求函数方面，假设 C 是各种商品和服务的消费需求向量，P 是商品价格向量，Y 为可支配收入，a 是商品消费份额参数。

线性支出系统（LES）需求函数式（6-3）表示消费者需求包含两部分：一是不受价格影响的最低基本需求 θ；二是除去最低需求之后的边际预算份额 μ，参数 μ 必须满足归一化条件，即边际预算份额之和等于1。

$$C_i = \theta_i + \frac{\mu_i}{P_i}\left(Y - \sum_{j=1}^{n} P_j \theta_j\right) \qquad 1 \leqslant i \leqslant n \tag{6-3}$$

额外收入（supernumerary income）是居民可支配收入中支付所有最低基本需求之后的余额，其表示为：

$$Y^* = Y - \sum_{j=1}^{n} P_j \theta_j \tag{6-4}$$

从以上需求方程，我们可得到收入弹性和价格弹性：

$$\eta_i = \frac{\partial C_i}{\partial Y} \frac{Y}{C_i} = \frac{\mu_i Y}{P_i C_i} = \frac{\mu_i}{s_i} \tag{6-5}$$

$$\varepsilon_{ii} = \frac{\partial C_i}{\partial P_i} \frac{P_i}{C_i} = \left[-\frac{\mu_i}{P_i^2}Y^* - \frac{\mu_i}{P_i}\theta_i\right]\frac{P_i}{C_i} = \left[-\frac{1}{P_i}(C_i - \theta_i) - \frac{\mu_i \theta_i}{P_i}\right]\frac{P_i}{C_i} =$$

$$\frac{\theta_i(1 - \mu_i)}{C_i} - 1 \tag{6-6}$$

$$\varepsilon_{ij} = \frac{\partial C_i}{\partial P_j} \frac{P_j}{C_i} = -\frac{\mu_i \theta_j P_j}{P_i C_i} = -\frac{\mu_i \theta_j P_j}{s_i Y} \tag{6-7}$$

其中 η_i 是收入弹性，它是边际预算份额 μ_i 与平均预算份额 s_i 的比

---

① X_i 为生产的投入，P 和 P_i 分别为单位产出成本和对应的投入价格，V 表示 CES 生产函数给定的产出量，a_j 代表 CES 的份额参数。参数 A 为转移参数，作用于所有的生产投入；系数 λ_i 是各种投入的转移参数。

值；ε_{ii} 是自价格弹性，ε_{ij} 是交叉价格弹性。

第二节 "一带一路"发展战略发展
基准情形的设置

基准情形的选择是政策模拟的前提。鉴于中国已与部分国家签署了共建"一带一路"合作备忘录，且谋求中长期发展规划，立足周边辐射"一带一路"的自由贸易区战略骨架已经形成。然而，自贸区的建设不可能一蹴而就，其在互联互通的基础上有着循序渐进的过程，且《中欧合作 2020 战略规划》提出了力争到 2020 年双边贸易额达到 10000 亿美元的愿景。从数据的可获得性来看，预测数据来源于国际货币基金组织（IMF）World Economic Outlook Database。预测数据截止到 2020 年，因此我们选择 2020 年作为情形模拟的基准时期。一般来说，在选择基准情形时，需要着重考虑两点：其一是数据的更新情况；其二是更新数据的完整性。第一点比较容易理解，第二点则存在两种不同的处理思路：其一是使模型结构和参数值尽可能准确地描述经济现实；其二是使调整后的数据库对原始数据库的偏离达到最小。当然，在其他变量不变的情况下，改变 GTAP 数据库中的某外生变量，会影响整体的完整性（Malcolm，1998）。如果所要更新的信息在数据库基期（本书采用的GTAP 8 数据库的基期为 2007 年之后），则第一种处理思路比较合适，即让模型尽可能准确地描述经济现实，而这种处理方法是基于一个普通的模拟实验进行的，我们在 RunGTAP 软件上对数据进行更新方面的操作。

在此，围绕 Walmsley 等（2000）的动态递推方法[①]，一是结合GDP、国内投资总额等预测数据对资本存量进行动态估计，二是结合人

[①] 由于 GDP 指标是我们感兴趣的一个因变量，因此在数据更新时并未将 GDP 作为外生变量引入冲击，最终分析时以相对变化率来表示。在此基础上，选择中国与"一带一路"沿线国家进口关税为主要的冲击变量，设定政策模拟情形，下文将对此做详细阐述。

口规模预测数据更新 GTAP 数据库，更新后数据基期为 2020 年[①]。资本存量的数据无法直接获取，它是通过换算得到的，其计算公式如下：

$$K_t(r) = K_{t-1}(r) \times [1 - DEPR(r)] + GDI_t(r) \qquad (6-8)$$

其中，对于 GTAP 数据库中任意一国 r，$K_t(r)$、$K_{t-1}(r)$ 分别表示第 t、第 $t-1$ 期的资本存量，$GDI_t(r)$ 表示其第 t 期的国内投资总额，$DEPR(r)$ 是资本折旧率，设定 $DEPR(r) = 4\%$[②]。

本书将 GTAP 数据库中的 57 个部门分为 12 个行业组，包括 1 个第一产业分组，10 个第二产业分组和 1 个第三产业分组；在国家分组上，将 88 个国家分为中国、中亚、中东欧、独联体、西亚北非、东南亚、南亚、亚投行其他国家、美国以及日本等 10 个组类；要素分组采用默认分类，即分为土地、熟练劳动力、非熟练劳动力、资本和自然资源等 5 种，见表 6.1。

表 6.1　　　GTAP 数据库中产业、国家区域、要素分组一览

产业分组	农林牧渔业 AFF	pdr、wht、gro、v_f、osd、c_d、pfb、ocr、pcr、ctl、oap、rmk、wol、cmt、omt、frs、fsh
	食品加工业 PFD	vol、mil、sgr、ofd、b_t
	纺织业 TEP	tex、wap、lea
	采矿业 MIN	coa、oil、gas、omn、nmm
	造纸及纸制品业 PAP	lum、ppp
	化学制品 CHM	crp、p_c
	金属制品业 MET	i_s、nfm、fmp
	汽车及运输设备 MVT	mvh、otn
	电子设备 ELE	Ele
	其他机械与设备 OME	Ome
	其他制造业 OMF	Omf
	所有服务业 SEV	ely、gdt、wtr、cns、trd、otp、wtp、atp、cmn、ofi、isr、obs、ros、osg、dwe

---

① GDP、总人口、国内投资总额占 GDP 的比率的真实和预测数据来源于（IMF）World Economic Outlook Database，April 2015，该数据库预测至 2020 年。

② 参照 Walmsley 等（2000）的研究成果。

续表

国家区域分组	中国、中亚6国、中东欧16国、西亚北非16国、独联体其他7国、东南亚11国、南亚8国、亚投行其他创始成员国、美国以及其他国家和地区
要素分组	土地、熟练劳动力、非熟练劳动力、资本、自然资源

资料来源:参见 GTAP 数据库中行业分类。

　　《推动共建丝绸之路经济带和21世纪海上丝绸之路的愿景与行动》中指出,消除投资和贸易壁垒、解决贸易投资便利化问题,是"一带一路"发展战略的重要内容。目前,"一带一路"发展战略思路是在通路、通航的基础上通商,其将主要影响铁路、航空、航海、农业、商贸流通、油气出口等行业。对比分析不同情形下的自贸区建设给中国和"一带一路"沿线国家带来的经济效应,需要指出的是,假设关税减让的情形是对称的,即中国与"一带一路"沿线国家之间在不同产业部门关税降低的比率是相同的。根据上文分析,11个分组行业(服务业除外①)的进一步分类以及本书的模拟情形分别见表6.2和表6.3。

表6.2　　　　　　　　　**依据贸易倾向程度及技术结构的行业分类**

分类	行业构成
贸易倾向行业	农林牧渔业 AFF、食品加工业 PFD、采矿业 MIN、汽车及运输设备 MVT、电子设备 ELE、其他机械与设备 OME
非贸易倾向行业	造纸及纸制品业 PAP、其他制造业 OMF、纺织业 TEP、化学制品 CHM、金属制品业 MET

资料来源:目前,对不同行业贸易程度尚未有准确的测度方法,王思璇(2009)对此做过尝试。在此,本书采用模糊分类方法,它是在中国与"一带一路"沿线国家和地区贸易技术结构和贸易倾向等现实情况的基础上建立的。

———————————

　　① GTAP 8 数据库不包含服务业的关税水平,而全部令其为0,在此基础上,假设中国与"一带一路"沿线国家和地区自贸区的建设对服务业的关税水平不构成影响。

表6.3　　　　　　　　"一带一路"发展战略的不同模拟方案

	情形1	情形2	情形3	情形4
Part1	−50%	−100%	−100%	−100%
Part2	−33.3%	−33.3%	−66.7%	−100%

注：负值表示该行业进口关税降低的幅度。

第三节　"一带一路"发展战略贸易效应分析

一　"一带一路"发展战略对 GDP 的影响

表6.4显示了"一带一路"沿线国家和地区贸易便利化情形相对于基准情形下的"一带一路"沿线各国家和地区的 GDP 变动模拟结果。

表6.4　　　　"一带一路"发展战略不同模拟方案下 GDP 的变动　　（%）

	情形1	情形2	情形3	情形4
中国	0.17	0.20	0.25	0.24
中亚6国	0.01	−0.03	−0.03	−0.05
中东欧16国	0.01	0.02	0.03	0.03
独联体6国	0.01	0.01	0.02	0.02
西亚北非16国	0.02	0.02	0.02	0.01
东南亚11国	0.04	0.05	0.04	0.03
南亚8国	0.04	0.04	0.03	0.01
亚投行其他创始成员国	0.07	0.16	0.17	0.19
美国	0.00	0.00	0.00	−0.03
日本	−0.01	−0.01	−0.02	−0.03

模拟结果显示，从整体来看，中国与"一带一路"沿线国家和地区的贸易自由化会给宏观经济水平带来极为积极的影响。在最保守的情形1模拟下，其将提升中亚、中东欧、独联体、西亚北非、东南亚、南亚、亚投行其他创始成员国经济分别达0.01、0.01、0.01、

0.02、0.04、0.04 和 0.07 个百分比;在最理想的情形 4 模拟下,将提升以上国家和地区经济分别为 −0.05、0.03、0.02、0.01、0.03、0.01 和 0.19 个百分比,这直接为中国与"一带一路"沿线国家和地区自贸区的可行性建设提供了有力证据。同时,中国与"一带一路"沿线国家和地区自贸区对中国经济的刺激最大。

二 "一带一路"发展战略对进出口的影响

表 6.5 显示了"一带一路"沿线国家和地区贸易便利化情形相对于基准情形下的"一带一路"沿线各国家和地区的进出口总值变动模拟结果。

表 6.5 "一带一路"发展战略不同模拟方案下进出口总值的变动 (%)

	情形 1		情形 2		情形 3		情形 4	
	出口	进口	出口	进口	出口	进口	出口	进口
中国	3.04	4.59	6.15	8.58	7.63	11.07	9.55	14.42
中亚 6 国	0.32	0.75	0.79	1.35	0.97	1.59	1.18	1.88
中东欧 16 国	0.03	−0.02	0.16	0.10	0.20	0.08	0.25	0.04
独联体 6 国	0.31	0.23	0.51	0.43	0.69	0.60	0.93	0.83
西亚北非 16 国	0.19	0.33	0.32	0.49	0.43	0.54	0.56	0.59
东南亚 11 国	0.39	0.59	0.50	0.84	0.68	1.03	0.88	1.23
南亚 8 国	1.19	0.43	2.10	1.29	2.75	1.57	3.69	2.03
亚投行其他创始成员国	0.29	0.33	0.71	0.77	0.90	0.98	1.16	1.27
美国	−0.12	−0.21	−0.40	−0.41	−0.43	−0.50	−0.43	−0.60
日本	−0.14	−0.29	−0.27	−0.48	−0.33	−0.63	−0.38	−0.79

模拟结果显示,"一带一路"沿线自贸区建成以后,出口变动最大的是中国,相对基准情形的变动范围为 3.04% 至 9.55%;其次是南亚、中亚以及亚投行其他国家,变动最小的是中东欧。从数值上看,贸易便利化会扩展中国以及"一带一路"沿线国家和地区双边贸易的发展,从而具有贸易创造效应。

三 "一带一路"发展战略对贸易平衡的影响

表6.6显示了"一带一路"沿线国家和地区贸易便利化情形相对于基准情形下的"一带一路"沿线各国家和地区贸易平衡①变动模拟结果。

表6.6　"一带一路"发展战略不同模拟方案下贸易平衡的变动

（百万美元）

	情形1	情形2	情形3	情形4
中国	1571.26	15276.88	13033.52	9045.60
中亚6国	−267.15	−328.88	−373.58	−421.63
中东欧16国	70.55	−184.73	−22.61	217.50
独联体6国	−350.69	−975.50	−1195.43	−1475.38
西亚北非16国	−2517.81	−3698.22	−3855.48	−4000.94
东南亚11国	−880.15	−1787.32	−2064.48	−2380.02
南亚8国	1222.67	708.10	776.31	833.05
亚投行其他创始成员国	−1956.68	8645.86	−8554.04	−8001.29
美国	2288.00	1609.74	3035.74	5121.01
日本	820.02	−1974.26	−780.02	1062.04

表6.6显示，自贸区的建立对中国贸易平衡的影响最大，其次是西亚北非、美国、亚投行其他国家、南亚、东南亚、日本。中国贸易顺差规模会结合贸易便利化而不断扩大，在最为理想的情形4模拟下达到90.456亿美元。尽管自贸区均推动了"一带一路"沿线国家和地区的出口和进口贸易（依据表6.5），但前者幅度显著小于后者，从而导致二者差额的进一步降低。

四 "一带一路"发展战略对社会福利的影响

表6.7显示了"一带一路"沿线国家和地区贸易便利化情形相对

---

①　贸易平衡等于出口总值减去进口总值，其是对一国贸易顺差（或逆差）的一种测度。

于基准情形下的"一带一路"沿线各国家和地区福利水平①变动模拟
结果。

表6.7　　"一带一路"发展战略不同模拟方案下福利水平的变动　　（％）

	情形1		情形2		情形3		情形4	
	居民收入	EV	居民收入	EV	居民收入	EV	居民收入	EV
中国	1.16	0.44	2.62	0.86	3.09	1.00	3.53	1.08
中亚6国	0.14	-0.03	0.26	-0.09	0.13	-0.11	-0.03	-0.14
中东欧16国	-0.21	-0.04	-0.44	-0.04	-0.54	-0.07	-0.66	-0.10
独联体6国	-0.30	-0.03	-0.53	-0.07	-0.71	-0.07	-0.93	-0.09
西亚北非16国	-0.20	-0.04	-0.42	-0.09	-0.60	-0.11	-0.83	-0.16
东南亚11国	0.17	0.07	0.15	0.09	0.06	0.06	-0.10	-0.00
南亚8国	0.23	-0.05	0.26	-0.07	-0.07	-0.13	-0.51	-0.25
亚投行其他创始成员国	-0.02	0.08	-0.15	0.14	-0.14	0.17	-0.12	0.21
美国	-0.19	-0.02	-0.32	-0.04	-0.39	-0.05	-0.47	-0.06
日本	-0.23	-0.05	-0.43	-0.08	-0.54	-0.10	-0.66	-0.13

表6.7显示，以居民收入表示的福利水平的提升效应大于EV表
示的福利水平，其表明中国与"一带一路"沿线国家和地区的贸易
便利化，将影响区域福利水平的提升。其抑制了包含着消费者剩余和
生产者剩余福利水平的提升。这也说明"一带一路"沿线自贸区的
建立需要进行不断的研究以提升国民的福利水平。

五　"一带一路"发展战略对贸易条件的影响

表6.8显示了"一带一路"沿线国家和地区贸易便利化情形相对于

---

① 在GTAP模型中，一国的福利水平有两种表示方法：一是用居民收入的绝对值表
示；二是用希克斯等价变差（equivalent variation，EV）来表示，后者考虑了一国人均总效
用和该国总收入的综合影响。

基准情形下的"一带一路"沿线各国家和地区贸易条件①变动模拟
结果。

表6.8　　"一带一路"发展战略不同模拟方案下贸易条件的变动　　（％）

	情形1	情形2	情形3	情形4
中国	0.70	1.76	2.02	2.27
中亚6国	−0.06	−0.13	−0.17	−0.20
中东欧16国	−0.06	−0.10	−0.15	−0.20
独联体6国	−0.18	−0.33	−0.40	−0.50
西亚北非16国	−0.17	−0.28	−0.36	−0.45
东南亚11国	0.01	0.01	−0.04	−0.12
南亚8国	−0.20	−0.18	−0.42	−0.73
亚投行其他创始成员国	0.01	−0.10	−0.09	−0.06
美国	−0.09	−0.19	−0.21	−0.25
日本	−0.11	−0.22	−0.27	−0.32

模拟结果表明，"一带一路"沿线自贸区将在提升中国贸易条件
的同时对沿线国家和地区的贸易条件有抑制作用。其中，从出口价
格指数和进口价格指数的变化率可以发现，"一带一路"沿线国家
和地区相关价格指数都将有所下调；而中国的出口价格指数的增加
和进口价格指数的降低，促使中国贸易条件得到明显改善。表6.7
和表6.8对比反映了自贸区的建立对沿线国家来说并非总是有百利
而无一害。

―――――――――――

①　贸易条件又称交换比价或贸易比价，即出口价格与进口价格之间的比率（进出口
价格比率），也就是说，一个单位的出口商品可以换回多少单位进口商品。在 GTAP 模型
中，用下述公式表示贸易条件的变化率：

$tot_r = pie_r - pii_r$

其中，tot_r 为 r 国或地区贸易条件的变化率，pie_r 为出口价格指数的变化率，pii_r 为进口
价格指数的变化率。

第四节 "一带一路"发展战略投资效应分析

一 基于投资效应压力测试模型的假设

"一带一路"沿线国家主要以转型经济体和发展中经济体为主，资本的稀缺程度较高，因此它们对外国直接投资的依赖性比较强。"一带一路"旨在通过帮助沿线国家实现其基础设施建设更加完善，在互联互通的基础上形成高标准自由贸易区网络，进一步提升投资贸易便利化水平。纵观中国对外直接投资数据（见"中国对外直接投资现状分析"部分），不难发现，中国已成为资本净流出国，且随着"走出去"战略的不断深化，对外直接投资流量及存量呈现逐年增高的态势。目前，"一带一路"已经进入项目的具体实施阶段，对沿线国家进行直接投资促进其基础设施建设已经成为中国积极推动战略实施、共同建设、互利共赢的有力证明。成立丝路基金、主导亚洲基础设施投资银行都意在建立融资平台为沿线国家基础设施建设提供资金。然而，要实现自由贸易区网络的逐渐形成，资金缺口依然较大，本节试图在上节中国与"一带一路"沿线国家和地区建成自由贸易区的情境下，进行中国对外直接投资压力测试，以探究理想情境下对外直接投资需求量、资金缺口，为对沿线国家进行基础设施投资提供科学依据。

基于本书的压力测试，提出假设：经济增长和进出口贸易总额是影响对外直接投资的重要因素。结合中外学者［Head 和 Ries（2001）、Swenson（2004）、Aizenman 和 Noy（2005）、Kawasaki（2010）、庄丽娟和贺梅英（2005）、吴力波和汤维祺（2010）、姜巍和傅玉玢（2014）、王开和靳玉英（2014）、蔡彤娟（2014）］的研究成果，一方面，对外直接投资会对母国产生经济增长效应、进出口贸易效应；另一方面，经济增长与对外直接投资有着同步性，进出口贸易与对外直接投资存在互补作用。在此假设下，本书选取中国对外直接投资净额作为被解释变量，以 GDP 增长率和进出口总额作为解释变量建立压力测试模型，并对模型参数进行估计，结合前一部分的情境，针对解释变量设定压力情境，并计算在不同情境下中国对外直接投资的需求。

二 投资效应压力测试模型的估计

本书选取世界银行数据库 2003—2014 年中国对外直接投资、GDP 增长率和进出口总额的数据构建压力测试模型，分别记为 OFDI、RatGDP 和 IMEX。对模型进行多元线性回归分析，估计其参数，结果均在 10% 置信区间内显著，其计算结果如下：

$$\ln OFDI = -5.513 + 0.079 \times RatGDP + 1.173 \times \ln IMEX \quad (6-9)$$
$$(-2.135) \qquad\qquad (2.085) \qquad\qquad (5.217)$$
$$R^2 = 84.65\%, \ D.W. = 1.392$$

三 投资效应压力测试情境设置及结论

本书选择情境分析作为执行压力测试的方法。针对模型选取的解释变量，结合上节实证分析情境，我们设定 4 个压力情境。

情境一：因"一带一路"战略力图解决投资贸易便利化问题，消除投资和贸易壁垒，积极同沿线国家和地区共同商建自由贸易区，假设 2020 年，中国与"一带一路"沿线国家和地区对贸易倾向行业进口关税分别下降 50%，对贸易非倾向行业进口关税分别下降 33.3%。通过上节实证分析结论得到，在此种情境下，2020 年，中国 GDP 增长率较 IMF 预测值增加 0.17%，出口额和进口额分别增长 3.04% 和 4.59%，达到 28070.09 亿美元和 27922.49 亿美元。

情境二：假设 2020 年，中国与"一带一路"沿线国家和地区对贸易倾向行业进口关税分别下降 100%，对贸易非倾向行业进口关税分别下降 33.3%。通过上节实证分析结论得到，在此种情境下，2020 年，中国 GDP 增长率较 IMF 预测值增加 0.20%，出口额和进口额分别增长 6.15% 和 8.58%，达到 35608.78 亿美元和 37673.11 亿美元。

情境三：假设 2020 年，中国与"一带一路"沿线国家和地区对贸易倾向行业进口关税分别下降 100%，对贸易非倾向行业进口关税分别下降 66.7%。通过上节实证分析结论得到，在此种情境下，

2020 年，中国 GDP 增长率较 IMF 预测值增加 0.25%，出口额和进口额分别增长 7.63% 和 11.07%，达到 39779.91 亿美元和 45165.52 亿美元。

情境四：假设 2020 年，中国与"一带一路"沿线国家和地区对贸易倾向行业进口关税分别下降 100%，对贸易非倾向行业进口关税分别下降 100%。通过上节实证分析结论得到，在此种情境下，2020 年，中国 GDP 增长率较 IMF 预测值增加 0.24%，出口额和进口额分别增长 9.55% 和 14.42%，达到 45824.33 亿美元和 57285.98 亿美元。

结合国际货币基金组织（IMF）World Economic Outlook Database，April 2015 数据库截至 2020 年的预测数据，我们推导得出 2020 年相对于 2013 年的 GDP 增长率，再通过上节实证分析不同情境下的 GDP 增长率、进出口总额的测算值，得出压力模型的解释变量值，代入公式（6-9）中，计算得到在不同压力情境下中国对外直接投资的估计值，详细数据如表 6.9 所示。

表6.9　"一带一路"发展战略不同模拟方案下对外直接投资需求

压力测试情境	GDP 增长率	进出口总额	lnOFDI	OFDI
情境一	70.75%	55992.58	7.3672	1583.308
情境二	70.77%	73281.89	7.6829	2170.982
情境三	70.80%	84945.43	7.8562	2581.706
情境四	70.79%	103110.31	8.0835	3240.600

资料来源：GDP 增长率来源于（IMF）World Economic Outlook Database，April 2015 数据库截至 2020 年的预测数据和上节实证分析测算结果得出，进出口总额来源于不同压力情境下的预测值，单位为亿美元。

如表 6.9 所示，在构建与"一带一路"沿线国家和地区自由贸易区不同压力情境下，"一带一路"沿线国家和地区对于中国直接投资的需求巨大，在最理想状况下高达 3260.6 亿美元。参照现有投资规模可以想象，支持沿线国家基础设施建设，提升投资贸易便利化水平,构建自由贸易区网络,中国要提供的投资资金缺口依然很大。同时,侧面证明了"一带一路"发展战略对中国对外直接投资具有促进作用,其投资效应明显。

第五节　本章小结

投资贸易合作是"一带一路"发展战略的重点内容,宜着力研究解决投资贸易便利化问题,消除投资和贸易壁垒,积极同沿线国家和地区共同商建自由贸易区。然而,"一带一路"发展战略的贸易与投资效应的前瞻性研究目前在学界还是空白。

本节首先运用一般均衡(CGE)模型构建社会核算矩阵,在此基础上使用 Gtap 数据库,在 RunGtap 中模拟不同的"一带一路"发展战略情境进行前瞻性分析,其结果如下。

其一,"一带一路"发展战略对参与"一带一路"沿线国家和地区的 GDP 增长率、进出口总额、社会福利均将起不同程度的促进作用。其中,中国出口贸易将随"一带一路"发展战略而显著提高,"一带一路"发展战略的出口贸易促进效应明显,中国贸易顺差会出现进一步扩大的现象。

其二,"一带一路"发展战略中沿线国家和地区的资本需求较高,中国对外直接投资现状相对于压力测试情境还存在一定的资金缺口,证实了"一带一路"发展战略对中国对外直接投资具有促进作用。亚投行以及丝路基金的建立即为对"一带一路"沿线国家和地区进行基础设施投资、促进对外直接投资便利化的证明。

综上所述,"一带一路"发展战略重点解决投资贸易便利化问题,具有显著的贸易和投资促进效应。通过前瞻性分析,中国在"一带一路"沿线以及辐射的各国家和地区中的外贸总值和对外直接投资均会呈现高速增长态势。在此框架下,研究对外直接投资对出口技术复杂度的影响具有扎实的科学依据和迫切的现实意义。

其一,对外直接投资作为一种更加主动、积极的国际分工或经贸合作方式,其已成为中国企业"走出去"战略的首要策略。中国企业通过对外直接投资与"一带一路"沿线国家和地区开展合作，通过建立加工厂房、建立研发中心、提供中间产品、建设基础设施等方式，达到开拓市场、获取技术、消化过剩产能、实现资本回报等的目的。不断增长的中国在"一带一路"沿线国家和地区的对外直接投资流量（见第三章第三节）即为明证。

其二，中国出口贸易增速明显放缓，受外部需求萎缩影响程度有愈演愈烈之状，在增速不断下滑的情境下，历史提供了对其技术结构、技术水平的优化的绝佳时期和机遇。然而，对提升出口技术复杂度的方式众说纷纭，其中以显著作用的对外直接投资最为积极。

从逻辑层面看，在"一带一路"发展战略获得显著的贸易和投资效应后，应该进行"一带一路"发展战略视角下，对外直接投资对出口技术复杂度影响的实证检验，以证实在"一带一路"发展战略下，对外直接投资对出口技术复杂度提升的积极作用。结合大量学者的经验研究，其在实证检验的基础上往往忽视了中国对外直接投资对相应东道国出口技术复杂度影响的相关研究，幸运的是，联合国贸易数据库中提供了中国对各国家和地区各货物贸易产品出口的数据，本书可以进行中国对外直接投资对相应东道国货物贸易出口技术复杂度影响的相关研究（由于中国对各国家和地区服务贸易出口数据的不可获得性，遗憾未能进行相关实证研究）。因此，接下来的两章，本书安排如下：第七章为"一带一路"视角下对外直接投资对出口技术复杂度的影响研究。以"一带一路"沿线国家和地区对外直接投资、出口技术复杂度的数据为样本，结合跨国动态面板数据模型，实证检验"一带一路"战略视角下对外直接投资对出口技术复杂度的影响；第八章为中国在"一带一路"沿线国家和地区对外直接投资对出口技术复杂度的影响的研究。以中国在"一带一路"沿线各国家和地区的对外直接投资、出口技术复杂度的数据为样本，结合跨国动态面板数据模型，实证检验中国参与"一带一路"发展战略视角下，对各国家和地区的对外直接投资对相应国家和地区的出口技术复杂度的影响。

第七章 "一带一路"视角下对外直接投资对出口贸易转型升级的影响

近年来，关于对外直接投资与出口贸易之间的关系的相关研究越来越频繁，如 Bishwanath 和 Etsuro（1999）、周靖祥和曹勤（2007）、周学仁（2012）、陈愉瑜（2012）、张春萍（2012）、孙亚轩（2013）、张海波（2014）、陈俊聪和黄繁华（2014）等均从不同角度分析了中国对外直接投资对外贸的影响以及作用。纵观大量学者的经验研究，其分析方法主要呈现以下几个特点。

其一，研究工具。张春萍（2012）、张海波（2014）以及陈俊聪和黄繁华（2014）均采用面板数据进行中国对外直接投资对出口贸易影响的测度，陈愉瑜（2012）运用最小二乘法的滞后项回归估计研究中国对外直接投资的贸易技术结构效应。此外，还有李文蕊（2012）的向量回归（VAR）模型、胡昭玲和宋平（2012）的动态VAR模型和面板格兰杰因果检验方法、唐礼智和章志华（2015）的空间计量分析等。虽然作为辅助工具的研究模型能够给予显著的分析结果，但是其结果存在高度依赖指标选择、数据时效性的特点，甚至对外直接投资滞后阶数处理的不同也会造成实证结果的差异。因此，在进行定量分析之前，对模型指标的宏观把控显得至关重要，其主要体现在对外直接投资对出口技术复杂度影响的机制机理和滞后影响程度等方面。

其二，实证样本。在实证分析中，国家和地区的样本选择一般选择覆盖中国与发达国家、G20 国家以及中国同美国、欧盟、日本等国家和地区，普遍存在国家和地区样本体量小或过于分散等特点。因此，本书尝试在"一带一路"倡议的次区域合作视角下，将国家根据地理位置、资源禀赋以及合作机制的差异进行划分①，逐一进行深层次实证分析。

其三，各样本中变量之间的关系。在经济全球化的今天，世界经济环境错综复杂，影响各国家和地区经济的因素出现了多重化、多元化的特点，主要体现在国内经济变量依赖国外经济变量的当期或滞后值、各国家和地区变量受全球外生变量的影响（如大宗商品价格）、各国家和地区所受到的某一国家和地区当期冲击的影响。因此，在对对外直接投资与出口技术复杂度的作用进行实证分析之前，对两者在全球视野下的外部影响以及程度的把握也是不容忽视的。

综上所述，本章在采用一般均衡（CGE）模型前瞻性分析"一带一路"发展战略的贸易与投资效应的基础上，进行"一带一路"视角下对外直接投资对出口技术复杂度的影响的研究。理论逻辑表明，只有在证实"一带一路"发展战略具有贸易和投资效应的基础上，才能着手进行"一带一路"视角下对外直接投资对出口技术复杂度的实证检验。因此，进行"一带一路"发展战略的贸易与投资效应分析具有极强的理论意义和现实意义。本章运用跨国动态面板数据模型的静态 OLS 估计和动态 GMM 估计方法实证检验"一带一路"样本下对外直接投资对出口技术复杂度的影响。跨国动态面板数据模型实证检验的结论是对前瞻性分析"一带一路"发展战略贸易与投资效应的科学渐进及升华。

基于前文中对对外直接投资对出口技术复杂度内在作用的理论的分析，本章尝试基于本书系统性采用的中国、"一带一路"战略沿途国家 64 个、亚投行其他创始成员国 21 个、世界其他发达经济体 2 个共计 88 个国家在 2003—2014 年的相关面板数据进行实证检验，考察各国家和地区的对外直接投资对其出口技术复杂度的影响。分别采用静态面板数据模型的 OLS 估计法和动态面板数据模型的 GMM 系统估

---

① 详情见第三章第一节。

计法进行实证检验。

大量学者基于面板数据，运用多个国家的相关数据进行二者关系的经验分析，然而本书旨在剖析中国对外直接投资与出口技术复杂度指标的影响关系，即实证分析中国对外直接投资对出口贸易转型升级的影响。与经验研究有所不同，本章样本的选取反映出研究的意义，样本建立在"一带一路"发展战略框架下，运用相关 88 个国家和地区的数据实证研究"一带一路"发展战略视角下对外直接投资对出口技术复杂度的影响。

第一节　计量模型和变量设置

张海波（2014）运用面板数据分析了对外直接投资对母国出口贸易产品技术含量的影响，此外，郭晶（2010）、李磊等（2012）分别在计算测度出口产品技术含量的基础上，运用面板数据进行对外直接投资、地区专业化对出口技术复杂度影响的实证分析。类似研究还有项本武（2009）、张春萍（2012）等。参照 Di Mauro（2000）、蒋冠宏和蒋殿春（2012）以及戴翔（2011）的模型形式，本书在此设置静态面板数据模型如下：

$$\ln SETSI_i(t) = \alpha_0 + \alpha_1 \ln OFDI_i(t) + \alpha_2 \sum \ln X_i(t) + \lambda_i + \varphi_t + \varepsilon_i(t)$$

$$(7-1)$$

$$\ln METSI_i(t) = \alpha_0 + \alpha_1 \ln OFDI_i(t) + \alpha_2 \sum \ln X_i(t) + \lambda_i + \varphi_t + \varepsilon_i(t)$$

$$(7-2)$$

其中，$i \in \Omega$，$\Omega = \{CHN, \cdots, USA, JAP\}$。

$SETSI_i(t)$：t 时刻 i 国家和地区的服务贸易出口技术复杂度；

$METSI_i(t)$：t 时刻 i 国家和地区的货物贸易出口技术复杂度，模型把这两个反映一国出口技术结构和技术水平的指标视作被解释变量分别进行实证检验；

$OFDI_i(t)$：t 时刻 i 国家和地区的对外直接投资存量；

$X_i(t)$：观察变量，主要包括 t 时刻 i 国家和地区服务或货物贸易出口总值、全要素生产率以及 t 时刻全球外生变量等指标；

λ_i：个体效应；

φ_t：时间效应；

$\varepsilon_i(t)$：模型随机误差项。

为进一步分析对外直接投资对出口技术复杂度的动态影响，同时有效解决变量的内生性造成的偏差，本书在面板数据的解释项中引入被解释变量的滞后项，构建的动态面板数据模型如下：

$$\ln SETSI_i(t) = \alpha_0 + \alpha_1 \ln SETSI_i(t-1) + \alpha_2 \ln OFDI_i(t) +$$

$$\alpha_3 \sum \ln X_i(t) + \lambda_i + \varphi_t + \varepsilon_i(t) \tag{7-3}$$

$$\ln METSI_i(t) = \alpha_0 + \alpha_1 \ln METSI_i(t-1) + \alpha_2 \ln OFDI_i(t) +$$

$$\alpha_3 \sum \ln X_i(t) + \lambda_i + \varphi_t + \varepsilon_i(t) \tag{7-4}$$

其中，$SETSI_i(t-1)$ 和 $METSI_i(t-1)$ 分别为 i 国家和地区服务贸易和货物贸易出口技术复杂度的一阶滞后项。其他解释变量以及被解释变量均与静态面板数据模型中的一致。

第二节　变量选取与数据说明

服务贸易出口技术复杂度，$SETSI$。在上述计量模型公式（7-1）和（7-3）中，将各国家和地区服务贸易出口技术复杂度作为被解释变量，从而反映一国服务贸易整体的技术结构和技术水平。更进一步说，服务贸易出口技术复杂度反映一国服务贸易中出口产品技术含量的分布，该指标的提升显示了该国服务贸易出口产品技术含量的增长，产品更具竞争优势。各国家和地区服务贸易出口技术复杂度数据依据第四章第三节中"服务贸易出口技术复杂度分析"所得，基础数据来源于联合国贸易和发展会议统计数据库。

货物贸易出口技术复杂度，$METSI$。在上述计量模型公式（7-2）和（7-4）中，将各国家和地区货物贸易出口技术复杂度作为被解释变量，从而反映一国货物贸易整体的技术结构和技术水平。更进一步地说，货物贸易出口技术复杂度反映一国货物贸易中出口产品技术含量的分布，该指标的提升显示了该国货物贸易出口产品技术含量的增长，产品更具竞争优势。各国家和地区货物贸易出口技术复杂度数据依据第五章第三节中"货物贸易出口技术复杂度分析"所得，基础数据来源于联合国贸易数据库。

对外直接投资变量，$OFDI$。本书重点考察中国对外直接投资对出口技术复杂度的影响，通常，对外直接投资存量反映积累效果而流量反映当期的瞬时效应。然而，采用 OFDI 存量进行计量估计，将有效解决贸易与投资之间出现多重共线性的问题，此外还可以体现 OFDI 的滞后效应等优点（Magalhaes，2007）。因此本书运用对外直接投资存量反映"一带一路"沿线国家和地区对外直接投资水平。基础数据来源于联合国贸易和发展会议统计数据库。

服务贸易出口总值，EXS。结合第三章第三节中的理论基础，服务贸易出口总值的变化能否影响其出口技术复杂度也是本书关注的内容。因此本书把沿线国家和地区服务贸易出口总值作为解释变量之一加以分析。数据来源于联合国贸易和发展会议统计数据库。

货物贸易出口总值，EXM。货物贸易出口总值的变化能否影响其出口技术复杂度也是本书关注的内容。因此本书把沿线国家和地区货物贸易出口总值作为解释变量之一加以分析。数据来源于联合国贸易数据库。

全要素生产率，$perGDP$。技术是生产率的参照指标，因此全要素生产率可以用来指代一国的技术要素丰裕程度。然而，因为全要素生产率统计的复杂性和不可得性，这一指标往往被一国劳动生产率所替代，在忽略人口结构差异假设下用该国人均 GDP 表示（樊纲等，2006）。数据来源于世界银行 WDI 数据库 2005 年不变价的人均 GDP。

全球外生变量，OIL。Leder 和 Shapiro（2008）研究认为，国际油价的波动会通过影响一国国际贸易收支而对进出口贸易造成冲击，周小琳和王浩明（2014）的实证研究也证实了这一观点对中国的实用性。此外，刘健（2013）基于全球网络的构建，侧面强调了国际原油价格对中国外贸的重要性。因此，在全球外生变量的选择方面，本书把原油价格作为模型中的解释变量之一。原因有两点：其一为对外直接投资对出口技术复杂度的影响是建立在全球外生的背景环境下的，全球外生变量的波动可能对其造成影响；其二，原油价格波动造成的运输成本、国际收支等变化也是国际贸易中不容忽视的问题，特别是近年来，国际原油价格的波动是影响国际收支平衡、资本异常流动的原因之一，甚至其剧烈波动已经影响了世界经济发展的格局。国际油价数据来自 IMF 英国北海布伦特原油价格年平均值。

在此值得强调的是，如 Tinbergen（1962）、Anderson（1979）、蒋殿春和张庆昌（2011）、贺书锋（2013）等在涉及国际贸易区域问题中广泛运用引力模型，把地理位置关系作为模型的解释变量之一加以分析。诚然，把地理位置视作解释变量在理论上具有科学性，然而本书未运用引力模型的原因有以下几点：其一，在本书样本中，亚投行其他创始成员国分布广泛，贸易地理中心无法确定，如通过计算各国家距离平均值有失偏颇；其二，在经济全球化的今天，贸易距离不再单纯以两国之间的物理距离计算，货物贸易通过海运、铁路、公路、航空等多途径展开，因此把物理距离作为解释变量不能准确反映两国贸易的特点；其三，本书重点分析"一带一路"框架下的经贸问题，随着互联互通、通航通路行之有效的开展，中国与各区域间贸易运输的便利程度日新月异[①]（龚静和尹忠明，2016），如本书运用引力模型难免存在失真之感。

第三节　实证分析

基于本书系统性采用的中国、"一带一路"战略沿途国家 64 个、亚投行其他创始成员国 21 个、世界其他发达经济体 2 个共计 88 个国家在 2003—2014 年的相关面板数据进行实证检验，考察样本国家和地区的对外直接投资对出口技术复杂度的影响。分别采用静态面板数据模型的 OLS 估计法和动态面板数据模型的 GMM 系统估计法进行实证检验。

---

① 义新欧铁路的建设，使得中国与西班牙贸易运输时间缩短至 21 天。

为避免面板数据分析"伪回归"的结果，在此，对面板数据进行单位根检验，结果如表 7.1 所示。检验结果表明，面板数据单位根检验均是同阶平稳的，可以进行下一步的分析。

表 7.1　　　　　　　　面板数据的单位根检验结果表

检验方法	统计量	p 值	结论
Levin, Lin & Chu t	−10.5685	0.0000	平稳
Im, Pesaran and Shin W-stat	−5.18805	0.0000	平稳
ADF-Fisher Chi-square	173.955	0.0000	平稳
PP-Fisher Chi-square	356.980	0.0000	平稳

为确定面板数据间协整关系的存在，在此进行面板数据的协整检验。协整结果表明，面板数据在 1% 显著性水平下拒绝"有 0 个协整关系"的假设，面板数据存在协整关系。

首先分别对面板数据模型（7 - 1）和模型（7 - 2）进行静态 OLS 分析，需要强调的是，模型（7 - 1）和模型（7 - 2）旨在进行对外直接投资对服务（货物）贸易出口技术复杂度影响的静态 OLS 分析，观察变量 $X_i(t)$ 分别选取的是全要素生产率、服务（货物）贸易出口总值、全球外生变量。模型的因变量为服务（货物）贸易出口技术复杂度，自变量估计顺序依次为：model（1）只含有对外直接投资变量，model（2）、model（3）、model（4）分别加入观察变量，而 model（5）因变量为对外直接投资变量以及加入全部观察变量的情况。估计结果分别如表 7.2 和表 7.3 所示。

表 7.2　　　　　　　模型（7-1）的静态 OLS 估计结果

变量	model（1）	model（2）	model（3）	model（4）	model（5）
c	11.655 *** (218.83)	11.191 *** (18.92)	11.368 *** (105.95)	11.485 *** (154.35)	11.195 *** (50.73)
lnOFDI	0.029 *** (4.29)	0.022 ** (2.03)	0.002 * (1.16)	0.013 * (1.74)	0.006 (0.64)

续表

变量	model（1）	model（2）	model（3）	model（4）	model（5）
lnperGDP		0.057 （0.78）			0.038 （1.26）
lnEXS			0.069 *** （2.67）		0.002 （0.09）
lnOIL				0.070 *** （3.67）	0.073 *** （3.24）
调整后的 R^2	0.699	0.698	0.744	0.732	0.732
D. W.	1.14	1.13	1.16	1.24	1.25
Hausmann	（0.80）	（0.61）	（0.0032）①	（1.00）	（1.00）

注：括号内为回归系数的 t 统计值；*、**、*** 分别表示在置信区间 10%、5% 和 1% 下的显著性水平。W 为 Wald 检验，如果值大于 10，则说明整体系数显著。（）中的数值为 t 检验值，Hausman（）中的数值为 Hausman 随机效应检验 p 值。

表 7.3 　　　　　模型（7-2）的静态 OLS 估计结果

变量	model（1）	model（2）	model（3）	model（4）	model（5）
c	11.270 *** （344.02）	10.441 *** （199.44）	10.879 *** （58.88）	11.268 *** （86.57）	10.736 *** （25.59）
lnOFDI	0.010 *** （2.47）	0.01 *** （5.76）	0.021 ** （2.46）	0.003 （0.57）	0.023 *** （2.65）
lnperGDP		0.110 *** （15.08）			0.003 （0.06）
lnEXM			0.072 *** （3.40）		0.101 ** （2.38）
lnOIL				-0.026 * （-1.71）	-0.026 （-1.07）
调整后的 R^2	0.973	0.988	0.984	0.983	0.984
D. W.	0.98	2.02	1.14	1.07	1.15
Hausmann	（0.048）②	（0.038）③	（0.21）	（1.00）	（1.00）

注：括号内为回归系数的 t 统计值；*、**、*** 分别表示在置信区间 10%、5% 和 1% 下的显著性水平。W 为 Wald 检验，如果值大于 10，则说明整体系数显著。（）中的数值为 t 检验值，Hausman（）中的数值为 Hausman 随机效应检验 p 值。

---

① Hausman 随机效应检验 p 值小于 0.05，拒绝原假设，此处建立固定效应模型。
② 同上。
③ 同上。

　　表 7.2 为"一带一路"视角下对外直接投资对服务贸易出口技术复杂度的静态 OLS 估计结果。实证结果表明，一国对外直接投资能够显著提升其服务贸易出口技术复杂度水平。如 model（1）的实证结果所示，在只把对外直接投资视为解释变量的情境下，对外直接投资在 1% 显著性水平下提升对相应东道国出口技术复杂度 0.029 个百分点，该结果印证了对外直接投资促进了出口贸易技术结构的改善，提升了出口贸易产品的技术水平。接下来引入其他解释变量，在 model（2）、model（3）、model（4）中分别引入全要素生产率、货物贸易出口总值以及全球外生变量。model（2）中的人均 GDP 的估计系数为正值（0.057），反映出以人均 GDP 为指标的全要素生产率与服务贸易出口技术复杂度之间正向的协整关系。model（3）在置信区间1% 下拒绝了 Hausman 随机效应假设，因此对其进行固定效应估计，经对比，其结果在个体效应加权方法下最为显著。对外直接投资与服务贸易出口总值的系数分别为 0.002 和 0.069，分别在 5% 和 1% 水平下显著。值得注意的是，服务贸易出口总值的增长大幅提升了服务贸易出口技术复杂度水平（0.069 个百分点），两两之间的正向协整关系证实了对外直接投资在优化出口贸易技术结构的同时具有贸易创造效应，显著提升了贸易出口总值。根据 model（4）的实证结果，国际原油价格的上升显著提升了服务贸易出口技术复杂度水平（0.070），这可能是由于在国际贸易方式中，货物贸易成本受国际原油价格影响更为剧烈，国际油价的增长会在抑制货物贸易的同时促进更具成本优势的服务贸易的出口。最后，model（5）的建立包含了所有观察变量，在这种实证情境下，对外直接投资对服务贸易出口技术复杂度的影响较为微弱（系数为 0.006），但其系数为正的实证结果也反映出对外直接投资对提升服务贸易出口技术复杂度的积极作用。

　　表 7.3 为"一带一路"视角下对外直接投资对货物贸易出口技术复杂度的静态 OLS 估计结果。实证结果表明，对外直接投资能够显著提升货物贸易出口技术复杂度水平。如 model（1）在显著性水平 5%下拒绝了 Hausman 随机效应假设，因此对其进行固定效应估计，经对比，其结果在个体效应加权方法下最为显著。实证结果显示，在只设

置各国家和地区对外直接投资为解释变量的情境下，对外直接投资在1%显著性水平下提升货物贸易出口技术复杂度0.010个百分点，该结果印证了对外直接投资促进了中国出口贸易技术结构的改善，提升了出口贸易产品的技术水平。此外，与服务贸易出口技术复杂度系数相对比（0.010 vs 0.029），反映出对外直接投资对服务贸易出口技术复杂度的优化作用更为明显。接下来引入其他解释变量，在 model（2）、model（3）、model（4）中分别引入全要素生产率、货物贸易出口总值以及全球外生变量。model（2）在显著性水平5%下拒绝了Hausman 随机效应假设，因此对其进行固定效应估计，经对比，其结果在个体效应 SUR 加权方法下最为显著。实证结果与第五章第三节中图5.5货物贸易出口技术复杂度与全要素生产率结论相呼应，人均GDP 的估计系数为正值（0.110）且在1%水平下显著，反映出以人均 GDP 为代表的全要素生产率与货物贸易出口技术复杂度之间正向的协整关系。model（3）中对外直接投资与货物贸易出口总值的系数分别为0.021和0.072，分别在5%和1%水平下显著。值得注意的是，货物贸易出口总值的增长大幅提升了货物贸易出口技术复杂度水平（0.072个百分点），两者之间的正向协整关系证实了对外直接投资在优化出口贸易技术结构的同时具有贸易创造效应，显著提升贸易出口总值。根据 model（4）的实证结果，国际原油价格的上升显著降低了货物贸易出口技术复杂度水平（系数为 -0.026且在10%水平下显著）。诚然，原油价格是通过货物贸易运输成本的调整而影响贸易水平的，国际原油价格的上涨可能抑制一国货物贸易的出口，而根据 model（3）中的结论（货物贸易出口总值的增长大幅提升了货物贸易出口技术复杂度水平），整体货物贸易出口的抑制作用会降低其出口技术复杂度水平。最后，model（5）的建立包含了所有观察变量，在这种实证情境下，对外直接投资对货物贸易出口技术复杂度的影响最强（系数为0.023且在1%水平下显著），其系数为正的实证结果同样反映出对外直接投资对提升货物贸易出口技术结构和技术水平的积极作用。

接下来，对动态面板数据模型（7-3）和模型（7-4）进行动态 GMM 分析，估计结果分别如表 7.4 和表 7.5 所示。

表 7.4　　　　　　　模型（7-3）的动态 GMM 估计结果

变量	model（1）	model（2）	model（3）	model（4）	model（5）
$lnSETSI$（$t-1$）	0.396***（21.27）	0.145（1.47）	0.289***（5.99）	0.377***（20.09）	0.360（1.52）
$lnOFDI$	0.010***（4.68）	0.064***（17.56）	0.022***（4.17）	0.007**（2.57）	0.058*（1.69）
$lnperGDP$		0.702***（8.08）			0.405（0.47）
$lnEXS$			0.093***（6.91）		0.054（0.14）
$lnOIL$				0.012***（3.71）	-0.055（-0.42）
AR（2）	0.638	0.715	0.896	0.755	0.740
sargan 检验 p 值	0.266	0.309	0.336	0.317	0.118

注：括号内为回归系数的 t 统计值；*、**、*** 分别表示在置信区间 10%、5% 和 1% 下的显著性水平。sargan 检验原假设为"模型过度约束正确"，若检验结果 p 值大于 0.1，说明原假设被接受，即说明模型设定正确。

表 7.5　　　　　　　模型（7-4）的动态 GMM 估计结果

变量	model（1）	model（2）	model（3）	model（4）	model（5）
$lnMETSI$（$t-1$）	0.276***（5.01）	0.277***（12.69）	0.264***（10.54）	0.276***（5.26）	0.225***（3.24）
$lnOFDI$	0.008*（1.86）	0.016***（4.36）	-0.018***（-4.40）	0.008**（2.05）	0.022***（7.36）
$lnperGDP$		0.187***（5.16）			0.014（0.06）
$lnEXM$			0.068***（7.22）		0.075（0.98）
$lnOIL$				-0.007（-0.21）	-0.011**（-1.39）
AR（2）	0.652	0.623	0.865	0.841	0.785
sargan 检验 p 值	0.342	0.215	0.007	0.263	0.296

注：括号内为回归系数的 t 统计值；*、**、*** 分别表示在置信区间 10%、5% 和 1% 下的显著性水平。sargan 检验原假设为"模型过度约束正确"，若检验结果 p 值大于 0.1，说明原假设被接受，即说明模型设定正确。

表7.4为"一带一路"视角下对外直接投资对服务贸易出口技术复杂度的动态 GMM 估计结果。各模型中，服务贸易出口技术复杂度的一阶滞后项均为正值（0.396、0.145、0.289、0.377、0.360），反映出一国服务贸易出口技术复杂度的提升是一个不断累积其比较优势过程的客观事实。各模型中，对外直接投资变量估计系数均为正且都在10%水平下显著，表明对外直接投资能够显著提升服务贸易出口技术复杂度。如 model（1）实证结果所示，在只设置对外直接投资为解释变量的情境下，对外直接投资在1%显著性水平下提升服务贸易出口技术复杂度0.010个百分点，该结果印证了对外直接投资促进了出口贸易技术结构的改善，提升了出口贸易产品的技术水平。接下来引入其他解释变量，在 model（2）、model（3）、model（4）中分别引入全要素生产率、货物贸易出口总值以及全球外生变量。model（2）中人均 GDP 的系数为0.702且在1%水平下显著，反映出以人均 GDP 为指标的全要素生产率与服务贸易出口技术复杂度之间正向的协整关系。model（3）中，对外直接投资与服务贸易出口总值的系数分别为0.022和0.093，均在1%水平下显著，值得注意的是，服务贸易出口总值的增长大幅提升了服务贸易出口技术复杂度水平（0.093个百分点），两者之间的正向协整关系证实了对外直接投资在优化出口贸易技术结构的同时具有贸易创造效应，显著提升了货物贸易出口总值。根据 model（4）的实证结果，国际原油价格的上升提升了服务贸易出口技术复杂度水平，与静态 OLS 估计方法的结论相似。最后，model（5）的建立包含了所有解释变量，在这种实证情境下，对外直接投资对服务贸易出口技术复杂度的影响系数为0.058且在10%水平下显著，其系数为正的实证结果同样反映出对外直接投资可以提升服务贸易出口技术复杂度的积极作用。与 model（4）中的结论不同，在 model（5）中，国际原油价格的估计系数为负但不显著，可见，国际原油价格对服务贸易的作用程度比货物贸易敏感和剧烈。

表7.5为"一带一路"视角下对外直接投资对货物贸易出口技术复杂度的动态 GMM 估计结果。各模型中货物贸易出口技术复杂度的

一阶滞后项均为正值（0.276、0.277、0.264、0.276、0.225 且均在 1% 水平下显著），反映出一国货物贸易出口技术复杂度的提升是一个不断累积其比较优势过程的客观事实。各模型中对外直接投资变量估计系数均为正且都在 10% 水平下显著，表明对外直接投资能够显著提升货物贸易出口技术复杂度。如 model（1）实证结果所示，在只设置各国家和地区对外直接投资为解释变量的情境下，对外直接投资在 10% 置信区间提升服务贸易出口总值 0.008 个百分点，该结果印证了对外直接投资促进了出口贸易技术结构的改善，提升了出口贸易产品的技术水平。此外，与服务贸易出口技术复杂度系数对比（0.010 vs 0.008），反映出对外直接投资对服务贸易出口技术复杂度的优化作用更为显著。接下来引入其他解释变量，在 model（2）、model（3）、model（4）中分别引入全要素生产率、货物贸易出口总值以及全球外生变量。model（3）中对外直接投资与货物出口总值的系数分别为 −0.018 和 0.068，均在 1% 水平下显著。值得注意的是，模型拒绝了 sargan 检验原假设（模型过度约束正确），即模型不被接受，因此其估计结果不应被考虑。根据 model（4）的实证结果，国际原油价格的上升降低了货物贸易出口技术复杂度水平。诚然，原油价格是通过货物贸易运输成本的调整而影响贸易出口水平的，其价格的上升将对货物贸易的出口起到抑制作用，因此也抑制货物贸易出口技术复杂度的提升。最后，model（5）的建立包含了所有解释变量，在这种实证情境下，对外直接投资对货物贸易出口技术复杂度的影响最为明显（估计系数为 0.022 且在 1% 水平下显著），货物贸易出口总值估计系数虽为正（0.075），但其不具有显著性，因此在动态面板数据实证视角下，本书没有找到货物贸易出口总值促进货物贸易出口技术复杂度的证据。然而，动态面板数据实证视角清晰反映出对外直接投资对提升货物贸易出口技术结构和技术水平的积极作用。

第四节　实证结论

综上所述，结合静态模型的 Hausman 检验和动态模型的 Sargan 检验，各模型均具有较好的准确性，且拟合效果较好。结合面板数据静态 OLS 和动态 GMM 估计结果，本书得出以下结论。

其一，"一带一路"视角下对外直接投资对出口技术复杂度的提升起到积极的促进作用。从各模型的实证结果可知，无论是对货物贸易出口技术复杂度还是对服务贸易出口技术复杂度，对外直接投资均对其提升起到显著的促进作用。全要素生产率与出口技术复杂度之间的协同效应（估计系数均为正值）显示出人均生产水平的提高对出口技术复杂度的提升也会起到较为积极的作用。同时，印证了出口技术复杂度分析方法的理论基础。

其二，"一带一路"视角下对外直接投资对出口贸易起到促进作用，具有显著的贸易创造效应。在静态模型中，对外直接投资与出口技术复杂度之间的正向协同关系（0.029 和 0.010）和贸易出口总值与出口技术复杂度之间存在的正向协同关系（0.069 和 0.072），两两正向的协同关系证明对外直接投资与出口总值之间同样具有正向的协同关系；在动态模型中，对外直接投资每增长 1%，服务贸易和货物贸易出口技术复杂度分别增长 0.010% 和 0.008%，两者协同作用均在 1% 水平下显著，服务贸易出口总值与其出口技术复杂度之间的关系系数为 0.093。静态模型和动态模型的实证结果均表明，对外直接投资对货物贸易出口和服务贸易出口均起到促进作用，并且拟合结果均在 1% 或 5% 水平下显著，这证实对外直接投资具有显著的贸易创造效应。

其三，"一带一路"视角下对外直接投资对出口技术结构的优化起到促进作用，具有显著的贸易技术结构效应。在静态模型中，对外直接投资与服务贸易出口技术复杂度、货物贸易出口技术复杂度之间均存在正相关性，对外直接投资增加 1 个单位百分点，服务贸易出口技术复杂度和货物贸易出口技术复杂度分别增长 0.029 个百分点和 0.010 个百分点；在动态模型中，对外直接投资与服务贸易出口技术复杂度、货物贸易出口技术复杂度之间同样存在正相关性，对外直接投资增加 1 个单位百分点，服务贸易出口技术复杂度和货物贸易出口技术复杂度分别增长 0.010 个百分点和 0.008 个百分点；静态模型和动态模型的实证结果均表明，对外直接投资对出口贸易技术结构的优化起到促进作用，并且拟合结果均在 1% 或 5% 水平下显著。就出口技术水平而言，实证结果中对外直接投资显著提升出口技术复杂度意味着出口技术水平的整体提高；就技术结构而言，实证结果中服务贸易出口技术复杂度的估计系数整体大于货物贸易出口技术复杂度的估计系数，因此对外直接投资对于提升服务贸易的作用效果强于货物贸易，这对于整体贸易技术结构向服务贸易侧重从而优化贸易技术结构起到了促进作用。

第五节　本章小结

本章采用中国、"一带一路"战略沿途国家 64 个、亚投行其他创始成员国 21 个、世界其他发达经济体 2 个共计 88 个国家在 2003—2014 年的相关面板数据进行实证检验，考察"一带一路"视角下对外直接投资对出口技术复杂度的影响。其中，以服务贸易出口技术复杂度和货物贸易出口技术复杂度分别作为被解释变量进行模型设置，而后，结合静态面板数据模型的 OLS 估计法和动态面板数据模型的 GMM 系统估计法进行实证检验分析。

实证结果表明，"一带一路"视角下对外直接投资对出口技术复杂度的提升起到积极的促进作用，其中，对外直接投资的扩大对服务贸易出口技术复杂度的提升力度要强于对货物贸易出口技术复杂度的提升力度；对外直接投资对出口贸易起到促进作用，具有显著的贸易创造效应；对外直接投资对出口技术结构的优化起到促进作用，具有显著的贸易技术结构效应。就出口技术水平而言，实证结果中对外直接投资显著提升了出口技术复杂度意味着出口技术水平的整体提高；就技术结构而言，实证结果中服务贸易出口技术复杂度的估计系数整体大于货物贸易出口技术复杂度的估计系数，因此对外直接投资对提升服务贸易的作用效果强于货物贸易，这对于整体贸易技术结构向服务贸易侧重从而优化贸易技术结构起到了促进作用。

第八章 中国在"一带一路"沿线国家和地区对外直接投资对出口贸易转型升级的影响

　　前一章是基于"一带一路"沿线国家和地区的视角，利用88个国家面板数据实证检验沿线国家和地区对外直接投资对出口技术复杂度的影响。其中，把出口技术复杂度细分为服务贸易出口技术复杂度和货物贸易出口技术复杂度进行区分性研究，以分析对外直接投资对二者不同的影响。然而，上一章的实证检验结果是建立在沿线国家和地区对外直接投资和其出口技术复杂度基础上的，其中虽然也存在中国的相关数据，但中国仅为88个国家之一，其对外直接投资对出口技术复杂度的影响很难得到精确分析。另外，"一带一路"战略作为中国未来重要的战略方向，参与沿线国家的基础设施建设，促进互联互通，积极进行经贸合作，并重点解决投资贸易便利化，消除投资和贸易壁垒，这些工作都需要中国不断地"走出去"进行对外直接投资和出口贸易。因此，精确分析中国在"一带一路"沿线国家和地区对外直接投资对出口技术复杂度的影响，试图找到中国利用对外直接投资促进出口技术结构和技术水平的证据显得至关重要。

　　在此需要说明的是，本书服务贸易数据来源于联合国贸易和发展会议统计数据库，货物贸易数据来源于联合国贸易数据库。在前者中无法找到中国对沿线国家和地区服务贸易出口以及各分项出口的数据，因此本书无法通过相关数据计算得出中国对沿线国家和地区服务贸易出口技术复杂度。但在后者中可以找到中国对沿线国家和地区货物贸易出口的数据，包括对一国各细分产品出口的数据，即可以计算出中国对沿线国家和地区货物贸易出口复杂度指数（相关计算结果及分析见第五章第五节）。因此，遗憾的是，本章仅能利用货物贸易相关数据，实证检验中国对"一带一路"沿线国家和地区对外直接投资对货物贸易出口技术复杂度的影响，而有关中国对沿线国家和地区服务贸易出口技术复杂度分析的部分没有出现。

基于第二章第二节中对外直接投资对出口技术复杂度影响的理论分析，本章尝试基于本书系统性采用的中国在"一带一路"战略沿途国家 64 个、亚投行其他创始成员国 21 个、世界其他发达经济体 2 个共计 87 个国家①在 2003—2014 年相关面板数据进行实证检验，考察中国对沿线国家和地区的对外直接投资对相应东道国货物贸易出口技术复杂度的影响。分别采用静态面板数据模型的 OLS 估计法和动态面板数据模型的 GMM 系统估计法进行实证检验。

第一节 计量模型和变量设置

参照 Di Mauro（2000）、蒋冠宏和蒋殿春（2012）以及戴翔（2011）的模型形式，本书在此设置静态面板数据模型如下：

$$\ln METSI_{chni}(t) = \alpha_0 + \alpha_1 \ln OFDI_{chni}(t) + \alpha_2 \sum \ln X_{chni}(t) + \lambda_i + \varphi_t + \varepsilon_i(t) \tag{8-1}$$

其中，$i \in \Omega$ 且 $i \neq chn$，$\Omega = \{CHN, \cdots, USA, JAP\}$。

$METSI_{chni}(t)$：t 时刻中国对 i 国家和地区的货物贸易出口技术复杂度，并把其设置为被解释变量分别进行实证检验，以反映中国对沿线国家和地区出口技术结构和技术水平的动态变化；

$OFDI_{chni}(t)$：t 时刻中国对 i 国家和地区的对外直接投资存量；

$X_{chni}(t)$：观察变量，主要包括中国对各国家和地区出口总值、全要素生产率、全球外生变量等指标；

λ_i：个体效应；

① 第七章中，面板数据国家数为 88 个，是因为其中包括中国。本章运用中国对沿线国家和地区相关面板数据，因此样本国家数量为 87 个。

φ_t：时间效应；

$\varepsilon_i(t)$：模型随机误差项。

为进一步分析对外直接投资对货物贸易出口技术复杂度的动态影响，同时有效解决变量的内生性造成的偏差，本书在面板数据的解释项中引入被解释变量的滞后项，构建的动态面板数据模型如下：

$$\ln METSI_{chni}(t) = \alpha_0 + \alpha_1 \ln METSI_{chni}(t-1) + \alpha_2 \ln OFDI_{chni}(t) +$$

$$\alpha_3 \sum \ln X_{chni}(t) + \lambda_i + \varphi_i + \varepsilon_i(t) \tag{8-2}$$

第二节　变量选取与数据说明

中国对"一带一路"沿线国家和地区出口技术复杂度，$METSI$。在上述计量模型公式（8-1）和公式（8-2）中，将中国对沿线国家和地区货物贸易出口技术复杂度作为被解释变量。货物贸易出口技术复杂度反映中国对沿线国家和地区货物贸易中出口产品技术含量的分布，该指标的增长显示中国对该国家和地区出口产品技术含量的增长，其产品因此更具竞争优势。中国对沿线国家和地区货物出口技术复杂度的数据依据上文中"中国对'一带一路'沿线国家和地区货物贸易出口技术复杂度分析"所得，基础数据来源于联合国贸易数据库。

中国在"一带一路"沿线国家和地区对外直接投资变量，$OFDI$。本书重点考察中国对外直接投资对出口技术复杂度的影响，通常对外直接投资存量反映积累效果而流量反映当期的瞬时效应。然而采用OFDI存量进行计量估计，将有效解决贸易与投资之间出现的多重共线性问题，此外，还可以体现OFDI的滞后效应等优点（Magalhaes，2007）。因此本书运用对外直接投资存量反映中国对沿线国家和地区对外直接投资水平。基础数据来源于《中国商务年鉴》。

中国对"一带一路"沿线国家和地区货物贸易出口总值，EXM。结合本书理论部分，货物贸易出口总值的变化能否影响出口技术复杂度的提升也是本书关注的内容。因此本书把中国对沿线国家和地区货

物贸易出口总值作为解释变量之一加以分析。数据来源于联合国贸易
数据库。

全要素生产率，*perGDP*。技术是生产率的参照指标，因此全要素
生产率可以用来指代一国的技术要素丰裕程度。然而，因为全要素生
产率统计的复杂性和不可得性，这一指标往往被一国劳动生产率所替
代，在忽略人口结构差异假设下用该国人均 GDP 表示（樊纲等，
2006）。数据来源于世界银行 WDI 数据库 2005 年不变价的人均 GDP。

全球外生变量，*OIL*。Leder 和 Shapiro（2008）研究认为，国际
油价的波动会通过影响一国的国际贸易收支而对其进出口贸易造成冲
击，周小琳和王浩明（2014）的实证研究也证实了这一观点在中国
的实用性。此外，刘健（2013）基于全球网络的构建侧面强调了国
际原油价格对中国外贸的重要性。因此，在全球外生变量的选择方
面，本书把原油价格作为模型中的解释变量之一。原因有两方面：其
一为对外直接投资对出口技术复杂度是建立在全球外生的背景环境下
的，全球外生变量的波动可能对其造成影响；其二，原油价格波动造
成的运输成本、国际收支等变化也是国际贸易中不容忽视的问题，特
别是近年来，国际原油价格的波动是影响国际收支平衡、资本异常流
动的原因之一，甚至其剧烈波动已经影响了世界经济发展格局。国际
油价数据来自 IMF 英国北海布伦特原油价格年平均值。

在此值得强调的是，如 Tinbergen（1962）、Anderson（1979）、蒋
殿春和张庆昌（2011）、贺书锋（2013）等在涉及国际贸易区域问题
中广泛运用引力模型，把地理位置关系作为模型的解释变量之一加以
分析。诚然，把地理位置视作解释变量在理论上具有科学性，然而本
书未运用引力模型的原因有以下几点：其一，在本书样本中，亚投行
其他创始成员国分布广泛，贸易地理中心无法确定，如通过计算各国
家距离平均值，有失偏颇；其二，在经济全球化的今天，贸易距离不
再单纯以两国之间的物理距离计算，货物贸易通过海运、铁路、公路、
航空等多途径展开，因此把物理距离作为解释变量不能准确反映两国
的贸易特点；其三，本书重点分析"一带一路"框架下的经贸问题，
随着互联互通、通航通路行之有效的开展，中国与各区域间贸易运输

的便利程度日新月异①（龚静和尹忠明，2016），如本书运用引力模型难免存在失真之感。

第三节　实证分析

基于本书系统性采用的中国在"一带一路"战略沿途国家 64 个、亚投行其他创始成员国 21 个、世界其他发达经济体 2 个共计 87 个国家在 2003—2014 年相关面板数据进行实证检验，考察中国对相关国家和地区的对外直接投资对相应东道国货物贸易出口技术复杂度的影响。分别采用静态面板数据模型的 OLS 估计法和动态面板数据模型的 GMM 系统估计法进行实证检验。

为避免面板数据分析"伪回归"的结果，在此对面板数据进行单位根检验，结果如表 8.1 所示。检验结果表明，面板数据单位根检验均是同阶平稳的，可以进行下一步的分析。

表 8.1　　　　　　　　　面板数据的单位根检验结果表

检验方法	统计量	p 值	结论
Levin, Lin & Chu t	− 12. 3786	0. 0000	平稳
Im, Pesaran and Shin W-stat	− 7. 4671	0. 0000	平稳
ADF-Fisher Chi-square	237. 718	0. 0000	平稳
PP-Fisher Chi-square	485. 943	0. 0000	平稳

为确定面板数据间协整关系的存在，在此进行面板数据的协整检验。协整结果表明，面板数据在 1% 显著性水平下拒绝"有 0 个协整关系"的假设，面板数据存在协整关系。

首先分别对面板数据模型（8 - 1）进行静态 OLS 分析，估计结果如表 8.2 所示。

---

① 义新欧铁路的建设，使得中国与西班牙贸易运输时间缩短至 21 天。

表8.2 模型 (8-1) 的静态 OLS 估计结果

变量	model (1)	model (2)	model (3)	model (4)	model (5)
c	11.674*** (850.82)	11.596*** (56.82)	11.348*** (204.51)	11.483*** (355.43)	11.568*** (65.68)
lnOFDI	0.013*** (7.66)	0.011* (1.74)	0.012* (2.70)	0.001 (0.56)	0.002 (0.31)
lnperGDP		0.011 (0.38)			-0.026 (-1.08)
lnEXM			0.062*** (5.88)		0.025*** (2.76)
lnOIL				0.053*** (6.52)	0.045*** (5.17)
调整后的 R^2	0.357	0.358	0.789	0.547	0.586
D. W.	1.22	1.22	1.16	1.13	1.10
Hausmann	(0.47)	(0.98)	(0.003)①	(0.96)	(0.98)

注：括号内为回归系数的 t 统计值；*、**、*** 分别表示在置信区间 10%、5% 和 1% 下的显著性水平。W 为 Wald 检验，如果值大于 10，则说明整体系数显著。( ) 中的数值为 t 检验值，Hausman ( ) 中的数值为 Hausman 随机效应检验 p 值。

表 8.2 为中国在"一带一路"沿线国家和地区对外直接投资对出口技术复杂度的静态 OLS 估计结果。实证结果表明，中国对外直接投资能够显著提升东道国出口技术复杂度水平。如 model (1) 实证结果所示，在只把中国对沿线国家和地区对外直接投资视为解释变量的情境下，对外直接投资在 1% 显著性水平下提升相应东道国出口技术复杂度 0.013 个百分点，该结果印证了对外直接投资促进了中国出口贸易技术结构的改善，提升了出口贸易产品的技术水平。接下来引入其他解释变量，在 model (2)、model (3)、model (4) 中分别引入全要素生产率、货物贸易出口总值以及全球外生变量。与第五章第三节中图 5.5 所示的结论相呼应，model (2) 中，中国人均 GDP 的系数为正值 (0.011)，反映出以人均 GDP 为指标的全要素生产率与出口技术复杂度之间正向的协整关系。model (3) 中，对外直接投资与

---

① Hausman 随机效应检验 p 值小于 0.05，拒绝原假设，此处建立固定效应模型。

货物出口总值的系数分别为 0.012 和 0.062，分别在 10% 和 1% 水平下显著，值得注意的是，货物贸易出口总值的增长大幅提升了出口技术复杂度水平（0.062 个百分点），两两之间的正向协整关系证实了中国对外直接投资在优化出口贸易技术结构的同时具有贸易促进效应，显著提升了货物贸易出口总值。根据 model（4）的实证结果，国际原油价格的上升显著提升了中国出口技术复杂度水平，这可能是由于货物贸易成本的增长减少了低利润出口产品的出口，增加了高利润出口产品的出口，而出口产品的利润往往与该产品所含技术水平成正比。最后，model（5）的建立包含了所有解释变量，在这种实证情境下，对外直接投资对出口技术复杂度的影响较为微弱，但其系数为正的实证结果同时反映出对外直接投资具有可以提升出口技术复杂度的积极作用。

接下来对动态面板数据模型（8-2）进行动态 GMM 分析，估计结果如表 8.3 所示。

表 8.3　　　　　　　**模型（8-2）的动态 GMM 估计结果**

变量	model（1）	model（2）	model（3）	model（4）	model（5）
$lnETSI$（$t-1$）	0.173 *** （2.92）	0.191 *** （3.09）	0.139 *** （4.13）	0.113 （0.40）	0.442 （0.68）
$lnOFDI$	0.011 *** （2.83）	0.017 *** （3.52）	0.017 *** （3.69）	0.004 （0.93）	0.027 * （1.64）
$lnperGDP$		− 0.022 （− 0.76）			0.094 （0.93）
$lnEX$			0.059 *** （4.97）		0.051 * （1.65）
$lnOIL$				0.030 （1.11）	− 0.031 （− 0.41）
AR（2）	0.621	0.712	0.742	0.819	0.807
$sargan$ 检验 p 值	0.433	0.380	0.439	0.277	0.186

注：括号内为回归系数的 t 统计值；*、**、*** 分别表示在置信区间 10%、5% 和 1% 下的显著性水平。sargan 检验原假设为"模型过度约束正确"，若检验结果 p 值大于 0.1，说明原假设被接受，即说明模型设定正确。

表 8.3 为中国在"一带一路"沿线国家和地区对外直接投资对出口技术复杂度的动态 GMM 估计结果。实证结果表明，中国对外直接投资能够显著提升东道国出口技术复杂度水平。如 model（1）实证结果所示，在只把中国对沿线国家和地区对外直接投资视为解释变量的情境下，对外直接投资在 1% 显著性水平下提升相应东道国出口技术复杂度 0.011 个百分点，该结果印证了对外直接投资促进了中国出口贸易技术结构的改善，提升了出口贸易产品的技术水平。接下来引入其他解释变量，在 model（2）、model（3）、model（4）中分别引入全要素生产率、货物贸易出口总值以及全球外生变量。与第五章第三节中图 5.5 所示的结论相呼应，model（2）中，中国人均 GDP 的系数为负值（-0.022），反映出以人均 GDP 为指标的全要素生产率与出口技术复杂度之间负向的协整关系。model（3）中，对外直接投资与货物出口总值的系数分别为 0.017 和 0.059，均在 1% 水平下显著，值得注意的是，货物贸易出口总值的增长大幅提升了出口技术复杂度水平（0.059 个百分点），两两之间的正向协整关系证实了中国对外直接投资在优化出口贸易技术结构的同时，具有贸易促进效应，显著提升了货物贸易出口总值。根据 model（4）的实证结果，国际原油价格的上升提升了中国出口技术复杂度水平，这可能是由于货物贸易成本的增长减少了低利润出口产品的出口，增加了高利润出口产品的出口，而出口产品的利润往往与该产品所含技术水平成正比。最后，model（5）的建立包含了所有解释变量，在这种实证情境下，对外直接投资对出口技术复杂度的影响较为微弱，但其系数为正的实证结果同时反映出对外直接投资具有可以提升出口技术复杂度的积极作用。

第四节　实证结论

综上所述，结合静态模型的 Hausman 检验和动态模型的 Sargan 检验，各模型均具有较好的拟合效果，估计结果在设定的置信区间内均显著。结合面板数据静态 OLS 和动态 GMM 估计结果，本书得出以下结论。

其一，中国对外直接投资的扩张对出口技术复杂度的提升起到显著的促进作用。从各模型的实证结果可知，无论是面板数据静态估计还是动态估计，中国对"一带一路"沿线国家和地区的对外直接投资均与其出口技术复杂度形成正向协同效应，而在经济"新常态下"，中国对沿线国家和地区对外直接投资的扩张反映了其对中国出口技术复杂度的正面积极影响。

其二，中国对外直接投资对出口贸易起到促进作用，具有显著的贸易创造效应。在静态模型中，对外直接投资与出口技术复杂度之间的正向协同关系（0.012）和货物贸易出口总值与出口技术复杂度之间存在正向协同关系（0.062）；在动态模型中，中国对外直接投资（货物贸易出口总值）每增长1%，出口技术复杂度就增长0.017%（0.059%），两者协同作用均在1%水平下显著。静态模型和动态模型的实证结果均表明，对外直接投资对货物贸易出口起促进作用，并且拟合结果均在1%或5%置信区间下显著，证实了对外直接投资具有显著的贸易创造效应。

其三，中国对外直接投资对出口贸易技术结构的优化起促进作用，具有显著的贸易技术结构效应。在静态模型中，对外直接投资与出口技术复杂度存在正相关性，对外直接投资增加1个单位百分点，出口技术复杂度和服务贸易出口总值分别增长0.013个百分点和0.328个百分点；在动态模型中，对外直接投资与出口技术复杂度之间存在正相关性，对外直接投资增加1个单位百分点，出口技术复杂度增长0.011个百分点。静态模型和动态模型的实证结果均表明，中国对外直接投资对其出口贸易技术结构的优化起促进作用，并且拟合结果均在1%或5%水平下显著，证实了中国对外直接投资具有显著的贸易技术结构效应。

第五节　本章小结

本章采用中国在"一带一路"战略沿途国家64个、亚投行其他创始成员国 21 个、世界其他发达经济体 2 个共计 87 个国家在 2003—2014 年的相关面板数据进行实证检验，考察中国在"一带一路"沿线国家和地区对外直接投资对出口技术复杂度的影响。其中，以中国对沿线国家和地区货物贸易出口技术复杂度分别作为被解释变量进行模型设置，而后，结合静态面板数据模型的 OLS 估计法和动态面板数据模型的 GMM 系统估计法进行实证检验分析。

实证结果表明，中国在"一带一路"沿线国家和地区对外直接投资的扩张对出口技术复杂度的提升起积极的促进作用；中国对外直接投资对出口贸易起促进作用，具有显著的贸易创造效应；中国对外直接投资对出口技术结构的优化起促进作用，具有显著的贸易技术结构效应。综上所述，本章的研究反映出中国在"一带一路"沿线国家和地区的对外直接投资的扩张对其出口技术复杂度的提升起积极作用。在中国整体出口贸易趋缓的情况下，本章的研究通过对"一带一路"沿线国家扩大对外直接投资的方式提升出口技术结构和技术水平给予了科学的论证。

第九章 研究结论、政策建议以及研究展望

第一节 本书的主要研究结论

一 "一带一路"视角下中国对外直接投资不断深化

随着 2014 年中国对外直接投资 1160 亿美元，同比增长高达 15.5%，首次实现双向投资平衡，中国对外直接投资的特点不仅是国际直接投资净流出国的重要标志，也预示着对外直接投资即将成为中国经济发展承前启后的促进因素。

首先，本书重点分析了中国对外直接投资的发展现状。伴随着"走出去"战略的不断深化，中国对外直接投资不仅在逐年的流量而且在累积的存量方面都呈现出不断增长的势头。对外直接投资总流量从 2003 年的 28.54 亿美元迅猛发展到 2014 年的 1231.2 亿美元，中国对外直接投资存量维持在 20% 以上的增长速度，并在 2014 年高达 8826.4 亿美元。与吸收外商直接投资相比，作为更加主动的参与国际分工的方式，结合"一带一路"发展战略的展开，中国在"一带一路"沿线国家和地区对外直接投资显示出更加快速的增长。在"一带一路"沿线国家和地区对外直接投资存量从 2003 年的 13.16 亿美元持续上升至 2014 年的 924.61 亿美元，对亚投行其他创始成员国对外直接投资存量也从 2003 年的 11.75 亿美元上升至 2014 年的 936.02 亿美元。两者的增速均大于中国对世界对外直接投资的平均增长水平，显示出中国对"一带一路"沿线国家和地区投资动机的不断加大、投资份额不断倾斜的特点。

其次，在对外直接投资份额方面，中国在"一带一路"沿线的转型经济体或发展中国家的对外直接投资份额保持逐年攀升的趋势，通过基础设施建设，建设工业厂房、研发中心等方式积极开展与转型经济体或发展中国家的合作，具有有助于盘活资本、占领市场份额、促进高端产品出口以及优化出口结构等特点。

最后，在对外直接投资产业方面，中国在"一带一路"沿线国家和地区对外直接投资标的产业属性逐渐偏向于更有效率的制造业、更加持续绿色的第三产业以及更高技术含量的高新技术产业。不难想象，中国对外直接投资在逻辑上蕴含着更为深远的历史使命，是中国经济、产业、出口贸易技术结构转型升级的重大动力。

二 "一带一路"视角下中国出口技术复杂度持续优化

基于"一带一路"的视角，本书分析得到中国在"一带一路"沿线国家和地区出口贸易发展势头略好于世界其他地区现状的结论，主要表现为中国对"一带一路"沿线国家和地区的出口总值逐年攀升。结合本书分析，中国出口技术复杂度的提升主要体现在服务贸易出口和货物贸易出口两个方面。

服务贸易出口方面。2003 年至 2014 年，中国服务贸易出口水平取得了长足的进步，从 464.01 亿美元到 2324.55 亿美元的增长水平整体高于世界各国家和地区。结合对中国与"一带一路"沿线各国家和地区服务贸易出口总值的比较，在沿线各国家和地区服务贸易出口整体放缓的背景下，中国服务贸易可谓是异军突起，逐渐形成了对"一带一路"沿线国家和地区的比较优势。近年来，中国在建筑服务、保险服务、金融服务方面的服务贸易出口增长惊人，并逐渐形成了以传统服务业为主导的比较优势，其中，建筑服务在本书 88 个国家样本中比较优势最强，而且，在现代服务业中，金融、其他商业服务方面的比较优势正在快速建立。根据对中国服务贸易出口技术复杂度的监测来看，服务贸易出口技术复杂度也由 2003 年的 136789 亿美元上升至 2014 年的 146253 亿美元，中国服务贸易出口技术结构和技术水平呈现不断提升的趋势，提升服务贸易出口技术复杂度的进程在不断深化。

货物贸易出口方面。中国对"一带一路"沿线国家和地区的货物贸易出口从 2003 年至 2014 年呈现整体稳中有升的态势。结合中国各出口产品显示比较优势分析发现，中国资本密集型和技术密集型出口产品的比较优势正在逐步建立，以轨道车辆、电气设备、航空器为代表的高端制造业在本书 88 个样本国家中出口优势明显。基于技术含量对出口产品的分类，本书发现，在 2003 年至 2014 年，中国在"一带一路"沿线国家和地区以纺织、服装、鞋类和其他低技术产品为代表的劳动密集型产品以及以电子和电气产品为代表的技术密集型产品的出口贸易异军突起，具有显著的比较优势。根据中国对"一带一路"沿线国家和地区货物贸易出口技术复杂度的监测来看，中国货物贸易出口产品的技术结构和技术水平呈现不断提升的趋势，提升货物贸易出口技术复杂度的进程在不断深化。

三 "一带一路"发展战略的对外贸易和投资效应

投资贸易合作是"一带一路"发展战略的重点内容，在消除壁垒的基础上解决贸易和投资的便利化问题。然而，有关"一带一路"发展战略的贸易与投资效应前瞻性研究目前在学界还是空白。本书运用一般均衡（CGE）模型构建社会核算矩阵，在此基础上使用 Gtap 数据库，在 RunGtap 中模拟不同的"一带一路"发展战略情境进行前瞻性分析，其结果如下。

其一，"一带一路"发展战略对参与"一带一路"沿线国家和地区的 GDP 增长率、进出口总额、社会福利均将起不同程度的促进作用。其中，中国出口贸易将随"一带一路"发展战略而显著提高，"一带一路"发展战略的出口贸易促进效应明显，中国贸易顺差会出现进一步扩大的现象。

其二，"一带一路"发展战略中，沿线国家和地区的资本需求较高，中国对外直接投资现状相对于压力测试情境还存在一定的资金缺口，这证实"一带一路"发展战略对中国对外直接投资具有促进作用。亚投行以及丝路基金的建立即为对"一带一路"沿线国家和地区进行基础设施投资、促进对外直接投资便利化的证明。

综上所述，“一带一路”发展战略重点解决的是投资贸易便利化问题，具有显著的贸易和投资促进效应。通过前瞻性分析，中国在“一带一路”沿线国家和地区对外直接投资和出口贸易均将呈现高速增长的态势。在此框架下，研究对外直接投资对出口技术复杂度的影响具有扎实的科学依据和迫切的现实意义。

四 “一带一路”视角下对外直接投资对出口技术复杂度的影响

结合静态模型的 Hausman 检验和动态模型的 Sargan 检验，各模型均具有较好的准确性，且拟合效果较好。结合面板数据静态 OLS 和动态 GMM 估计结果，本书得出以下结论。

其一，对外直接投资对出口技术复杂度的提升起积极的促进作用。从各模型的实证结果可知，无论是对货物贸易出口技术复杂度还是对服务贸易出口技术复杂度，对外直接投资均对其提升起显著的促进作用。全要素生产率与出口技术复杂度之间的协同效应显示人均生产水平的提高对出口技术复杂度的提升也会起较为积极的作用。

其二，对外直接投资对出口贸易起促进作用，具有显著的贸易创造效应。在静态模型中，对外直接投资与出口技术复杂度之间的正向协同关系和贸易出口总值与出口技术复杂度之间存在正向协同关系，两两正向协同关系证明对外直接投资与出口总值之间具有协同效应；在动态模型中，对外直接投资每增长1%，服务贸易和货物贸易出口技术复杂度分别增长0.010%和0.008%，两者协同作用均在1%水平下显著，服务贸易出口总值与其出口技术复杂度之间的关系系数为0.093。静态模型和动态模型的实证结果均表明，对外直接投资对货物贸易出口和服务贸易出口均起促进作用，并且拟合结果均在1%或5%水平下显著，证实了对外直接投资具有显著的贸易创造效应。

其三，对外直接投资对出口技术结构的优化起促进作用，具有显著的贸易技术结构效应。在静态模型中，对外直接投资与服务贸易出口技术复杂度、货物贸易出口技术复杂度之间均存在正相关性，对外直接投资增加 1 个单位百分点，服务贸易出口技术复杂度和货物贸易出口技术复杂度分别增长 0.029 个百分点和 0.010 个百分点；在动态模型中，对外直接投资与服务贸易出口技术复杂度、货物贸易出口技术复杂度之间同样存在正相关性，对外直接投资增加 1 个单位百分点，服务贸易出口技术复杂度和货物贸易出口技术复杂度分别增长 0.010 个百分点和 0.008 个百分点；静态模型和动态模型的实证结果均表明，对外直接投资对出口贸易技术结构的优化起促进作用，并且拟合结果均在 1% 或 5% 水平下显著。就出口技术水平而言，实证结果中对外直接投资显著提升出口技术复杂度意味着出口技术水平的整体提高；就技术结构而言，实证结果中服务贸易出口技术复杂度的估计系数整体大于货物贸易出口技术复杂度的估计系数，因此对外直接投资对提升服务贸易的作用强于货物贸易，这对于整体贸易技术结构向服务贸易侧重从而优化贸易技术结构起促进作用。

五 中国对外直接投资对出口技术复杂度的影响

结合静态模型的 Hausman 检验和动态模型的 Sargan 检验，各模型均具有较好的拟合效果，估计结果在设定的置信区间内均显著。结合面板数据静态 OLS 和动态 GMM 估计结果，本书得出以下结论。

其一，中国对外直接投资的扩张对出口技术复杂度的提升起显著的促进作用。从各模型的实证结果可知，无论是面板数据静态估计还是动态估计，中国在"一带一路"沿线国家和地区对外直接投资均与其出口技术复杂度形成正向协同效应，而在经济"新常态"下，中国对沿线国家和地区对外直接投资的扩张反映了其对中国出口技术复杂度的正面积极影响。

其二，中国对外直接投资对出口贸易起促进作用，具有显著的贸易创造效应。在静态模型中，对外直接投资与出口技术复杂度之间的正向协同关系（0.012）和货物贸易出口总值与出口技术复杂度之间存在正向协同关系（0.062）；在动态模型中，中国对外直接投资（货物贸易出口总值）每增长 1%，出口技术复杂度增长 0.017%（0.059%），两者协同作用均在 1% 水平下显著。静态模型和动态模型的实证结果均表明，对外直接投资对货物贸易出口起促进作用，并且拟合结果均在1%或5%水平下显著，证实对外直接投资具有显著的贸易创造效应。

其三，中国对外直接投资对出口贸易技术结构的优化起促进作用，具有显著的贸易技术结构效应。在静态模型中，对外直接投资与出口技术复杂度存在正相关性，对外直接投资增加1个单位百分点，出口技术复杂度和服务贸易出口总值均增长0.013个百分点和0.328个百分点；在动态模型中，对外直接投资与出口技术复杂度之间存在正相关性，对外直接投资增加1个单位百分点，出口技术复杂度增长0.011个百分点。静态模型和动态模型的实证结果均表明，中国对外直接投资对其出口贸易技术结构的优化起促进作用，并且拟合结果均在1%或5%置信区间下显著，证实中国对外直接投资具有显著的贸易技术结构效应。

第二节　理论贡献与政策建议

一　理论贡献

其一，探究了"一带一路"视角下对外直接投资的贸易效应。一直以来，学界对于中国对外直接投资所产生的贸易效应众说纷纭，一方面，如 Munisamy et al.（1998）、Bishwanath 和 Etsuro（1999）、Shigeru 和 Tetsuo（2003）、胡兵和乔晶（2013）、唐礼智和章志华（2015）、张春萍（2012）、胡昭玲和宋平（2012）、陈俊聪和黄繁华（2013；2014）等均认为，对外直接投资具有贸易创造效应；另一方面，谢杰和刘任余（2011）、王胜等（2014）则提出了不同的观点。本书以"一带一路"发展战略沿线国家为样本，以实证检验为工具，具体探究了在"一带一路"发展战略背景下的中国对外直接投资的贸易效应，得到了在"一带一路"视角下，中国对外直接投资对贸易创造效应的结论，并为"一带一路"发展战略对贸易规模的促进作用提供了理论和实证方面的依据。

其二，探究了"一带一路"视角下对外直接投资的贸易技术结构效应。周靖祥和曹勤（2007）、陈愉瑜（2012）、张海波（2014）先后证实了中国对外直接投资具有显著的贸易技术结构效应，加快了出口贸易产品技术含量的提高。然而，其实证检验对象主要是基于发达经济体的，与此相比，"一带一路"沿线国家主要为发展中经济体，因此对外直接投资的贸易技术结构效应在"一带一路"发展战略下的效果值得研究。本书尝试探究在"一带一路"发展战略背景下的中国对外直接投资的贸易技术结构效应，得到了在"一带一路"视角下，中国对外直接投资促进贸易技术结构优化的结论，并为"一带一路"发展战略对贸易技术结构优化提供了理论和实证方面的依据。

其三，尝试建立衡量出口贸易技术结构和技术水平的指标，即"一带一路"沿线国家和地区出口技术复杂度的建立。出口技术复杂度能够动态展示世界所有贸易产品的技术含量，其体现了一国出口产品的技术分布，客观反映了该国的出口贸易技术结构（周学仁，2012）。另外，通过一国各技术含量产品出口份额计算一国的出口技术复杂度衡量该国出口贸易技术水平。尝试同时分别计算服务贸易出口技术复杂度和货物贸易出口技术复杂度，认为出口技术复杂度的提升重点在对服务贸易出口和对货物贸易出口的技术结构的转型和技术水平的升级上。出口技术复杂度的提升是中国出口贸易转型升级的衡量指标之一（戴翔，2011）。学术上对出口技术复杂度的提升主要有两点不同的认识：其一，把出口技术复杂度的提升理解为服务贸易出口份额的增长；其二，将其理解为货物贸易出口产品技术含量的增长。诚然，从不同出发点考量这两种理解方式都有一定的依据，本书从前者的理论依据和实际国情出发，认为出口技术复杂度的提升重点在对服务贸易和货物贸易出口技术结构和技术水平的提升上。

其四，探究了"一带一路"视角下对外直接投资对出口技术复杂度的影响的机制和机理。本书基于 Dunning（2008）的关于对外直接投资动机的分类①，联系中国对外经贸合作具体国情，分别讨论了各

---

① Dunning（2008）将一国的对外直接投资动机分为资源寻求型、市场寻求型、战略资产寻求型、效率寻求型 4 个类别。

不同动机的对外直接投资实现出口技术复杂度提升的机制和机理。为不同动机对外直接投资对出口技术复杂度的影响路径提供了理论参考，并在实证部分检验了该影响机制和机理的准确性。

其五，在前瞻性考量"一带一路"发展战略对外贸易与投资效应基础上，通过实证分析检验了"一带一路"视角下对外直接投资对出口技术复杂度的影响。突破传统的实证方法（假设—检验），本书在实证部分进行了大胆突破（验证—假设—检验）。具体原因有二：其一，"一带一路"重大战略是最近几年提出的，虽然已从理论设计、总体框架到完成战略规划，开始进入务实合作阶段，但其发展建设存在诸多不确定性，因此在实证部分需要率先尝试运用前沿的宏观预测模型前瞻性量化分析其具体的发展路径，以验证战略存在对外贸易与投资促进效应的基础，方能进行接下来的研究；其二，在进行对外直接投资对出口技术复杂度影响的研究之前，应结合以往的经验探究其内在作用机理并总结相关理论待实证检验。由以上几点出发，本书以"一带一路"沿线国家和地区为面板数据样本，系统分析了中国在沿线国家和地区对外直接投资对出口技术复杂度的影响，并在此基础上检验了中国在"一带一路"沿线国家和地区对外直接投资对其出口技术复杂度的影响，为"一带一路"视角下对外直接投资对出口技术复杂度提升的积极作用提供了科学依据，为更高效开展"一带一路"发展战略提供了理论帮助。

二 政策建议

结合研究结论，本书提出如下政策建议。

其一，积极开展"一带一路"发展战略。开展"一带一路"发展战略的主要方向是在与发达国家持续进行经贸合作的同时，逐渐向发展中国家倾斜，即带动参与国家和地区宏观经济、经贸水平的稳定增长，实现中国与"一带一路"沿线国家和地区福利水平的提高，推进发展战略相互对接，实现互利共赢。依据本书研究发现，"一带一路"战略所形成的经济贡献是显著的，在带动沿线国家和地区的基础设施建设、经济转型的同时，应重视与各国开展外交、社会、文化方面的交流合作，提升中国的国际影响力，推动国家软实力的增强。

其二，加大对"一带一路"沿线国家和地区的对外直接投资投入。无论是基于"一带一路"发展战略的投资效应分析，还是基于对外直接投资对出口技术复杂度的影响分析，不难看出，对外直接投资在建设过程中都将起不可忽视的作用。针对"一带一路"沿线国家和地区基础设施投资资金需求量大的结论，积极推动亚洲基础设施投资银行的成立和发展，努力扩大其融资规模，进一步发挥丝路基金的作用，盘活外汇储备，并同时鼓励更多民间资本参与"一带一路"发展战略。同时，进一步鼓励更多企业"走出去"，扩大对外直接投资规模，与此同时，消化国内过剩产能，实现经济结构优化升级。

其三，积极开展"一带一路"沿线自贸区建设。"一带一路"发展的重要思路是在通路、通航的基础上通商，其将主要影响铁路、航空、航海、农业、商贸流通、油气出口等多个行业，其针对性切入点即与沿线国家和地区积极开展自贸区合作。通过共建自贸区可以促进中国出口产品的出口，夯实相关产品在国际贸易中的比较优势，从宏观层面上看，通过共建自贸区实现双边经贸合作开展的便利化，实现经济共同繁荣。

其四，培育中国比较优势产业，通过产业结构调整加快出口产品比较优势的形成。产业结构调整的主体思路，即减少与淘汰过去高污染低效率低技术含量的产能、盘活现在高效率低污染高技术含量的产能。结合本书出口技术结构和技术水平的评价指标，即服务贸易与货物贸易出口技术复杂度，产业结构应同时注重两个方向的调整：一方面，加大对服务业发展的扶持力度，形成并优化服务业比较优势，现阶段，金融、跨境电商等服务行业正在兴起，不难发现，其存在的高效率高持续低污染等特点明显，加大服务业发展力度，更能促进中国服务贸易的出口、技术复杂度的提升，实现外贸转型升级的优化；另一方面，加大对技术密集型行业发展的扶持力度，依据本书结论，中国技术密集型出口产品的比较优势正在逐步增强，其实现了出口技术复杂度的提升，与"一带一路"沿线国家相比，中国在资金和装备方面具有双重优势，因此产业结构的调整应做到更加有效地发挥这些优势，带动整体出口技术结构和技术水平的提升，培育国际竞争力。

其五，"以出口为导向"的贸易模式应逐渐转变为"以出口技术为导向"的贸易模式。在以出口为导向的模式下，政府所提出的计划目标自然是出口总值方面的提升。然而，现阶段因外部需求乏力、大宗商品价格大幅度下降等不利因素的影响，这些计划目标很难实现。因此，在出口总值增长动能不足的环境下，注重其质量的变化显得尤其重要。除以上所提出的加快服务贸易发展外，在政府工作中可以更加注重货物出口贸易中技术的提升。结合本书研究不难发现，中国在初级产品、资源型制成品方面不具备出口优势，过去出口总值的提升主要归功于劳动密集型产品，但资本密集型以及技术密集型产品近年来有取而代之之势。"以出口技术为导向"的贸易模式将打造中国制造的高端发展路线，有效推动中国科技兴国的发展方针，结合发达国家发展历程来看，该贸易模式将是中国实现工业化、现代化的必由之路。

其六，利用对外直接投资有效加快出口技术复杂度的提升。依据本书的机理分析和实证检验结论，对外直接投资的扩张对于出口技术复杂度的提升起积极的促进作用。但在实际操作方面，应注意针对不同动机的对外直接投资透过其作用机制的传导链接并有的放矢地提高其作用效率，做到对症下药。对于资源寻求型和战略资源寻求型对外直接投资，应更加注重其对国内高新技术产业的发展，一方面，通过寻求比较优势的生产要素，另一方面，通过获取高科技产品研发技术，形成和促进中国高技术出口产品的比较优势发展，促进出口技术含量的提高；对于市场寻求型和效率寻求型对外直接投资，应更加重视其开拓市场的能力，一方面，是促进生产设备、中间产品出口的积极作用；另一方面，是实现过剩产能消化与转移的积极作用，两者缺一不可。

第三节　研究局限及展望

一　研究局限

本书研究的不足主要存在以下 3 点。

其一，本书缺乏中国对"一带一路"沿线国家和地区服务贸易出口技术复杂度的测度。国内已有学者尝试测度中国服务贸易出口技术复杂度，如戴翔（2011）、马鹏和肖宇（2014）研究了服务贸易出口技术复杂度与经济增长之间的联动关系，陈俊聪（2015）分析了对外直接投资对服务贸易出口技术复杂度的影响等。诚然，学界基于服务贸易出口技术复杂度的研究已经成熟，虽然本书利用联合国贸易和发展会议统计数据库中服务贸易的数据计算出"一带一路"沿线国家和地区的服务贸易出口技术复杂度，并在第七章中进行了相关实证分析。但遗憾的是，数据库中无法找到中国对沿线国家和地区服务贸易出口以及各分项出口的数据，因此本书无法通过相关数据计算出中国对沿线国家和地区服务贸易出口技术复杂度，因此服务贸易在第八章实证检验中并未得到体现。

其二，本书缺乏对国内产业结构调整的讨论。在对外直接投资对出口技术复杂度的机理分析中，本书分析了资源寻求型和战略资源寻求型对外直接投资是如何通过优化产业结构而影响出口技术结构和技术水平程度的，然而在本书其他部分并未进行详细分析。这主要是由于本书重点研究的是"一带一路"视角下的对外直接投资与出口技术复杂度以及两者的影响关系，如在篇幅中大量叙述国内产业结构调整，难免存在偏题之感。诚然，国内产业结构的调整会形成中国出口贸易新的比较优势的培育，并促使出口技术结构和技术水平的提升，其对出口贸易转型升级的影响不言而喻，这也是未来结合成熟的历史数据进行实证检验研究的方向之一。

其三，本书实证检验中缺乏中国在"一带一路"细分沿线国家和地区对外直接投资对其出口技术复杂度的影响分析（细分国家和地区逐一分析，而不是采用面板数据模型）。其实，本书拟加入"中国在细分沿线国家和地区对外直接投资对其出口技术复杂度的影响分析"的部分，具体使用现阶段比较前沿的全球向量自回归模型（global VAR，GVAR），首先尝试构建中国与"一带一路"沿线国家和地区的大型联立方程组宏观经济模型（simultaneous economic model，SEM），然后在此基础上通过贸易矩阵将各国和地区模型进行连接，最后运用 GVAR 模型进行中国对外直接投资对出口技术复杂度影响的实证分析，实证结果以脉冲响应函数的形式表达。然而，其样本数据无法通过弱外生性检验，实证结果不显著。其主要是由于本书对外直接投资样本数据统计开始于 2003 年，且为年度数据，从而导致研究被数据时间跨度较短所限制。数据跨度太短造成本书无法进行细化脉冲响应分析，这也是本书研究中的遗憾之处。

二 未来研究展望

结合本书研究上的局限性，联系自身研究兴趣和动机对未来研究进行如下展望。

首先，测度中国对沿线国家和地区服务贸易出口技术复杂度并开展相关研究。随着未来中国服务贸易出口的不断发展与深化，中国对沿线国家和地区服务贸易出口技术复杂度的测度和监测是非常有必要的。进行对沿线国服务贸易出口技术复杂度的比较研究、中国服务贸易出口技术复杂度与货物贸易出口技术复杂度的比较分析等研究方向均是未来探索的重点，这些研究对于中国服务贸易国际竞争力针对性的提升、出口贸易转型升级的优化均会起启示和借鉴的作用。希望随着服务贸易出口的深化，服务贸易细分国别细分行业数据逐渐完善，以实现相关研究的发展。

其次，围绕中国产业结构调整进行研究分析。随着中国产业结构调整的不断深化，其相关数据不断累积，通过产业结构调整契机探索出口技术结构和技术水平的提升是未来的研究方向之一。进行高端制造业、现代服务业国际竞争力的研究，在此基础上进行其对出口技术复杂度的实证分析等研究，均会对中国夯实产业结构、外贸技术结构和技术水平有一定的学术贡献。

再次，构建中国与"一带一路"沿线国家和地区的大型联立方程组宏观经济模型，展开"一带一路"相关研究。随着历史数据的不断完善和细化，构建中国与"一带一路"沿线国家和地区的大型联立方程组宏观经济模型将成为可能。本书已经基于一般均衡（CGE）模型构建了"一带一路"相关国家和地区社会核算矩阵，未来，伴随着基于全球向量自回归模型构建的"一带一路"相关国家和地区大型联立方程组，"一带一路"相关的研究会更加多样化。

最后，在次区域合作视角探索对外直接投资对出口技术复杂度的影响。更为细化地看，"一带一路"经贸合作的本质是进行多地域的次区域合作。尝试基于东南亚区域视角、中东欧区域视角细化分析中国对外直接投资对出口技术复杂度的影响，对于中国进行次区域合作具有前瞻性参考价值。对区域一体化理论进行突破，进行次区域合作理论的探讨是未来理论研究的发展方向之一。

附　录

附录 1　各国家和地区对外直接投资存量国别一览

（百万美元）

国家和地区	具体国别	2003	2004	2005	2006	2007	2008	2009	2010	2011	2012	2013	2014
中国		33222	44777	57206	75026	117911	183971	245755	317211	424781	531941	660478	882642
中亚6国	蒙古	300	-	2	57	70	76	130	2901	1857	1191	258	355
	哈萨克斯坦	-	-	-	-	2064	3167	7083	16212	22743	22928	23369	27200
	乌兹别克斯坦	-	-	-	-	-	-	-	-	-	-	-	-
	土库曼斯坦	-	-	-	-	-	1	-	-	-	-	-	-
	吉尔吉斯斯坦	39	83	148	3	18	1	797	1522	1366	726	316	427
	塔吉克斯坦	-	-	-	-	-	-	-	-	-	-	-	-

续表

国家和地区	具体国别	2003	2004	2005	2006	2007	2008	2009	2010	2011	2012	2013	2014
西亚北非16国	沙特阿拉伯	7823	7902	7552	–	17048	20444	22621	26528	29958	34360	39303	44699
	阿联酋	3584	5792	9542	20434	35002	50822	53545	55560	57738	60274	63226	66298
	阿曼	88	130	364	640	604	1189	1298	2796	4029	4905	6289	7453
	伊朗	160	264	680	851	1200	1413	1503	1678	1904	3346	3491	4096
	土耳其	6138	7060	8315	8866	12210	17846	22250	22509	27681	30968	33373	40088
	以色列	13120	18524	23114	39329	49840	54417	57438	68972	70783	71172	75374	78016
	埃及	716	875	967	1116	1781	3701	4273	5448	6074	6285	6586	6839
	科威特	766	1468	5893	10845	14665	22436	23716	28189	32250	31023	37153	36531
	伊拉克	–	–	89	394	402	435	507	632	998	1488	1715	1956
	卡塔尔	159	597	948	1076	6236	7467	10682	12545	22653	20413	28434	35182
	约旦	80	287	450	312	360	372	444	473	504	509	525	608
	黎巴嫩	967	1794	2509	3384	4232	5219	6344	6831	7765	8775	10737	12629
	巴林	2899	3935	5070	6051	7720	9340	7549	7883	8776	9699	10751	10672
	也门	114	135	200	256	310	376	442	513	589	660	733	806
	叙利亚	294	349	428	417	419	421	421	421	421	421	421	421
	巴勒斯坦	–	–	–	40	84	80	149	241	192	232	171	167

续表

国家和地区	具体国别	2003	2004	2005	2006	2007	2008	2009	2010	2011	2012	2013	2014
东南亚11国	印度尼西亚	—	—	—	1042	3194	2802	3913	6672	6204	12401	19350	24052
	泰国	4158	4402	5168	6666	8307	10562	14899	21369	37747	49406	58845	65769
	马来西亚	12019	12794	22035	36127	58436	66926	79663	96964	106448	120355	128215	135685
	越南	—	—	65	150	334	634	1334	2234	3184	4384	6340	7490
	新加坡	140057	169035	188456	267440	342332	313746	375813	458650	465427	538664	563461	576396
	菲律宾	1260	1839	2028	2131	5667	5736	6095	6710	7460	9196	29010	35603
	缅甸	—	—	—	—	—	—	—	—	—	—	—	—
	柬埔寨	242	256	267	279	280	301	319	340	369	405	452	484
	老挝	21	21	15	49	86	11	12	12	13	12	—	—
	文莱	583	625	640	657	651	666	675	681	691	269	134	134
	东帝汶	—	—	—	—	—	—	—	94	61	74	86	86
南亚8国	印度	6073	7734	9741	27036	44080	63338	80839	96901	109509	118072	119838	129578
	巴基斯坦	604	702	870	1010	1249	1960	1851	1362	1401	1550	1614	1695
	孟加拉国	95	94	94	105	112	80	119	98	106	107	142	130
	斯里兰卡	125	131	169	198	253	314	334	380	440	475	540	607
	阿富汗	—	—	—	—	—	—	—	—	—	—	—	—
	尼泊尔	—	—	—	—	—	—	—	—	—	—	—	—
	马尔代夫	—	—	—	—	—	—	—	—	—	—	—	—
	不丹	—	—	—	—	—	—	—	—	—	—	—	—

续表

国家和地区	具体国别	2003	2004	2005	2006	2007	2008	2009	2010	2011	2012	2013	2014
独联体其他7国	俄罗斯	90873	107291	146679	216474	370129	205547	302542	366301	361750	409567	479501	431865
	乌克兰	166	198	468	344	6077	7005	7262	7958	8117	9351	9739	9705
	白俄罗斯	6	8	14	19	46	72	145	205	294	455	724	588
	格鲁吉亚	134	208	148	136	428	612	638	848	958	1277	1369	1514
	阿塞拜疆	1260	2465	3685	4391	4676	5232	5558	5790	6323	7515	9005	11214
	亚美尼亚	1	—	7	31	46	64	114	122	199	215	188	206
	摩尔多瓦	24	24	25	24	42	58	64	68	88	108	137	178
中东欧16国	波兰	382	1065	3616	10302	15006	16960	21028	24214	29174	30899	70858	65217
	罗马尼亚	208	272	213	879	1240	1466	1397	1511	1358	1298	851	696
	捷克	2284	3760	3610	5017	8557	12531	14805	14923	13214	17368	20627	19041
	斯洛伐克	1144	1084	747	1520	2081	2940	3152	3457	4022	4765	4365	2975
	保加利亚	52	—	124	453	813	1444	1399	1565	1650	1949	2286	2195
	匈牙利	4082	6815	8637	13662	19290	19913	21624	22314	26357	37682	38444	39641
	拉脱维亚	111	238	281	478	939	1033	893	895	864	1114	1600	1170
	立陶宛	120	423	721	1041	1570	1990	2300	2086	2079	2588	3263	2683
	斯洛文尼亚	2367	3019	3276	4518	7492	8469	8850	8147	7827	7534	7132	6193

续表

国家和地区	具体国别	2003	2004	2005	2006	2007	2008	2009	2010	2011	2012	2013	2014
中东欧16国	爱沙尼亚	1030	1417	1892	3459	5948	6445	6262	4851	4049	5469	6690	6319
	克罗地亚	1980	2052	1966	2339	3730	5120	6466	4314	4469	4343	4213	5444
	阿尔巴尼亚	–	25	21	38	75	146	167	154	172	194	240	239
	塞尔维亚	–	–	–	–	–	1783	1958	2075	2222	2360	3019	3015
	马其顿	42	54	62	38	68	85	96	100	122	95	155	112
	波黑	–	58	51	61	98	112	126	195	203	243	234	208
	黑山	–	–	–	–	–	314	372	375	379	414	451	422
亚投行其他21国	新西兰	11903	13976	11778	12768	14995	13871	13801	16717	19007	19529	18740	18678
	法国	541687	613516	633523	823515	1010034	934221	1120482	1172994	1247992	1307743	1360298	1279089
	德国	830754	925146	927489	1081316	1331751	1326992	1412389	1463065	1494163	1579072	1681794	1583279
	意大利	202024	232481	244551	313206	417875	442395	486386	489660	519689	526941	520828	548416
	英国	1233442	1309632	1215513	1439100	1802523	1561966	1582344	1635791	1698314	1745253	1579540	1584147
	卢森堡	38684	53541	60796	68578	116252	162952	176840	187027	167675	272225	195505	149892
	瑞士	341373	400590	431980	569349	652297	723779	864928	1041313	1109816	1192900	1237131	1130615
	奥地利	55961	69806	71807	105697	150299	148193	170037	181638	193144	209556	235535	223246
	荷兰	560496	650245	664393	841255	997133	926092	1000844	1004454	1024796	1026439	1103669	985256

续表

国家和地区	具体国别	2003	2004	2005	2006	2007	2008	2009	2010	2011	2012	2013	2014
亚投行其他21国	丹麦	102608	126289	88076	105928	127263	141119	153947	165322	176065	185913	195632	183025
	澳大利亚	179280	224998	205368	264748	341070	244231	364532	449740	416186	472969	450195	443519
	韩国	24986	32166	38683	49187	74777	97953	121279	144032	172413	202875	238812	258553
	挪威	57083	87983	99873	129912	153600	144331	178397	188996	205551	241480	241504	213948
	冰岛	1733	4040	10091	13963	25122	9405	10188	11466	11521	12305	9503	7955
	瑞典	185602	213569	207836	262358	331607	322972	353421	374399	379286	389229	419443	379528
	芬兰	76050	85023	81861	96208	116531	114139	130230	137663	133781	151390	192135	164554
	西班牙	221021	282294	305427	436068	582056	590694	625799	653236	656504	636731	719454	673989
	马耳他	931	1121	992	1142	1234	45210	39986	39068	39983	43496	47449	44493
	葡萄牙	33914	43257	40927	52063	67726	62769	66988	62286	64767	59992	61960	58355
	巴西	54892	69196	79259	113925	141880	157796	167148	191349	206187	270864	300791	316339
	南非	24375	34574	31038	41102	55214	49438	70296	83249	97051	111779	128681	133936
美国		2729126	3362796	3637996	4470343	5274991	3102418	4322122	4809587	4514327	5196457	6275433	6318640
日本		335500	370544	386585	449567	542618	680330	740927	831076	962790	1037698	1118010	1193137

资料来源：联合国贸易和发展会议统计数据库。

附录2.1 中国对外直接投资量国别一览

（百万美元）

国家和地区	具体国别	2003	2004	2005	2006	2007	2008	2009	2010	2011	2012	2013	2014
中亚6国	蒙古	443	4016	5234	8239	19627	23861	27654	19386	45104	90403	38879	50261
	哈萨克斯坦	294	231	9493	4600	27992	49643	6681	3606	58160	299599	81149	-4007
	乌兹别克斯坦	72	108	9	107	1315	3937	493	-463	8825	-2679	4417	18059
	土库曼斯坦	-	-	-	-4	126	8671	11968	45051	-38304	1234	-3243	19515
	吉尔吉斯斯坦	244	533	1374	2764	1499	706	13691	8247	14507	16140	20339	10783
	塔吉克斯坦	-	499	77	698	6793	2658	1667	1542	2210	23411	7233	10720
西亚北非16国	沙特阿拉伯	24	199	2145	11720	11796	8839	9023	3648	12256	15367	47882	18430
	阿联酋	937	831	2605	2812	4915	12738	8890	34883	31458	10511	29458	70534
	阿曼	-	-	522	2668	259	-2295	-624	1103	951	337	-74	1516
	伊朗	782	1755	1160	6578	1142	-3453	12483	51100	61556	70214	74527	59286
	土耳其	153	158	24	115	161	910	29326	782	1350	10895	17855	10497
	以色列	32	-	600	100	222	-100		1050	201	1158	189	5258
	埃及	210	572	1331	885	2498	1457	13386	5165	6645	11941	2322	16287
	科威特	-	169	-	406	-625	244	292	2286	4200	-1188	-59	16191
	伊拉克	-	-	-	35	36	-166	179	4814	12244	14840	2002	8286

续表

国家和地区	具体国别	2003	2004	2005	2006	2007	2008	2009	2010	2011	2012	2013	2014
西亚北非16国	卡塔尔	100	80	-	352	981	1000	-374	1114	3859	8446	8747	3579
	约旦	-	-	101	-618	60	-163	11	7	18	983	77	674
	黎巴嫩	-	2	-	-	-	-	-	42	-	-	68	9
	巴林	5	-	7	-192	-	12	-	-	-	508	-534	-
	也门	3	343	3516	761	4347	1881	164	3149	-912	1407	33125	596
	叙利亚	-	-	20	13	-1126	-117	343	812	-208	-607	-805	955
	巴勒斯坦	-	-	-	-	-	-	-	-	-	2	2	-
东南亚11国	印度尼西亚	2680	6196	1184	5694	9909	17398	22609	20131	59219	136129	156338	127198
	泰国	5731	2343	477	1584	7641	4547	4977	69987	23011	47860	75519	83946
	马来西亚	197	812	5672	751	-3282	3443	5378	16354	9513	19904	61638	52134
	越南	1275	1685	2077	4352	11088	11984	11239	30513	18919	34943	48050	33289
	新加坡	-321	4798	2033	13215	39773	155095	141425	111850	326896	151875	203267	281363
	菲律宾	95	5	451	930	450	3369	4024	24409	26719	7490	5440	22495
	缅甸	-	409	1154	1264	9231	23253	37670	87561	21782	74896	47533	34313
	柬埔寨	2195	2952	515	981	6445	20464	21583	46651	56602	55966	49933	43827
	老挝	80	356	2058	4804	15435	8700	20324	31355	45852	80882	78148	102690
	文莱	-	-	150	-	118	182	581	1653	2011	99	852	-328
	东帝汶	-	10	-	-	-	-	-	-	-	-	160	973

续表

国家和地区	具体国别	2003	2004	2005	2006	2007	2008	2009	2010	2011	2012	2013	2014
南亚8国	印度	15	35	1116	561	2202	10188	-2488	4761	18008	27681	14857	31718
	巴基斯坦	963	142	434	-6207	91063	26537	7675	33135	33328	8893	16357	101426
	孟加拉国	141	76	18	531	364	450	1075	724	1032	3303	4137	2502
	斯里兰卡	23	25	3	25	-152	904	-140	2821	8123	1675	7177	8511
	阿富汗	30	-	-	25	10	11391	1639	191	29554	1761	-122	2792
	尼泊尔	-	168	135	32	99	1	118	86	858	765	3697	4504
	马尔代夫	-	-	-	-	-	-	-	-	-	-	155	72
	不丹	-	-	-	-	-	-	-	-	-	-	-	-
独联体其他7国	俄罗斯	3062	7731	20333	45211	47761	39523	34822	56772	71581	78462	102225	63356
	乌克兰	6	120	203	183	565	241	3	150	77	207	1014	472
	白俄罗斯	-	-	-	-	-	210	210	1922	867	4350	2718	6372
	格鲁吉亚	-	484	-	994	821	1000	778	4057	80	6874	10962	22435
	阿塞拜疆	35	20	-	394	-115	-66	173	37	1768	34	-443	1683
	亚美尼亚	-	-	-	-	-	-	-	-	-	-	-	-
	摩尔多瓦	-	-	-	-	-	-	-	-	-	-	-	-

续表

国家和地区	具体国别	2003	2004	2005	2006	2007	2008	2009	2010	2011	2012	2013	2014
	波兰	155	10	13	-	1175	1070	1037	1674	4866	750	1834	4417
	罗马尼亚	61	268	287	963	680	1198	529	1084	30	2541	217	4225
	捷克	-	46	-	910	497	1279	1560	211	884	1802	1784	246
	斯洛伐克	-	-	-	-	-	-	26	46	594	219	33	4566
	保加利亚	35	35	172	-	-	-	-243	1629	5390	5417	2069	2042
	匈牙利	118	10	65	37	863	215	821	37010	1161	4140	2567	3402
	拉脱维亚	158	-	-	-	-174	-	-3	-	-	-	-	-
中东欧16国	立陶宛	-	-	-	-	-	-	-	-	-	100	551	-
	斯洛文尼亚	-	-	-	-	-	-	-	-	-	-	-	-
	爱沙尼亚	-	-	-	-	-	-	-	-	-	-	-	-
	克罗地亚	-	-	-		120	-	26	3	5	5	-	355
	阿尔巴尼亚	-	-	-	1	-	-	-	8	-	0	56	-
	塞尔维亚	-	-	-	-	-	-	-	210	21	210	1150	1169
	马其顿	-	-	-	-	-	-	-	-	-	6	-	-
	波黑	146	-	-	-	-	-	151	6	4	6	-	-
	黑山	-	-	-	-	32	-	-	-	-	-	-	-

续表

国家和地区	具体国别	2003	2004	2005	2006	2007	2008	2009	2010	2011	2012	2013	2014
亚投行其他21国	新西兰	307	-490	347	349	-160	646	902	6375	2789	9406	19040	25002
	法国	45	1031	609	560	962	3105	4519	2641	348232	15393	26044	40554
	德国	2506	2750	12874	7672	23866	18341	17921	41235	51238	79933	91081	143892
	意大利	29	310	746	763	810	500	4605	1327	22483	11858	3126	11302
	英国	211	2939	2478	3512	56654	1671	19217	33033	141970	277473	141958	149890
	卢森堡	-	-	-	-	419	4213	227049	320719	126500	113301	127521	457837
	瑞士	-	58	59	101	121	1	2099	2725	1719	864	12826	3364
	奥地利	40	-	-	4	8	-	-	46	2022	5343	15	4371
	荷兰	447	191	384	531	10675	9197	10145	6453	16786	44245	23842	102997
	丹麦	7388	-778	1079	-5891	27	133	264	161	589	514	2739	5723
	澳大利亚	3039	12495	19307	8760	53159	189215	243643	170170	316529	217298	345798	404911
	韩国	15392	4023	58882	2732	5667	9691	26512	-72168	34172	94240	26875	54887
	挪威	-	-	-	14	360	9	360	13473	1857	849	19629	5860
	冰岛	-	-	-	-	-	-	-	-5	-	-	-	-
	瑞典	17	264	100	530	6806	1066	810	136723	4901	28522	17082	13001
	芬兰	-	-	-	-	1	266	111	1804	156	136	852	1042
	西班牙	-	170	147	730	609	116	5986	2926	13974	4624	-14575	9235
	马耳他	-	37	-	10	-10	47	22	-237	27	-	12	193
	葡萄牙	-	-	-	-	-	-	-	-	-	515	1494	387
	巴西	667	643	1509	1009	5113	2238	11627	48746	12640	19410	31093	73000
	南非	886	1781	4747	4074	45441	480786	4159	41117	-1417	-81491	-8919	4209

续表

国家和地区	具体国别	2003	2004	2005	2006	2007	2008	2009	2010	2011	2012	2013	2014
美国		6505	11993	23182	19834	19573	46203	90874	130829	181142	404785	387343	759613
日本		737	1530	1717	3949	3903	5862	8410	33799	14942	21065	43405	39445

资料来源:《中国商务年鉴》。因中国对部分国家对外直接投资流量较小，考虑到数据的表达直观性，在此设定单位为万美元，但正文中的统计分析采用单位为亿美元。

附录 2.2 中国对外直接投资存量国别一览

(百万美元)

国家和地区	具体国别	2003	2004	2005	2006	2007	2008	2009	2010	2011	2012	2013	2014
中亚6国	蒙古	1342	7595	13063	31467	59217	89556	124166	143552	188662	295403	335396	376246
	哈萨克斯坦	1971	2478	24524	27624	60993	140230	151621	159054	285845	625139	695669	754107
	乌兹别克斯坦	327	423	1198	1497	3082	7764	8522	8300	15647	14618	19782	39209
	土库曼斯坦	20	20	20	16	142	8813	20797	65848	27648	28777	25323	44760
	吉尔吉斯斯坦	1579	1926	4506	12476	13975	14681	28372	39432	52505	66219	88582	98419
	塔吉克斯坦	512	2154	2279	3028	9899	22717	16279	19163	21674	47612	59941	72896

续表

国家和地区	具体国别	2003	2004	2005	2006	2007	2008	2009	2010	2011	2012	2013	2014
西亚北非16国	沙特阿拉伯	24	209	5845	27284	40403	62068	71089	76056	88314	120586	174706	198743
	阿联酋	3117	4656	14453	14463	23431	37599	44029	76429	117450	133678	151457	233345
	阿曼	-	1	653	3387	3717	1422	797	2111	2938	3335	17473	18972
	伊朗	2215	4668	5608	11059	12235	9427	21780	71516	135156	207046	285120	348415
	土耳其	153	289	423	1038	1199	2236	38617	40363	40648	50251	64231	88181
	以色列	32	32	632	865	1087	987	1137	2187	2388	3846	3405	8665
	埃及	1429	1428	3980	10043	13160	13135	28507	33672	40317	45919	51113	65711
	科威特	17	253	123	631	51	296	588	5087	9286	8284	8939	34591
	伊拉克	43696	43487	43487	43618	2245	2079	2258	48345	60591	75432	31706	37584
	卡塔尔	190	270	270	848	3979	4979	3628	7705	13018	22066	25402	35387
	约旦	100	592	1747	1106	1195	1032	1054	1263	1281	2254	2343	3098
	黎巴嫩	-	2	17	44	44	44	157	201	201	301	369	378
	巴林	15	15	199	27	75	87	87	87	102	680	146	376
	也门	1276	3102	7777	6376	10723	14054	14930	18466	19145	22130	54911	55507
	叙利亚	-	33	376	1681	555	438	849	1661	1483	1446	641	1455
	巴勒斯坦	-	61	-	-	-	-	-	-	-	2	4	4

续表

国家和地区	具体国别	2003	2004	2005	2006	2007	2008	2009	2010	2011	2012	2013	2014
东南亚11国	印度尼西亚	5426	12175	14093	22551	67948	54333	79906	115044	168791	309804	465665	679350
	泰国	15077	18188	21918	23267	37862	43716	44788	108000	130726	212693	247243	307947
	马来西亚	10066	12324	18683	19696	27463	36120	47989	70880	79762	102613	166818	178563
	越南	2873	16032	22918	25363	39699	52173	72850	98660	129066	160438	216672	286565
	新加坡	16483	23309	32548	46801	144393	333477	485732	606910	1060269	1238333	1475070	2063995
	菲律宾	875	980	1935	2185	4304	8673	14259	38734	49427	59314	69238	75994
	缅甸	1022	2018	2359	16312	26177	49971	92988	194675	218152	309372	356968	392557
	柬埔寨	5949	8989	7684	10366	16811	39066	63326	112977	175744	231768	284857	322228
	老挝	911	1542	3287	9607	30222	30519	53567	84575	127620	192784	277092	449099
	文莱	13	13	190	190	438	651	1737	4566	6613	6635	7212	6955
	东帝汶	-	10	10	45	45	45	745	745	745	745	905	1578
南亚8国	印度	96	455	1462	2583	12014	22202	22127	47980	65738	116910	244698	340721
	巴基斯坦	2748	3645	18881	14824	106819	132799	145809	182801	216299	223361	234309	373682
	孟加拉国	845	866	3296	3966	4330	4814	6030	6758	7668	11725	15868	16024
	斯里兰卡	654	679	1543	846	774	1678	1581	7274	16258	17858	29265	36391
	阿富汗	43	45	45	67	77	11469	18132	16859	46513	48274	48742	51849
	尼泊尔	181	332	299	359	866	867	1413	1594	2480	3358	7531	13834
	马尔代夫	-	-	-	-	-	-	-	-	-	-	165	237
	不丹	-	-	-	-	-	-	-	-	-	-	-	-

续表

国家和地区	具体国别	2003	2004	2005	2006	2007	2008	2009	2010	2011	2012	2013	2014
独联体其他7国	俄罗斯	6164	12348	46557	92976	142151	183828	222037	278756	376364	488849	758161	869463
	乌克兰	6	131	278	654	1351	1592	2079	2229	2929	3314	5198	6341
	白俄罗斯	—	—	29	29	29	239	449	2371	2907	7747	11590	25752
	格鲁吉亚	—	484	2215	3209	4293	6586	7533	13017	10935	17808	33075	54564
	阿塞拜疆	35	371	265	1092	1019	953	1200	1238	3006	3168	3834	5521
	亚美尼亚	—	—	125	125	125	125	132	132	132	132	751	751
	摩尔多瓦	—	—	78	78	78	78	78	78	78	211	387	387
中东欧16国	波兰	272	287	1239	8718	9893	10993	12030	14031	20126	20811	25704	32935
	罗马尼亚	2975	3110	3943	6563	7288	8566	9334	12495	12583	16109	14513	19137
	捷克	33	111	138	1467	1964	3243	4934	5233	6683	20245	20468	24269
	斯洛伐克	10	10	10	10	510	510	936	982	2578	8601	8277	12779
	保加利亚	60	146	299	474	474	474	231	1860	7256	12674	14985	17027
	匈牙利	543	542	281	5365	7817	8875	9741	46570	47535	50741	53235	55675
	拉脱维亚	161	161	161	231	57	57	54	54	54	54	54	54
	立陶宛	—	—	—	—	28	28	36	391	391	391	1248	1248
	斯洛文尼亚	—	—	12	140	140	140	500	500	500	500	500	500

续表

国家和地区	具体国别	2003	2004	2005	2006	2007	2008	2009	2010	2011	2012	2013	2014
中东欧16国	爱沙尼亚	—	—	126	126	126	126	750	750	750	350	350	350
	克罗地亚	—	—	75	75	784	784	810	813	818	863	831	1187
	阿尔巴尼亚	—	—	50	51	51	51	435	443	443	443	703	703
	塞尔维亚	—	—	—	—	200	200	268	484	505	647	1854	2977
	马其顿	—	—	20	20	20	20	20	20	20	26	209	211
	波黑	146	401	351	351	351	351	592	598	601	607	613	613
	黑山	—	—	—	—	32	32	32	32	32	32	32	32
亚投行其他21国	新西兰	4425	3322	3518	5127	5117	6965	9385	15911	18546	27385	54173	96241
	法国	1312	2168	3382	4488	12681	16713	22103	24362	372389	395077	444794	844488
	德国	8361	12921	26835	47203	84541	84550	108224	150229	240144	310435	397938	578550
	意大利	1918	2084	2160	7441	12713	13360	19168	22380	44909	57393	60775	71969
	英国	7515	10846	10797	20187	95031	83766	102828	135835	253058	893427	1179790	1280465
	卢森堡	—	—	—	—	6702	12283	248438	578675	708197	897789	1042376	1566677
	瑞士	221	186	245	758	888	891	3030	5854	9194	10132	29654	38766
	奥地利	70	70	7	32	404	404	155	201	2454	7946	7666	20170
	荷兰	590	897	1495	2043	13876	23442	33587	48671	66468	110792	319309	419408

续表

国家和地区	具体国别	2003	2004	2005	2006	2007	2008	2009	2010	2011	2012	2013	2014
	丹麦	7443	6720	9659	3648	3675	3808	4079	4247	4913	5324	8437	20815
	澳大利亚	41649	49458	58746	79435	144401	335529	586310	786775	1104125	1387305	1744968	2388226
	韩国	23538	56192	88222	94924	121414	85034	121780	63725	158268	308190	196308	277157
	挪威	-	-	-	16	375	385	1295	14776	16659	18813	477171	522350
	冰岛	-	-	110	5	5	5	5					
亚投行	瑞典	607	644	2246	2002	14693	15759	11189	147912	153122	240817	273771	301292
其他21国	芬兰	-	-	90	93	94	359	904	2725	3100	3403	4255	5899
	西班牙	10181	12767	13012	13672	14285	14501	20523	24776	38931	43725	31571	42453
	马耳他	37	37	137	197	187	481	503	266	337	337	349	542
	葡萄牙	20	20	20	20	171	171	502	2137	3313	4038	5532	6069
	巴西	5219	7922	8139	13041	18955	21705	36089	92365	107179	144951	173358	283289
	南非	4477	5887	11228	16762	70237	304862	230686	415298	405973	477507	440040	595402
美国		50232	66520	82268	123787	188053	238990	333842	487399	899303	1707977	2189956	3801097
日本		8931	13949	15070	22398	55827	50969	69286	110563	136622	161991	189824	254704

资料来源：《中国商务年鉴》。因中国对部分国家对外直接投资存量较小，考虑到数据的表达直观性，在此设定单位为万美元，但正文中的统计分析采用单位为亿美元。

附录 3.1 中国对外直接投资流量 18 个细分行业分布

（百万美元）

编码	2004	2005	2006	2007	2008	2009	2010	2011	2012	2013	2014
A	28866	10536	18504	27171	17183	34279	53398	79775	146138	181313	203543
B	180021	167522	853951	406277	582351	1334309	571486	1444595	1354380	2480779	1654939
C	75555	228040	90661	212650	176603	224097	466417	704118	866741	719715	958360
D	7849	766	11874	15138	131349	46807	100643	187543	193534	68043	176463
E	4795	8186	3323	32943	73299	36022	162826	164817	324536	436430	339600
F	79969	226012	111391	660418	651413	613575	672878	1032412	1304854	1464682	1829071
G	82866	57679	137639	406548	265574	206752	565545	256392	298814	330723	417472
H	203	758	251	955	2950	7487	21820	11693	13663	8216	24474
I	3050	1479	4802	30384	29875	27813	50612	77646	124014	140088	316965
J	-	-	352999	166780	1404800	873374	862739	607050	1007084	1510433	1591782
K	851	11563	38376	90852	33901	93814	161308	197442	201813	395251	660457
L	74931	494159	452166	560734	2171723	2047378	3028070	2559726	2674080	2705716	3683059
M	1806	12942	28161	30390	16681	77573	101886	70658	147850	179221	166879
N	120	13	825	271	14145	434	7198	25529	3357	14489	55139

续表

编码	2004	2005	2006	2007	2008	2009	2010	2011	2012	2013	2014
O	8814	6279	11151	7621	16536	26773	32105	32863	89040	112918	165175
P	-	-	228	892	154	245	200	2008	10283	3566	1355
Q	1	12	18	75	-	191	3352	639	538	1703	15338
R	98	-	76	510	2180	1976	18648	10498	19634	31085	51915
S	4	171	-	-	-	-	-	-	-	-	-

资料来源:《中国商务年鉴》。因中国对部分行业对外直接投资流量较小,考虑到数据的表达直观性,在此设定单位为万美元,但正文中的统计分析采用单位为亿美元。

附录 3.2 中国对外直接投资存量 18 个细分行业分布

编码	2004	2005	2006	2007	2008	2009	2010	2011	2012	2013	2014
A	83423	51162	81670	120605	146762	202844	261208	341664	496443	717912	969179
B	595137	865161	1790162	1501381	2286840	4057969	4466064	6699537	7478420	10617092	12372524
C	453807	577028	752962	954425	966188	1359155	1780166	2696443	3414007	4197684	5235194
D	21967	28731	44554	59539	184676	225561	341068	714056	899210	1119660	1504089
E	81748	120399	157032	163434	268070	341322	617328	805110	1285604	1944574	2258325

续表

编码	2004	2005	2006	2007	2008	2009	2010	2011	2012	2013	2014
F	784327	1141791	1295520	2023288	2985866	3569499	4200645	4909363	6821188	8764768	10295680
G	458055	708297	756819	1205904	1452002	1663133	2318780	2526131	2922653	3222778	3468163
H	2081	4640	6118	12067	13669	24329	44986	60386	76327	94743	130704
I	119237	132350	144988	190089	166696	196724	840624	955324	481971	738440	1232599
J		1207538	1560537	1671991	3669388	4599403	5525321	6739329	9645337	11707819	13762458
K	20251	149520	201858	451386	409814	534343	726642	898616	958141	1542126	2464903
L	1642824	1655360	1946360	3051503	5458303	7294900	9724605	14229002	17569795	19573518	32244391
M	12398	60431	112129	152103	198189	287413	396712	438838	679276	866973	1087324
N	91109	91002	91839	92121	106289	106508	113343	240196	7056	34242	1333365
O	109314	132338	117420	129885	71468	96137	322974	161558	358124	768855	904271
P	-	-	228	1740	1749	2123	2394	6657	16479	20105	18464
Q	22	11	281	369	369	610	3616	1715	4676	6484	23060
R	592	538	2614	9220	10733	13565	34583	54142	79351	110067	159522
S	1434	1803	-	-	-						

资料来源:《中国商务年鉴》。因中国对部分行业对外直接投资存量较小,考虑到数据的表达直观性,在此设定单位为万美元,但正文中的统计分析采用单位为亿美元;其中,《中国商务年鉴》中金融业和教育业数据起始于2006年,金融业2005年存量数据为其2006年存量数据减去2006年流量所得。

附录 4 各国家和地区服务贸易出口总值

（百万美元）

	2003	2004	2005	2006	2007	2008	2009	2010	2011	2012	2013	2014
中国	467.60	649.13	891.50	1138.51	1475.11	1659.90	1441.85	1714.90	1847.63	2161.54	2080.46	2335.10
中亚 6 国	27.03	32.53	35.67	44.49	58.02	69.96	63.75	69.59	81.57	99.19	103.48	84.84
西亚北非 16 国	755.54	907.88	1098.39	1241.69	1441.06	1649.35	1572.80	1696.05	1766.46	1832.11	1852.41	1929.38
东南亚 11 国	806.41	1063.11	1147.40	1352.85	1688.44	1921.93	1768.96	2133.37	2510.76	2747.37	2998.44	2991.18
南亚 8 国	301.16	446.36	595.85	770.79	960.94	1178.84	1050.42	1343.59	1558.18	1648.48	1680.74	1747.42
独联体其他 7 国	242.91	319.12	439.85	534.84	665.19	855.82	692.66	779.77	919.75	1001.84	1095.93	984.96
中东欧 16 国	561.84	673.20	757.83	934.08	1177.36	1596.48	1316.53	1440.76	1623.57	1638.47	1789.45	1891.41
亚投行其他 21 成员国	8866.88	10695.64	10115.21	11842.85	14093.51	16879.87	14641.36	16965.23	19022.40	19028.25	20120.64	21066.72
美国	2956.92	3434.29	3730.06	4167.38	4883.96	5328.17	5127.22	5633.33	6277.81	6548.50	6874.10	7094.48
日本	775.68	975.59	1020.29	1093.87	1214.96	1410.11	1208.65	1310.81	1374.69	1341.67	1352.27	1625.39

资料来源：联合国贸易和发展会议统计数据库。为表格排列以及阅览的方便，在此保留小数点后两位小数。

附录 5　各国家和地区服务贸易各出口产品出口总值

(亿美元)

具体出口产品	国家和地区	2003	2004	2005	2006	2007	2008	2009	2010	2011	2012	2013	2014
运输服务	中国	79.1	120.7	154.3	210.2	313.2	384.2	235.7	342.1	355.7	389.1	376.5	382.4
	中亚	8.4	10.5	13.4	17.9	21.6	26.1	25.1	26.6	28.2	32.8	34.5	44.3
	西亚北非	144.8	185.3	213.5	252.7	296.3	346.9	307.4	403.3	461.0	516.8	496.3	488.2
	东南亚	218.8	283.4	339.0	375.7	485.6	576.1	464.2	562.9	611.9	630.1	636.3	635.0
	南亚	45.5	60.7	84.6	106.8	123.0	153.2	136.2	163.7	215.0	215.0	208.6	221.6
	独联体	111.0	135.5	158.7	184.5	219.8	276.3	226.7	275.8	321.9	336.0	353.9	330.5
	中东欧	151.4	181.1	178.4	220.9	282.8	413.1	324.3	348.5	409.8	419.9	469.5	506.5
	亚投行	1885.0	2368.7	1641.6	1977.7	2373.1	3514.4	2671.5	3015.0	3256.6	3263.6	3382.4	3372.6
	美国	412.0	474.3	526.2	574.6	658.2	749.7	621.9	716.6	798.3	835.9	872.7	898.8
	日本	264.6	321.4	357.9	376.5	419.5	469.7	315.6	389.0	383.2	401.6	395.6	395.0
旅游	中国	174.1	257.4	293.0	339.5	372.3	408.4	396.8	458.1	484.6	500.3	516.6	569.1
	中亚	7.6	9.8	9.5	12.3	16.7	17.8	14.5	14.1	17.9	22.3	21.8	20.3
	西亚北非	325.8	379.9	463.3	481.5	560.2	654.3	676.3	821.5	775.2	792.9	799.7	815.4
	东南亚	238.3	313.7	349.8	436.4	553.9	596.4	540.3	685.0	846.6	957.5	1073.8	1051.0
	南亚	56.8	76.3	86.0	100.4	132.1	145.0	138.0	176.1	214.3	218.8	234.4	256.2
	独联体	60.4	88.6	98.9	122.2	154.1	191.6	146.8	149.5	189.9	207.8	226.3	196.2
	中东欧	247.5	290.9	273.1	309.1	382.3	529.2	447.6	470.2	516.5	503.7	525.1	530.2
	亚投行	2409.0	2834.9	1301.0	1668.3	1895.1	3756.8	3327.2	3384.5	3819.9	3753.9	4002.3	4173.2
	美国	868.0	981.5	1014.7	1051.4	1190.4	1337.6	1199.0	1370.1	1508.7	1612.5	1731.3	1774.8
	日本	88.2	112.7	124.4	84.7	93.3	108.2	103.0	132.0	109.7	145.8	151.3	182.6

续表

具体出口产品	国家和地区	2003	2004	2005	2006	2007	2008	2009	2010	2011	2012	2013	2014
建筑服务	中国	12.9	14.7	25.9	27.5	53.8	103.3	94.6	144.9	147.2	122.5	106.6	153.6
	中亚	0.3	0.1	0.3	0.3	0.3	0.4	0.3	0.7	1.3	1.2	1.4	2.0
	西亚北非	12.3	32.1	29.1	23.8	31.8	40.1	36.4	43.0	40.2	44.6	44.6	24.9
	东南亚	9.3	18.7	21.6	24.1	32.1	36.8	31.5	32.1	37.2	43.5	46.5	40.6
	南亚	3.2	5.7	4.1	7.2	8.6	15.9	15.7	16.5	20.8	18.1	18.8	17.1
	独联体	11.7	17.6	35.1	48.4	51.2	67.7	46.5	40.5	52.0	59.6	76.4	64.3
	中东欧	21.3	22.0	19.6	25.8	33.9	55.0	44.6	49.3	50.8	51.6	52.2	53.7
	亚投行	201.9	224.6	100.7	150.0	202.2	328.8	320.2	277.4	309.4	353.7	405.2	355.2
	美国	21.3	19.9	13.5	18.6	27.4	38.9	40.3	28.0	31.0	31.5	25.9	27.1
	日本	45.5	68.6	72.3	89.9	103.2	137.2	124.4	106.4	109.5	115.9	96.7	115.5
保险服务	中国	3.4	3.8	5.5	5.5	9.0	13.8	16.0	17.3	30.2	33.3	40.0	45.7
	中亚	0.0	0.1	0.1	0.1	0.4	1.0	1.2	0.9	1.0	1.0	0.4	0.7
	西亚北非	4.7	9.7	13.9	16.2	21.7	25.2	26.8	28.5	25.8	27.8	32.9	27.1
	东南亚	16.1	17.6	18.2	20.3	22.5	26.6	32.7	41.1	41.8	45.4	48.5	48.6
	南亚	4.8	9.2	10.6	12.0	16.2	17.3	16.5	19.2	28.4	25.5	23.8	25.1
	独联体	1.9	2.9	3.8	4.9	5.0	5.7	4.5	5.4	4.5	5.5	6.3	5.5
	中东欧	4.0	2.6	2.8	3.3	4.3	8.6	7.4	9.3	12.8	12.5	12.5	11.7
	亚投行	270.9	256.2	304.9	415.0	439.4	542.7	551.0	508.7	641.6	612.2	657.6	682.6
	美国	59.7	73.1	75.7	94.5	108.4	134.0	145.9	144.0	151.1	165.3	161.0	164.3
	日本	3.8	10.7	8.7	15.8	13.5	9.4	8.7	12.7	16.6	-4.0	1.8	18.2

续表

具体出口产品	国家和地区	2003	2004	2005	2006	2007	2008	2009	2010	2011	2012	2013	2014
金融服务	中国	1.5	0.9	1.5	1.5	2.3	3.1	3.6	13.3	8.5	18.9	31.9	45.3
	中亚	0.2	0.3	0.4	0.4	0.9	1.4	0.7	0.4	0.5	1.7	2.9	0.3
	西亚北非	4.6	4.9	6.4	6.8	7.7	21.9	20.6	48.0	32.7	33.2	37.5	33.6
	东南亚	33.7	41.6	54.0	74.8	114.0	119.5	114.3	132.1	165.5	175.9	195.3	217.0
	南亚	4.1	4.0	12.1	24.5	34.7	44.3	40.5	64.5	66.3	58.3	68.5	59.8
	独联体	2.1	3.2	4.6	7.0	15.2	18.4	14.3	15.7	14.6	16.2	21.1	18.9
	中东欧	8.8	12.6	13.2	15.1	25.9	35.9	23.6	25.9	29.7	27.0	28.4	31.0
	亚投行	655.5	847.2	1205.1	1531.0	1958.2	2060.2	1734.9	1787.0	2037.4	1988.8	2118.8	2181.9
	美国	278.4	363.9	398.8	478.8	613.8	630.3	644.4	723.5	782.7	766.1	840.7	872.6
	日本	34.7	44.1	50.7	61.5	62.1	54.5	48.2	36.1	41.1	46.4	45.6	72.0
专利和特许费	中国	1.1	2.4	1.6	2.0	3.4	5.7	4.3	8.3	7.4	10.4	8.9	6.8
	中亚	0.0	0.0	0.0	0.0	0.0	0.1	0.0	0.0	0.0	0.0	0.0	0.1
	西亚北非	5.5	6.5	1.4	2.9	1.3	0.1	0.4	4.0	4.0	5.5	6.0	0.2
	东南亚	4.0	10.2	8.3	6.2	8.3	11.1	12.9	12.9	20.7	22.8	34.9	35.1
	南亚	0.4	0.7	2.3	1.2	2.1	1.9	2.0	1.4	3.1	3.3	4.5	6.7
	独联体	2.0	2.8	2.9	3.3	4.2	4.9	5.2	5.4	7.0	8.2	9.4	8.3
	中东欧	5.2	7.7	10.8	7.3	11.7	27.7	24.7	32.2	31.5	32.2	32.8	33.3
	亚投行	385.1	498.1	329.3	379.6	428.1	673.5	680.9	734.1	837.5	793.8	805.5	822.3
	美国	568.1	670.9	744.5	835.5	978.0	1021.3	984.1	1075.2	1233.3	1254.9	1291.8	1316.4
	日本	122.7	156.9	176.2	201.0	232.2	256.9	216.7	266.8	290.6	318.9	315.7	368.3

续表

具体出口产品	国家和地区	2003	2004	2005	2006	2007	2008	2009	2010	2011	2012	2013	2014
通信、计算机和信息服务	中国	17.4	21.9	23.3	37.0	55.2	78.2	77.1	104.8	139.1	162.5	171.0	201.7
	中亚	0.9	0.9	1.1	1.2	1.4	1.8	1.8	2.0	1.9	2.5	2.6	3.1
	西亚北非	44.6	49.7	36.1	60.6	78.3	105.2	106.4	117.5	119.8	131.7	132.0	57.0
	东南亚	21.4	34.7	43.3	53.6	66.2	77.2	83.4	98.3	115.3	121.0	129.2	133.1
	南亚	99.7	137.1	174.2	229.9	293.0	380.0	352.7	419.4	488.9	507.5	553.8	573.0
	独联体	9.1	11.3	14.8	19.2	30.6	41.3	37.8	41.2	49.8	58.3	71.6	79.4
	中东欧	24.3	31.9	38.8	51.7	65.9	99.6	94.6	105.1	124.8	135.6	154.3	174.7
	亚投行	494.8	634.8	412.5	554.9	655.8	1062.0	1002.7	1032.7	1140.2	1197.5	1299.5	1320.1
	美国	129.1	136.4	155.2	171.8	201.9	231.2	238.2	250.4	291.7	321.0	334.1	342.2
	日本	17.4	15.0	15.2	14.0	15.2	16.0	15.3	17.8	19.6	23.2	27.1	32.0
个人文化和娱乐服务	中国	0.3	0.4	1.3	1.4	3.2	4.2	1.0	1.2	1.2	1.3	1.5	1.7
	中亚	0.1	0.1	0.1	0.1	0.5	0.7	0.7	0.7	1.0	1.0	0.8	1.0
	西亚北非	8.6	16.2	13.1	12.8	11.8	14.4	10.5	15.3	18.9	22.7	21.6	26.8
	东南亚	20.0	19.1	18.8	12.4	12.3	15.3	12.8	8.8	9.9	10.9	11.2	11.8
	南亚	0.1	0.5	1.2	3.1	5.1	7.2	23.8	10.0	3.6	7.7	12.5	12.8
	独联体	1.4	1.9	2.2	3.3	4.7	6.1	4.9	6.8	6.5	7.2	9.4	8.1
	中东欧	13.3	19.2	16.3	15.6	20.4	11.3	10.0	13.1	16.8	15.2	16.4	18.1
	亚投行	97.5	118.3	75.0	81.9	85.5	153.4	141.2	157.6	188.0	201.5	250.9	243.9
	美国	2.0	2.2	2.5	4.3	6.4	7.5	7.4	10.0	8.2	8.9	7.1	7.5
	日本	1.4	0.7	1.0	1.4	1.6	1.5	1.6	1.5	1.6	1.8	1.6	4.7

续表

具体出口产品	国家和地区	2003	2004	2005	2006	2007	2008	2009	2010	2011	2012	2013	2014
其他商业服务	中国	174.3	223.2	198.8	240.4	335.9	392.1	381.6	431.7	467.8	511.2	572.4	689.0
	中亚	1.9	2.4	2.6	2.8	4.1	4.8	5.6	8.1	8.9	10.0	8.7	9.3
	西亚北非	93.4	120.1	115.7	153.6	176.6	141.7	-122.3	148.5	204.3	171.8	196.5	55.3
	东南亚	206.6	278.2	244.1	296.9	331.9	381.2	394.0	465.1	541.1	626.3	698.6	700.1
	南亚	6.3	130.3	190.0	259.4	313.9	379.3	294.1	371.1	415.7	498.7	494.3	481.8
	独联体	38.7	48.9	69.7	88.3	120.0	163.9	138.9	157.9	185.6	207.2	231.3	205.4
	中东欧	81.6	100.7	95.7	124.8	174.5	269.8	232.1	264.2	293.1	298.7	318.0	341.3
	亚投行	2216.8	2679.0	1413.5	1843.1	2271.7	3425.9	3005.5	3223.5	3653.8	3863.9	4018.6	4364.1
	美国	552.7	616.1	567.1	663.3	790.1	881.1	912.1	972.3	1086.5	1158.5	1201.4	1276.8
	日本	180.6	218.8	187.6	223.1	248.4	327.1	345.3	316.7	367.4	254.4	282.6	369.4

资料来源：联合国贸易和发展会议统计数据库。为表格排列以及阅览的方便，在此保留小数点后一位小数。

附录6　各国家和地区服务贸易出口技术复杂度一览

	2003	2004	2005	2006	2007	2008	2009	2010	2011	2012	2013	2014
CHN	136789	140554	131186	125656	132639	134373	128856	144209	145258	131365	142236	146253
CA	102481	108423	130348	134742	136171	122514	118229	125001	122026	121691	119833	164575

续表

	2003	2004	2005	2006	2007	2008	2009	2010	2011	2012	2013	2014
WANA	118236	127162	135314	133389	137693	125727	121278	150493	150486	154884	156013	131975
SEA	132379	136834	156700	157296	161207	149246	142092	150621	151393	153556	155878	157115
SA	95815	125199	139954	143107	145261	137074	132321	131680	136356	136473	141335	139221
CIS	143088	146287	154321	157812	159830	147615	140509	146342	150308	151984	155337	157246
CEE	139632	143389	142535	137282	144061	143661	138698	146875	147929	149922	149192	149369
AIIB-other	136943	141836	107108	117331	120537	143822	138005	132668	134515	136487	138029	137341
USA	149141	152879	166498	169606	175301	165559	154162	165631	168169	172208	174811	175765
JAP	153812	158148	181716	189236	196006	184109	172823	184907	188593	198475	198697	193259

注: 依据文中公式 (4-3) 运算所得。

附录 7 各国家和地区货物贸易出口总值

(亿美元)

	2003	2004	2005	2006	2007	2008	2009	2010	2011	2012	2013	2014
中国	4382	5933	7620	9689	12201	14307	12016	15778	18984	20488	22090	23423
中亚6国	141	217	296	406	508	728	444	587	901	940	907	852
西亚北非16国	3466	4728	5761	7412	7803	10405	7455	9418	11861	9505	10597	9504

续表

	2003	2004	2005	2006	2007	2008	2009	2010	2011	2012	2013	2014
东南亚 11 国	4687	5672	6438	7623	8455	9659	7966	10407	12205	12428	12564	12700
南亚 8 国	833	1032	1323	1571	1853	2270	2189	2711	3630	3255	3733	3552
独联体其他 7 国	1712	2340	2989	3690	4356	6194	3806	4992	6590	6693	6585	6163
中东欧 16 国	2294	3046	3630	4429	5649	6765	5283	6166	7563	7263	7866	8227
亚投行其他 21 成员国	30528	36697	39841	45378	52208	58466	45296	52470	61881	60449	62822	62292
美国	7236	8179	9043	10370	11625	12999	10567	12781	14817	15449	15776	16197
日本	4720	5658	5949	6467	7143	7814	5807	7698	8232	7986	7151	6902

资料来源：联合国贸易数据库，国家和地区分类参照文中第三章第一节。为表格排列以及阅览的方便，在此取整数。

附录 8 货物贸易出口产品分类及产品 SITC 3 位码编号

初级产品（primary products, PP）

001	活物	232	天然橡胶
011	肉类	244	软木
022	牛奶和奶油	245	燃料木材
025	蛋类	246	木浆

续表

代码	名称	代码	名称
034	鱼类	261	丝
036	带壳海产品	263	棉花
041	小麦	268	动物毛
042	大米	272	未加工肥料
043	大麦	273	石料和沙砾
044	玉米	274	硫黄
045	坚果类	277	磨料
054	蔬菜	278	其他粗矿
057	水果	291	未加工动物材料
071	咖啡	292	未加工蔬菜材料
072	可可粉	322	煤
074	茶	333	原油
075	香料	34	天然气（342，343，344，345）
081	动物饲料	681	银、铂等
091	黄油	682	铜
121	烟草	683	镍
211	皮革	684	铝
212	毛皮	685	铅
222	油籽	686	锌
223	其他油籽	687	锡

续表

	资源型制成品（resource-based manufactures, RB）		
RB1：农林产品		**RB2：其他资源型制成品**	
012	腌肉和熏肉	281	铁矿石
016	初加工肉类	282	钢铁碎片
023	黄油	286	铀矿石
024	奶酪	287	基础金属矿产品
035	腌鱼和熏鱼	288	矿产品（非金属）
037	初加工鱼类	289	贵金属矿产品
046	小麦粉	322	煤砖
047	其他谷类粉	334	石油提炼产品
048	谷类制成品	335	石油提炼余料
056	初加工蔬菜	411	动物油和脂类
058	初加工水果	511	衍生碳氢化合物
061	糖	514	氮复合物
062	糖果	515	有机无机复合物
073	巧克力	516	其他有机化学制品
098	食用油	522	无机元素
111	饮料（不含酒精）	523	其他无机化学品
112	饮料（含酒精）	531	合成染料
122	加工烟草	532	人造革

续表

代码	产品	代码	产品
232	橡胶制品	551	石油必需品
247	加工木材	592	淀粉
248	成型木材	661	水泥
251	纸浆	662	黏土
264	基础纤维	663	金属矿产品制成品
265	植物纤维	664	玻璃
269	纺织品废料	667	珠宝
421	植物油（软）	689	非合金基础金属
422	植物油（非软）		
431	加工动物油		
621	橡胶材料		
625	橡胶管、轮胎等		
629	橡胶物件		
633	软木制成品		
634	镶板、胶合板等		
635	木料制成品		
641	纸张和纸板		

劳动密集型制成品/低技术制成品（low-technology manufactures, LT）

LT1：纺织、服装、鞋类		LT2：其他低技术产品	
611	皮革	642	纸质成品
612	皮革制成品	665	玻璃器皿

续表

613	可穿戴皮革	666	陶器
651	纱线	673	钢铁成品
652	棉花纺织品	674	钢铁板
654	其他纺织品	675	钢铁环
655	编织品	676	铁轨
656	丝带、绢网等	677	铁丝
657	特殊纺织品	679	钢材
658	纺织制成品	691	金属结构和部件
659	地毯	692	金属容器
831	旅行装备	693	非电气金属丝
842	男士外衣（非编制）	694	钢、铜钉子和螺母等
843	女士外衣（非编织）	695	工具
844	内衣（非编织）	696	餐具
845	外衣（编织非弹）	697	家庭设备（以金属制成品为主）
846	内衣（编织）	699	基础金属制成品
847	服装配饰	821	家具
848	头戴物	893	塑料品
851	鞋类	894	玩具、体育用品等
		895	办公耗材
		897	金银制品
		898	音乐器材

续表

		资本密集型制成品/中技术制成品（meduim-technology manufactures, MT)	其他制成品
		MT1: 机动车辆	
781		乘用车（除公交车）	
782		卡车及其他特殊车辆	
783		摩托车等	
784		车用零配件	
785		自行车等	
		MT2: 中技术加工产品	
266		合成纤维	
267		其他人造纤维	
512		酒精	
513		酸性化工品	
533		颜料等	
553		香水、化妆品等	
554		洗浴品	
562		制成肥料	
572		炸药、烟花装置	
58		非初级级塑料部件（581，582，583）	
591		杀虫剂、消毒剂	
598		化学混合物	
899			其他制成品
		MT3: 中技术工程产品	
711			蒸汽锅炉装置
713			活塞内燃机
714			发动机
721			农业机械
722			拖拉机
723			民用工程机械
724			皮革纺织机械
725			造纸机械
726			印刷机械
727			非家庭食品机械
728			特殊工业机械
736			金属加工机器工具
737			金属加工机械
741			空调
742			泵
743			离心机
744			机械把手设备
745			非电气机械工具

续表

代码	产品	代码	产品
653	人造编织物	749	非电气机械零件
671	金属铸块	762	收音机
672	初级钢铁品	763	留声机
678	钢铁管	772	开关设备
786	非机动拖车	773	分配设备
791	轨道车辆	775	家用设备
882	图像耗材	793	船舶
		812	探测设备
		872	医疗器械
		873	计数表
		884	光学用品
		885	手表，闹钟
		951	枪，弹药

技术密集型制成品/高技术制成品（high-technology manufactures, HT）

HT1：电子和电气产品

代码	产品	代码	产品
716	旋转电气装置		HT2：其他高技术产品
718	其他动力机械	524	放射性材料
751	办公设备	541	医药产品
752	数据处理设备	712	涡轮机
759	办公数据处理机器	792	飞行器等
761	电视机	871	光学仪器
		874	测量，控制仪器

续表

764	电视机部件及配件
771	电气动力机械
774	电子医疗设备
776	晶体管、电子管等
778	电气机械
881	照相机

资料来源：联合国贸易数据库，分类参照 Lall (2000) 以及 OECD (1994)。此处对出口产品的分类并未包括特殊交易产品，如电影影像、黄金、艺术作品、金属货币、宠物等。

附录 9　货物贸易各出口产品出口总值

(亿美元)

	2003	2004	2005	2006	2007	2008	2009	2010	2011	2012	2013	2014
PP 初级产品	9250	11360	13938	18218	19690	26150	17815	23025	29161	28722	29570	25178
RB1 农林产品	4944	5771	6231	6920	8068	9053	7670	8927	10725	10467	10874	11010
RB2 其他资源型制成品	5584	7364	9191	10958	12808	16434	11681	15500	19972	19766	20369	19485
LT1 纺织、服装、鞋类	4229	4761	5098	5680	6335	6681	5767	6731	7840	7576	8263	8559
LT2 其他低技术产品	6584	8147	9206	10623	12715	14497	10889	12732	15146	15180	15441	16398
MT1 机动车辆	6873	8072	8736	9686	11272	11753	8051	10363	12144	12305	12776	13291
MT2 中技术加工产品	3808	4723	5230	5795	6861	8169	6009	7479	9072	8717	8732	8828

续表

	2003	2004	2005	2006	2007	2008	2009	2010	2011	2012	2013	2014
MT3 中技术工程产品	10072	12273	13573	15504	18140	20335	15869	18852	22033	21651	22041	22582
HT1 电子和电气产品	11525	13920	15450	17925	18930	19832	16902	20779	22255	22385	23485	24232
HT2 其他高技术产品	2839	3429	3773	4481	5121	5651	4681	5480	6167	6515	6801	7160

资料来源: COMTRADE Database, 分类参照 Lall (2000) 以及 OECD (1994)。为表格排列以及阅览的方便，在此保留整数。

附录 10 各国家和地区货物贸易各出口产品出口总值

(亿美元)

国家和地区	具体出口产品编码	2003	2004	2005	2006	2007	2008	2009	2010	2011	2012	2013	2014
中国	PP	206.4	235.2	285.4	367.0	404.1	439.9	380.8	499.6	622.1	620.7	647.8	701.1
	RB1	142.8	187.0	240.0	312.1	376.2	404.1	355.5	457.2	595.9	633.3	680.5	720.7
	RB2	212.8	278.9	387.2	471.2	581.0	788.6	626.1	841.6	1066.2	1122.9	1222.5	1299.7
	LT1	987.6	1190.7	1441.4	1775.6	2102.2	2310.7	2090.3	2617.9	3155.9	3292.2	3647.7	3841.8
	LT2	614.9	836.8	1086.4	1431.7	1920.5	2367.5	1712.9	2248.1	2889.6	3421.8	3625.8	4087.1
	MT1	70.2	103.8	145.6	198.5	291.1	358.7	252.9	349.6	452.4	506.3	537.4	589.8
	MT2	188.5	298.4	360.3	413.9	537.0	622.2	398.5	632.7	873.8	842.0	864.6	988.8
	MT3	142.8	187.0	240.0	312.1	376.2	404.1	355.5	457.2	595.9	633.3	680.5	720.7
	HT1	1231.0	1780.5	2327.9	3014.9	3742.7	4187.7	3762.8	4987.3	5614.9	6070.7	6708.8	6800.1
	HT2	94.7	144.9	210.7	251.9	354.2	424.8	378.7	507.9	575.8	654.7	665.7	663.6

续表

国家和地区	具体出口产品编码	2003	2004	2005	2006	2007	2008	2009	2010	2011	2012	2013	2014
中亚6国	PP	94.8	149.1	211.7	298.6	362.0	528.6	318.6	439.8	666.0	698.9	688.6	637.7
	RB1	1.7	2.5	3.3	3.7	5.6	10.8	7.8	8.0	8.9	10.4	10.8	10.2
	RB2	13.5	23.3	33.6	45.5	60.3	67.9	40.7	50.6	86.7	90.4	93.7	100.4
	LT1	2.7	3.4	4.4	4.6	5.4	6.1	4.3	2.2	2.9	2.9	3.1	1.6
	LT2	10.2	11.8	10.8	11.2	19.0	24.6	15.3	14.4	24.1	16.6	16.4	16.4
	MT1	0.4	0.5	0.5	0.4	0.7	0.7	0.6	0.6	1.0	1.5	2.0	0.4
	MT2	5.6	10.2	11.7	12.6	19.3	37.9	15.5	23.3	40.6	46.3	20.6	22.7
	MT3	1.7	2.5	3.3	3.7	5.6	10.8	7.8	8.0	8.9	10.4	10.8	10.2
	HT1	0.7	0.8	0.7	0.7	1.3	1.4	0.9	0.9	2.4	5.5	4.4	8.5
	HT2	0.6	0.8	0.8	3.6	5.3	7.8	1.2	1.7	1.7	3.0	3.2	3.4
西亚北非16国	PP	1750.8	2435.5	3194.7	4269.1	4193.9	5872.8	3539.1	4986.7	6525.7	5910.2	6611.5	3435.5
	RB1	66.4	83.3	106.4	119.4	139.5	173.4	161.4	207.7	242.1	189.2	212.7	245.0
	RB2	490.3	712.3	748.1	1030.2	1177.5	1429.9	979.8	1204.4	1425.7	1060.7	1285.0	1279.6
	LT1	222.6	252.7	266.9	293.6	322.3	335.0	293.2	342.3	368.3	323.7	352.4	401.7
	LT2	132.5	191.5	214.9	270.0	326.7	448.8	341.5	392.2	488.1	393.8	407.0	548.3
	MT1	70.6	112.1	136.9	173.9	235.0	266.6	200.3	216.1	232.7	165.6	197.1	292.9
	MT2	104.2	138.2	160.6	185.1	217.3	325.1	253.2	339.1	433.7	371.2	365.3	316.1
	MT3	66.4	83.3	106.4	119.4	139.5	173.4	161.4	207.7	242.1	189.2	212.7	245.0
	HT1	96.0	117.2	139.8	140.2	127.7	183.3	188.9	200.3	210.0	156.7	167.5	244.7
	HT2	24.9	30.9	31.1	39.8	50.5	53.0	65.0	76.4	75.4	62.3	70.2	81.5

续表

国家和地区	具体出口产品编码	2003	2004	2005	2006	2007	2008	2009	2010	2011	2012	2013	2014
东南亚11国	PP	502.9	631.1	705.7	882.3	926.0	1190.0	869.2	1134.9	1460.6	1536.7	1482.4	1507.1
	RB1	342.6	392.3	421.5	503.1	633.8	807.5	690.3	904.0	1167.7	1143.9	1119.6	1154.3
	RB2	392.6	524.5	670.0	833.6	950.1	1217.7	899.2	1257.8	1685.3	1672.6	1682.5	1619.0
	LT1	331.1	370.3	394.0	443.4	474.8	512.3	460.7	564.6	676.4	689.5	760.3	790.1
	LT2	284.8	344.8	391.2	461.5	551.0	619.2	540.2	655.5	723.5	745.1	751.1	792.4
	MT1	81.7	113.3	147.5	173.9	216.8	273.4	202.3	294.6	308.8	393.1	400.0	403.5
	MT2	161.4	196.0	215.3	241.6	287.4	332.9	275.1	373.6	479.7	487.5	482.9	496.9
	MT3	342.6	392.3	421.5	503.1	633.8	807.5	690.3	904.0	1167.7	1143.9	1119.6	1154.3
	HT1	1789.1	2098.8	2275.1	2608.8	2709.5	2508.7	2245.6	2755.7	2753.6	2894.2	3078.0	3170.5
	HT2	90.5	106.7	117.0	143.9	170.5	183.4	186.3	213.7	255.9	315.1	303.6	314.8
南亚8国	PP	99.3	123.3	151.9	191.0	233.6	288.4	249.7	345.0	432.8	494.1	559.4	525.3
	RB1	26.6	27.8	36.3	47.6	56.7	72.7	50.6	74.9	111.9	111.8	116.1	115.3
	RB2	177.7	232.4	353.2	430.6	543.5	682.2	580.1	827.0	1109.3	979.2	1211.7	1068.6
	LT1	320.8	361.2	416.6	463.5	485.3	536.0	518.9	608.1	752.4	515.0	609.5	623.1
	LT2	79.6	117.7	140.9	167.0	189.1	212.8	265.9	261.6	358.9	423.2	346.1	361.3
	MT1	14.5	22.3	31.0	35.9	38.6	57.2	55.8	89.7	96.6	114.7	128.8	135.6
	MT2	37.1	40.9	53.9	61.9	78.3	107.1	89.1	120.9	148.9	146.1	166.1	157.3
	MT3	26.6	27.8	36.3	47.6	56.7	72.7	50.6	74.9	111.9	111.8	116.1	115.3
	HT1	17.1	19.9	24.1	33.0	38.7	52.9	85.2	70.9	102.1	89.2	92.2	69.9
	HT2	8.7	9.5	10.2	12.0	18.7	31.5	31.9	37.1	51.7	47.6	76.2	102.3

续表

国家和地区	具体出口产品编码	2003	2004	2005	2006	2007	2008	2009	2010	2011	2012	2013	2014
独联体其他7国	PP	719.5	956.1	1334.7	1741.4	1990.6	3013.4	1774.6	2334.8	3079.0	3231.9	3188.4	2854.6
	RB1	104.6	131.8	160.4	186.5	244.5	262.6	203.5	237.5	295.1	331.8	339.5	336.8
	RB2	253.3	364.7	556.8	691.0	797.7	1151.2	684.4	974.5	1356.2	1484.1	1501.0	1555.2
	LT1	28.0	32.0	31.8	34.0	37.9	38.4	28.2	31.6	38.0	41.5	44.8	44.6
	LT2	126.5	189.4	217.6	235.7	291.2	347.5	208.3	224.6	285.5	309.2	303.2	282.2
	MT1	20.1	29.1	33.6	42.4	57.7	62.1	26.9	32.9	51.9	65.6	64.9	55.5
	MT2	126.8	213.3	234.7	265.7	343.7	555.5	268.0	368.6	489.4	515.2	418.9	392.6
	MT3	104.6	131.8	160.4	186.5	244.5	262.6	203.5	237.5	295.1	331.8	339.5	336.8
	HT1	27.0	33.0	31.9	38.8	50.6	62.5	50.0	54.8	63.9	76.5	81.4	85.3
	HT2	42.9	45.2	22.6	18.8	23.7	22.3	20.4	28.3	32.3	51.2	55.2	50.8
中东欧16国	PP	127.4	167.7	220.2	296.2	368.5	431.8	368.0	451.4	579.9	592.7	647.2	631.8
	RB1	219.9	279.3	333.7	383.6	495.3	569.4	487.5	575.4	715.7	715.0	796.9	823.8
	RB2	160.7	228.1	298.9	365.6	408.8	538.2	352.1	465.1	633.7	624.3	628.7	604.4
	LT1	234.6	268.9	277.2	286.7	324.1	333.5	278.2	298.3	362.6	334.9	372.7	399.9
	LT2	351.3	469.3	549.6	652.9	838.2	975.6	699.4	813.6	1015.7	966.1	1045.8	1102.6
	MT1	242.9	324.7	392.3	512.1	707.6	835.7	672.3	753.1	913.5	882.1	1004.8	1113.4
	MT2	112.6	155.7	177.8	208.3	282.4	355.1	243.2	298.3	389.3	375.4	398.5	424.1
	MT3	219.9	279.3	333.7	383.6	495.3	569.4	487.5	575.4	715.7	715.0	796.9	823.8
	HT1	280.0	392.5	434.4	558.5	734.9	934.4	822.4	968.2	1072.9	958.3	977.3	1022.6
	HT2	29.3	40.7	45.3	56.3	73.6	90.6	78.8	88.7	109.6	113.6	132.0	133.9

续表

国家和地区	具体出口产品编码	2003	2004	2005	2006	2007	2008	2009	2010	2011	2012	2013	2014
亚投行其他21国	PP	2671.1	3237.9	3652.5	4377.1	5048.4	5967.6	4440.0	5371.0	6741.9	6584.6	6929.6	6748.4
	RB1	2550.3	2943.0	3103.9	3409.1	3947.9	4369.6	3704.4	4120.0	4869.8	4622.6	4811.2	4851.4
	RB2	2238.9	2830.0	3452.4	4163.3	4835.3	5947.4	4134.0	5493.1	7268.2	7089.1	7085.0	6644.1
	LT1	1624.8	1778.7	1776.8	1900.2	2130.8	2229.8	1838.0	1978.5	2332.7	2199.8	2368.4	2508.2
	LT2	2899.4	3546.9	3899.2	4440.9	5243.6	5849.7	4299.8	4841.9	5712.9	5289.9	5368.7	5583.2
	MT1	3455.0	4099.4	4342.1	4678.5	5444.5	5567.3	3781.1	4705.7	5700.4	5387.7	5645.3	5887.4
	MT2	1781.4	2111.7	2279.8	2503.2	2951.1	3336.4	2504.6	2912.5	3450.5	3266.9	3362.2	3442.3
	MT3	2550.3	2943.0	3103.9	3409.1	3947.9	4369.6	3704.4	4120.0	4869.8	4622.6	4811.2	4851.4
	HT1	3456.1	4199.1	4614.6	5251.7	4993.3	5121.6	4036.4	4762.2	5112.5	4721.0	4881.3	5041.3
	HT2	1276.9	1563.7	1690.1	2015.4	2281.8	2620.5	2425.7	2789.8	3171.0	3323.9	3544.7	3795.7
美国	PP	581.8	625.1	661.2	787.4	959.5	1190.8	956.0	1188.0	1423.1	1429.3	1490.5	1670.9
	RB1	405.4	444.7	483.4	530.8	600.7	682.5	597.6	711.2	825.8	855.1	868.5	886.6
	RB2	496.1	624.5	749.6	952.4	1141.1	1541.3	1138.7	1592.9	2145.4	2174.9	2276.2	2231.6
	LT1	185.7	195.9	200.7	203.8	195.9	198.7	165.3	198.7	226.0	227.8	238.8	247.9
	LT2	531.8	598.3	682.0	769.9	860.0	954.9	785.2	907.6	1001.3	1067.3	1097.5	1129.9
	MT1	619.7	690.3	777.9	865.9	997.0	1031.5	677.1	923.7	1115.5	1231.0	1250.7	1273.1
	MT2	401.4	457.2	496.1	555.9	614.3	766.0	611.3	736.9	862.4	862.0	880.6	891.5
	MT3	405.4	444.7	483.4	530.8	600.7	682.5	597.6	711.2	825.8	855.1	868.5	886.6
	HT1	1343.6	1461.4	1519.4	1678.7	1661.3	1715.9	1426.8	1705.0	1800.9	1822.3	1836.4	1884.5
	HT2	707.6	805.3	900.6	1112.0	1261.4	1251.0	572.4	623.2	634.7	683.2	693.5	746.6

续表

国家和地区	具体出口产品编码	2003	2004	2005	2006	2007	2008	2009	2010	2011	2012	2013	2014
日本	PP	65.3	80.8	90.9	126.9	157.0	171.5	138.5	190.4	205.0	200.4	192.2	182.0
	RB1	107.7	123.2	131.1	139.1	155.4	175.1	150.1	196.7	215.9	211.7	195.0	183.6
	RB2	204.6	264.2	315.1	356.6	425.5	543.4	422.8	515.3	584.5	549.4	581.5	531.7
	LT1	71.4	79.7	76.2	76.6	78.9	82.0	68.0	78.6	88.9	86.3	75.4	73.8
	LT2	341.3	423.7	488.6	526.1	590.5	690.2	503.0	658.7	726.5	684.8	605.1	586.9
	MT1	1029.8	1161.4	1231.1	1395.9	1583.4	1697.8	1011.8	1447.7	1459.6	1606.9	1467.5	1405.7
	MT2	250.4	308.1	346.8	372.3	411.9	446.1	381.5	498.0	535.6	501.9	447.3	433.5
	MT3	107.7	123.2	131.1	139.1	155.4	175.1	150.1	196.7	215.9	211.7	195.0	183.6
	HT1	1012.7	1163.0	1138.0	1188.1	1232.9	1252.7	979.8	1185.2	1163.9	1109.7	982.4	950.2
	HT2	201.1	264.9	261.7	265.2	245.4	255.1	218.7	310.7	370.2	367.6	329.9	346.8

资料来源: 联合国贸易数据库，分类参照 Lall (2000) 以及 OECD (1994)。为表格排列以及阅览的方便，在此保留小数点后一位小数。

附录 11 各国家和地区货物贸易出口技术复杂度一览

	2003	2004	2005	2006	2007	2008	2009	2010	2011	2012	2013	2014
CHN	110600	114409	115965	118228	119738	119946	110907	113383	116117	116198	117587	117377
CA	34587	35269	32335	31522	36762	35063	30454	28144	30751	31153	28985	32863
WANA	48656	49955	45757	46790	52967	49704	51394	50043	47395	46155	47979	59912

续表

	2003	2004	2005	2006	2007	2008	2009	2010	2011	2012	2013	2014
SEA	108937	109432	108245	109722	111726	107608	104603	104362	105112	106553	109490	110121
SA	104722	105999	107230	110708	112377	113315	106908	111740	111959	113876	115717	117322
CIS	62587	66564	65069	65075	69278	66285	63001	64456	66680	72378	74235	79702
CEE	103611	106173	106716	110477	113669	116483	110995	114423	116224	116937	119270	119317
AIIB-other	96061	98209	101184	104402	104046	103783	95534	100499	103439	101887	103461	106043
USA	101407	103838	105866	110732	110808	110176	90686	95384	97910	98028	100541	99335
JAP	107350	108103	111319	116543	117774	119844	106751	109411	108830	114592	119644	118274

注：依据文中公式（5-3）运算所得。

附录 12　中国对"一带一路"沿线国家和地区货物贸易出口总值

（亿美元）

	2003	2004	2005	2006	2007	2008	2009	2010	2011	2012	2013	2014
中亚6国	22.2	32.5	55.5	81.7	133.8	235.0	177.3	179.8	213.2	239.6	256.9	262.7
西亚北非16国	162.7	211.6	283.7	398.7	593.1	753.4	645.2	806.5	1026.4	1094.7	1232.1	1474.1
东南亚11国	309.3	429.0	553.7	713.2	947.3	1143.3	1063.2	1382.0	1701.5	2043.4	2440.9	2721.2
南亚8国	71.9	112.3	159.6	233.9	352.1	443.9	418.6	576.1	713.0	704.5	752.5	858.4
独联体其他7国	72.3	108.1	161.3	202.6	354.4	421.2	223.0	372.9	486.4	543.5	602.8	616.8

续表

	2003	2004	2005	2006	2007	2008	2009	2010	2011	2012	2013	2014
中东欧16国	69.4	88.7	109.9	210.0	246.3	321.6	259.6	341.7	396.8	382.5	400.0	431.2
亚投行其他21成员国	989.4	1377.6	1819.0	2308.4	3029.3	3715.7	2976.7	3972.5	4656.3	4592.7	4694.3	5042.8
美国	926.3	1251.5	1631.8	2038.0	2331.7	2528.4	2213.0	2837.8	3250.1	3524.4	3690.6	3971.0
日本	594.1	735.1	839.9	916.2	1020.6	1161.3	979.1	1210.4	1482.7	1516.3	1501.3	1494.1

资料来源：联合国贸易数据库，国家和地区分类参照陈虹和杨成玉（2015）研究成果。为表格排列以及阅览的方便，在此保留小数点后一位小数。

附录13 中国货物贸易各出口产品出口总值

(亿美元)

	2003	2004	2005	2006	2007	2008	2009	2010	2011	2012	2013	2014
PP 初级产品	206.4	235.2	285.4	367.0	404.1	439.9	380.8	499.6	622.1	620.7	647.8	701.1
RB1 农林产品	142.8	187.0	240.0	312.1	376.2	404.1	355.5	457.2	595.9	633.3	680.5	720.7
RB2 其他资源型制成品	212.8	278.9	387.2	471.2	581.0	788.6	626.1	841.6	1066.2	1122.9	1222.5	1299.7
LT1 纺织、服装、鞋类	987.6	1190.7	1441.4	1775.6	2102.2	2310.7	2090.3	2617.9	3155.9	3292.2	3647.7	3841.8
LT2 其他低技术产品	614.9	836.8	1086.4	1431.7	1920.5	2367.5	1712.9	2248.1	2889.6	3421.8	3625.8	4087.1
MT1 机动车辆	70.2	103.8	145.6	198.5	291.1	358.7	252.9	349.6	452.4	506.3	537.4	589.8
MT2 中技术加工产品	188.5	298.4	360.3	413.9	537.0	622.2	398.5	632.7	873.8	842.0	864.6	988.8
MT3 中技术工程产品	142.8	187.0	240.0	312.1	376.2	404.1	355.5	457.2	595.9	633.3	680.5	720.7

续表

	2003	2004	2005	2006	2007	2008	2009	2010	2011	2012	2013	2014
HT1 电子和电气产品	1231.0	1780.5	2327.9	3014.9	3742.7	4187.7	3762.8	4987.3	5614.9	6070.7	6708.8	6800.1
HT2 其他高技术产品	94.7	144.9	210.7	251.9	354.2	424.8	378.7	507.9	575.8	654.7	665.7	663.6

资料来源：联合国贸易数据库，分类参照 Lall（2000）以及 OECD（1994）。为表格排列以及阅览的方便，在此保留小数点后一位小数。

附录 14　中国对"一带一路"沿线国家和地区货物贸易出口总值

(亿美元)

国家和地区	具体出口产品编码	2003	2004	2005	2006	2007	2008	2009	2010	2011	2012	2013	2014
世界	PP	206.4	235.2	285.4	367.0	404.1	439.9	380.8	499.6	622.1	620.7	647.8	701.1
	RB1	142.8	187.0	240.0	312.1	376.2	404.1	355.5	457.2	595.9	633.3	680.5	720.7
	RB2	212.8	278.9	387.2	471.2	581.0	788.6	626.1	841.6	1066.2	1122.9	1222.5	1299.7
	LT1	987.6	1190.7	1441.4	1775.6	2102.2	2310.7	2090.3	2617.9	3155.9	3292.2	3647.7	3841.8
	LT2	614.9	836.8	1086.4	1431.7	1920.5	2367.5	1712.9	2248.1	2889.6	3421.8	3625.8	4087.1
	MT1	70.2	103.8	145.6	198.5	291.1	358.7	252.9	349.6	452.4	506.3	537.4	589.8
	MT2	188.5	298.4	360.3	413.9	537.0	622.2	398.5	632.7	873.8	842.0	864.6	988.8
	MT3	142.8	187.0	240.0	312.1	376.2	404.1	355.5	457.2	595.9	633.3	680.5	720.7
	HT1	1231.0	1780.5	2327.9	3014.9	3742.7	4187.7	3762.8	4987.3	5614.9	6070.7	6708.8	6800.1
	HT2	94.7	144.9	210.7	251.9	354.2	424.8	378.7	507.9	575.8	654.7	665.7	663.6

续表

国家和地区	具体出口产品编码	2003	2004	2005	2006	2007	2008	2009	2010	2011	2012	2013	2014
中亚6国	PP	0.6	0.8	1.2	1.8	2.5	2.9	2.9	2.9	3.3	3.8	4.3	4.5
	RB1	0.5	0.6	1.1	1.7	2.6	3.1	3.0	3.8	5.2	6.7	7.4	7.9
	RB2	1.1	1.7	3.6	4.9	8.1	9.8	8.5	9.4	9.1	10.2	13.6	13.0
	LT1	11.2	17.0	26.5	38.7	62.1	139.7	90.3	92.3	102.3	100.1	105.9	118.6
	LT2	2.7	4.2	10.0	14.5	21.3	36.4	36.3	26.0	28.9	39.2	45.5	38.6
	MT1	0.2	0.5	1.2	2.4	7.0	5.9	5.6	8.3	10.8	12.8	13.3	12.1
	MT2	1.5	2.7	3.9	5.3	7.8	9.2	7.7	10.0	12.0	17.9	12.7	10.6
	MT3	3.1	2.8	5.2	7.9	14.9	20.0	18.4	18.3	24.3	33.3	37.2	38.8
	HT1	1.5	2.5	3.5	4.8	7.8	8.8	6.3	10.2	15.4	16.2	16.8	16.5
	HT2	0.1	0.2	0.2	0.5	1.0	0.9	0.9	0.9	1.4	1.8	1.8	1.8
西亚北非16国	PP	5.6	5.7	8.7	10.3	16.1	19.4	16.5	22.2	26.6	26.2	27.6	32.1
	RB1	6.6	9.2	13.9	19.7	27.2	30.5	27.8	36.8	52.2	53.4	56.0	62.7
	RB2	10.4	14.5	22.1	28.5	32.8	48.2	46.4	58.5	73.4	81.8	92.8	102.9
	LT1	52.3	63.9	75.0	99.1	144.4	139.6	134.4	166.2	215.5	235.9	274.0	302.4
	LT2	21.5	30.8	42.4	66.2	118.0	169.6	114.3	152.6	191.0	219.1	255.6	326.5
	MT1	5.1	7.5	12.4	20.9	29.2	38.2	26.2	34.7	44.1	47.2	42.1	62.4
	MT2	17.4	25.0	28.7	34.4	45.3	54.6	38.7	54.5	76.0	69.1	76.7	86.4
	MT3	27.2	35.0	46.5	65.2	95.4	132.0	120.2	142.3	186.9	185.2	212.0	241.6
	HT1	21.5	29.7	42.4	56.5	80.9	115.5	120.5	140.3	164.1	171.2	183.9	232.7
	HT2	2.1	2.9	3.8	5.8	9.9	13.2	12.9	14.7	17.8	21.7	22.4	24.0

续表

国家和地区	具体出口产品编码	2003	2004	2005	2006	2007	2008	2009	2010	2011	2012	2013	2014
东南亚11国	PP	26.5	28.9	36.5	46.1	56.8	59.3	56.8	80.6	102.9	113.8	137.5	160.5
	RB1	9.1	12.2	15.2	21.0	26.8	32.4	30.6	46.3	67.5	71.4	89.3	92.7
	RB2	36.6	41.0	58.8	61.3	78.0	92.8	104.6	138.4	152.9	167.5	223.1	250.1
	LT1	41.3	52.0	62.3	78.2	118.0	128.2	127.4	172.8	228.2	314.2	404.3	429.1
	LT2	24.1	38.3	54.4	75.9	123.7	170.7	128.9	191.9	250.0	332.0	394.3	473.6
	MT1	7.6	10.0	11.4	14.3	21.8	29.0	23.3	31.2	43.2	52.7	63.3	71.3
	MT2	18.9	40.2	47.6	57.4	69.6	74.5	56.3	81.6	115.2	130.7	148.4	179.2
	MT3	41.9	51.4	71.7	95.2	144.9	210.9	205.7	254.3	316.1	374.0	421.5	445.0
	HT1	99.5	150.6	183.6	243.9	284.3	314.0	298.8	341.3	373.8	421.5	481.9	536.3
	HT2	5.7	8.3	16.2	24.0	28.1	37.2	34.1	48.8	58.6	68.9	76.4	77.6
南亚8国	PP	4.5	5.2	6.5	9.2	12.0	12.6	13.8	17.4	21.2	20.3	20.9	24.9
	RB1	1.1	1.8	3.6	5.1	8.1	9.3	8.7	11.8	15.5	15.2	17.7	18.8
	RB2	8.0	12.2	17.5	22.9	29.7	40.0	39.2	52.1	63.5	67.6	77.8	93.6
	LT1	18.5	25.7	36.1	43.9	52.3	62.3	62.0	88.2	115.0	121.6	148.8	162.5
	LT2	5.5	8.3	13.0	25.4	44.3	50.5	40.0	69.9	84.5	85.9	92.9	119.2
	MT1	1.4	2.0	3.0	4.7	6.2	8.3	7.2	12.1	14.9	15.4	16.0	18.7
	MT2	7.8	13.1	17.7	21.2	36.2	44.5	35.1	61.9	86.0	79.2	76.9	94.2
	MT3	9.3	16.9	24.0	37.4	56.8	85.4	87.8	110.3	140.7	132.5	123.0	133.8
	HT1	9.7	20.5	30.4	52.3	89.0	106.5	107.3	127.1	141.8	142.5	151.6	159.1
	HT2	3.3	3.9	5.6	9.2	13.6	18.8	22.4	29.2	33.5	28.2	29.3	31.2

续表

国家和地区	具体出口产品编码	2003	2004	2005	2006	2007	2008	2009	2010	2011	2012	2013	2014
独联体 其他7国	PP	3.6	3.7	4.8	6.4	7.5	10.1	9.0	11.5	13.9	13.5	14.7	15.5
	RB1	3.0	3.9	5.4	6.7	11.2	15.0	9.0	14.7	23.5	24.9	26.9	26.6
	RB2	2.6	4.4	7.2	10.6	14.8	23.3	12.2	18.3	24.6	25.3	27.7	28.5
	LT1	41.5	62.7	86.0	81.7	143.9	119.2	73.4	114.8	133.8	148.4	188.5	185.9
	LT2	5.7	9.4	14.8	24.0	42.4	71.3	32.8	51.9	67.0	73.0	81.5	89.9
	MT1	0.6	1.1	3.3	7.4	24.2	27.9	4.3	10.4	23.7	31.8	30.2	25.8
	MT2	2.3	4.0	6.5	9.1	13.5	18.6	10.5	16.8	23.7	26.7	25.8	25.6
	MT3	5.6	9.0	15.9	26.7	46.2	69.3	36.1	63.5	89.0	101.2	106.4	101.4
	HT1	7.3	10.3	15.9	26.5	41.7	56.2	30.6	61.1	74.8	86.7	85.6	93.2
	HT2	0.5	0.6	0.8	1.2	1.9	3.2	3.7	7.9	8.9	8.6	9.1	8.2
中东欧16国	PP	2.8	2.4	2.8	3.4	4.7	6.7	4.6	6.2	8.7	7.2	7.3	8.1
	RB1	1.2	1.6	2.1	2.9	5.3	6.6	4.4	5.5	7.8	7.5	7.8	9.4
	RB2	1.7	2.4	3.3	4.9	6.9	8.5	7.2	9.6	12.7	13.9	14.1	15.1
	LT1	26.9	26.4	27.0	86.7	36.3	39.5	31.3	38.1	52.4	51.9	57.3	57.5
	LT2	5.4	8.5	12.0	18.2	33.3	41.4	27.7	34.1	43.8	50.7	49.5	52.6
	MT1	1.1	1.8	2.3	3.2	6.4	9.1	5.1	6.7	8.9	9.5	10.6	11.3
	MT2	1.4	2.3	2.7	3.4	5.6	7.0	4.7	6.8	10.0	10.1	10.6	12.0
	MT3	6.1	9.2	13.3	19.6	33.6	48.4	33.5	42.0	51.5	56.4	58.6	68.9
	HT1	22.4	32.2	40.4	57.3	90.6	120.0	118.2	157.4	165.6	141.1	148.4	157.5
	HT2	0.8	1.7	3.0	8.4	21.2	31.1	21.2	33.6	33.3	30.6	31.2	32.9

续表

国家和地区	具体出口产品编码	2003	2004	2005	2006	2007	2008	2009	2010	2011	2012	2013	2014
亚投行其他21国	PP	57.3	60.3	78.7	105.4	116.9	121.5	95.6	126.2	153.2	142.5	137.8	148.0
	RB1	24.8	32.8	46.3	64.0	84.0	88.3	74.1	99.4	128.6	127.1	131.5	142.4
	RB2	56.8	75.2	106.4	128.0	163.6	217.7	153.3	207.7	272.0	271.2	279.1	291.5
	LT1	190.6	233.9	318.9	393.9	474.5	585.3	533.8	685.5	837.0	781.4	849.1	946.7
	LT2	144.7	200.1	278.1	383.5	522.5	664.9	454.5	600.5	741.0	778.0	771.9	838.9
	MT1	9.6	15.6	25.1	34.4	55.1	67.2	48.8	68.3	85.1	80.8	85.5	88.3
	MT2	44.4	72.8	85.0	90.1	127.7	153.5	85.4	134.7	186.4	176.2	177.2	190.8
	MT3	147.1	203.2	253.6	317.1	419.5	527.1	464.8	590.5	685.0	664.2	682.1	717.7
	HT1	275.4	430.4	573.6	729.1	964.7	1147	962.6	1315	1397.0	1384.7	1386.9	1473.1
	HT2	22.0	28.9	33.7	43.5	64.0	82.0	76.4	108.9	125.0	129.1	121.6	125.4
美国	PP	15.8	20.6	30.8	41.1	39.1	43.3	44.8	57.0	54.0	54.8	56.0	61.1
	RB1	25.9	35.6	48.3	69.6	78.3	81.1	67.4	77.5	91.6	103.9	113.1	121.1
	RB2	27.0	34.9	47.4	61.4	66.3	90.4	64.9	90.2	127.3	130.7	135.5	138.1
	LT1	161.1	190.7	278.8	323.0	364.1	383.2	385.0	496.8	561.8	584.3	615.3	648.6
	LT2	218.1	285.3	348.6	432.8	507.2	561.4	431.9	533.8	616.6	683.3	723.1	756.5
	MT1	20.8	31.7	39.3	48.5	57.8	59.8	45.9	64.7	75.0	86.8	93.8	110.7
	MT2	26.5	39.1	51.3	54.5	61.2	68.9	37.5	74.3	92.3	91.8	90.5	110.6
	MT3	128.4	173.0	216.4	263.7	282.0	324.3	289.1	345.8	392.0	435.2	476.1	519.2
	HT1	275.7	401.5	528.9	690.2	803.3	820.2	770.4	1002	1136.8	1230	1256.7	1359
	HT2	15.9	20.7	24.6	32.6	45.0	54.6	50.6	66.4	69.1	76.2	75.2	80.6

续表

国家和地区	具体出口产品编码	2003	2004	2005	2006	2007	2008	2009	2010	2011	2012	2013	2014
日本	PP	44.9	48.5	50.2	52.9	48.9	58.4	46.5	60.4	81.7	82.8	74.0	72.8
	RB1	38.7	46.5	52.5	58.4	57.6	53.3	50.5	60.1	74.8	78.2	74.5	70.9
	RB2	27.4	36.4	48.6	53.7	64.3	77.8	45.7	72.0	98.0	75.3	70.6	73.8
	LT1	166.0	186.1	197.8	214.2	226.0	246.5	246.6	261.1	311.8	316.7	315.0	289.5
	LT2	54.1	70.9	86.0	94.9	114.2	136.0	117.1	130.4	169.2	184.0	178.8	184.6
	MT1	9.3	13.6	16.9	19.2	22.2	27.4	21.3	26.9	31.4	35.1	36.9	39.6
	MT2	15.3	21.5	26.8	30.8	41.1	52.5	26.6	41.5	67.3	51.4	45.9	44.8
	MT3	64.1	88.6	107.7	130.8	160.6	184.8	155.7	197.9	230.2	246.4	244.1	238.0
	HT1	142.5	174.8	195.3	208.4	223.9	248.0	219.1	296.4	329.6	362.8	382.8	401.0
	HT2	11.9	14.9	24.3	21.6	26.8	32.8	22.4	33.6	42.6	43.9	38.0	41.0

资料来源：联合国贸易数据库，分类参照 Lall（2000）以及 OECD（1994）。为表格排列以及阅览的方便，在此保留小数点后一位小数。

参考文献

中文参考文献

[1] 蔡彤娟：《最优货币区视角下的欧元区投资效应内生性研究》，《国际金融研究》2014 年第 8 期。

[2] 柴庆春、胡添雨：《中国对外直接投资的贸易效应研究——基于对东盟和欧盟投资的差异性考察》，《世界经济研究》2012 年第 6 期。

[3] 陈碧琼、刘会：《中国对外直接投资反向产业结构调整关联效应研究》，《软科学》2014 年第 12 期。

[4] 陈虹、章国荣：《中国服务贸易国际竞争力的实证研究》，《管理世界》2010 年第 10 期。

[5] 陈虹、杨成玉：《中国金融服务业国际竞争力研究》，武汉大学出版社 2013 年版。

[6] 陈虹、韦鑫、余珮：《TTIP 对中国经济影响的前瞻性研究——基于可计算一般均衡模型的模拟分析》，《国际贸易问题》2013 年第 12 期。

[7] 陈虹、杨成玉：《"一带一路"国家战略的国际经济效应研究》，《国际贸易问题》2015 年第 10 期。

[8] 陈俊聪、黄繁华：《对外直接投资与贸易技术结构优化》，《国际贸易问题》2014 年第 3 期。

[9] 陈俊聪：《对外直接投资对服务出口技术复杂度的影响——基于跨国动态面板数据模型的实证研究》，《国际贸易问题》2015 年第 12 期。

［10］陈怡、孙文远：《贸易开放、出口商品结构与收入不平等——基于南北贸易模型的经验分析》，《国际贸易问题》2015 年第10 期。

［11］陈勇兵、李伟、蒋灵多：《中国出口产品的相对质量在提高吗？来自欧盟 HS－6 位数进口产品的证据》，《世界经济文汇》2012 年第 4 期。

［12］陈愉瑜：《中国对外直接投资的贸易技术结构效应》，《统计研究》2012 年第 9 期。

［13］陈羽、邝国良：《市场结构与 FDI 技术溢出——基于中国制造业动态面板数据的实证研究》，《世界经济研究》2009 年第9 期。

［14］毕玉江：《世界经济冲击与中国外贸波动——基于多国 VAR 模型的实证研究》，《世界经济研究》2015 年第 11 期。

［15］戴翔：《中国出口市场选择与贸易转型升级——基于分类市场的比较研究》，《世界经济研究》2011 年第 6 期。

［16］戴翔：《服务贸易出口技术复杂度与经济增长——基于跨国面板数据的实证分析》，《南开经济研究》2011 年第 10 期。

［17］董有德、李晓静：《"一带一路"与跨境贸易人民币结算发展的地区差异——基于中国各省份面板数据的研究》，《国际贸易问题》2015 年第 11 期。

［18］杜修立、王维国：《中国出口贸易的技术结构及其变迁：1980—2003》，《经济研究》2007 年第 7 期。

［19］樊纲、关志雄、姚枝仲：《国际贸易技术结构分析：贸易品的技术分布》，《经济研究》2006 年第 8 期。

［20］冯彩、蔡则祥：《对外直接投资的母国经济增长效应——基于中国省级面板数据的考察》，《经济经纬》2012 年第 6 期。

［21］高虎城：《深化经贸合作，共创新的辉煌——"一带一路"战略构建经贸合作新格局》，《国际商务财会》2014 年第 6 期。

［22］耿鹏、赵昕东：《基于 GVAR 模型的产业内生联系与外生冲击分析》，《数量经济技术经济研究》2009 年第 12 期。

［23］龚静、尹忠明：《铁路建设对我国"一带一路"战略的贸易效应研究——基于运输时间和运输距离视角的异质性随机前沿模型分析》，《国际贸易问题》2016 年第 2 期。

［24］龚晓莺：《国际贸易理论与政策》，经济管理出版社 2008 年版。

［25］巩在峰：《基于拓展 DEA 模型的东亚太区域经济合作研究》，《统计与决策》2014 年第 21 期。

［26］关志雄：《从美国市场看中国制造的实力——以信息技术产品为中心》，《国际经济评论》2002 年第 7 期。

［27］郭波：《国际贸易：理论与政策》，中国社会科学出版社 2009 年版。

［28］郭烨、许陈生：《双边高层会晤与中国在"一带一路"沿线国家的直接投资》，《国际贸易问题》2016 年第 2 期。

［29］国家发改委、外交部、商务部：《推动共建丝绸之路经济带和21 世纪海上丝绸之路的愿景与行动》，2015 年 3 月 28 日。

［30］海闻、P. 林德特、王新奎：《国际贸易》，上海人民出版社2012 年版。

［31］何建莹、李晓钟：《FDI 对我国高新技术产业发展的影响》，《企业经济》2012 年第 1 期。

［32］和立道、杨雅琴：《出口贸易对云南经济增长的贡献分析》，《经济问题探索》2007 年第 7 期。

［33］贺书锋、平瑛、张伟华：《北极航道对中国贸易潜力的影响——基于随机前沿引力模型的实证研究》，《国际贸易问题》2013年第 8 期。

［34］洪世勤、刘厚俊：《出口技术结构变迁与内生经济增长：基于行业数据的研究》，《世界经济》2013 年第 6 期。

［35］胡兵、乔晶：《中国对外直接投资的贸易效应——基于动态面板模型系统 GMM 方法》，《经济管理》2013 年第 4 期。

［36］胡昭玲、宋平：《中国对外直接投资对进出口贸易的影响分析》，《经济经纬》2012 年第 3 期。

［37］贾俊雪、郭庆旺：《政府间财政收支责任安排的地区经济增长

效应》,《经济研究》2008 年第 6 期。

[38] 姜宝、邢晓丹、李剑:《"走出去"战略下中国对欧盟逆向投资的贸易效应研究——基于 FGLS 和 PCSE 修正的面板数据模型》,《国际贸易问题》2015 年第 9 期。

[39] 姜茜、李荣林:《我国出口贸易技术结构与产业结构的相关性分析》,《经济问题》2010 年第 5 期。

[40] 逯宇铎、孙博宇:《技术进步、效率增进对我国出口贸易技术结构影响机制研究》,《世界经济研究》2012 年第 2 期。

[41] 蒋冠宏、蒋殿春:《中国对外投资的区位选择:基于投资引力模型的面板数据检验》,《世界经济》2012 年第 9 期。

[42] 蒋冠宏、蒋殿春:《中国企业对外直接投资的"出口效应"》,《经济研究》2014 年第 5 期。

[43] 姜宝、邢晓丹、李剑:《"走出去"战略下中国对欧盟逆向投资的贸易效应研究——基于 FGLS 和 PCSE 修正的面板数据模型》,《国际贸易问题》2015 年第 9 期。

[44] 孔庆峰、董虹蔚:《"一带一路"国家的贸易便利化水平测算与贸易潜力研究》,《国际贸易问题》2015 年第 12 期。

[45] 李金早:《深化经贸合作,把"一带一路"建实建好——深入学习贯彻习近平同志关于"一带一路"的重要论述》,《人民日报》2014 年 8 月 2 日第 7 版。

[46] 李良新:《对外直接投资与经济增长关系研究——以湖南经济为例》,《特区经济》2010 年第 8 期。

[47] 李荣富:《出口贸易与经济增长的协整及因果关系检验——对安徽省 1981~2005 年数据的实证分析》,《特区经济》2007 年第 4 期。

[48] 李文蕊:《我国对外直接投资与出口贸易相互关系的实证分析》,《中国外资》2012 年第 12 期。

[49] 李小平、周记顺、王树柏:《中国制造业出口复杂度的提升和制造业增长》,《世界经济》2015 年第 2 期。

[50] 刘斌斌、丁俊峰:《出口贸易技术结构的产业结构调整效应分

析》,《国际经贸探索》2015 年第 7 期。

[51] 刘海云、聂飞:《中国对外直接投资动机及其对外产业转移效
应——基于贸易技术结构视角的实证研究》,《国际贸易问题》
2015 年第 10 期。

[52] 刘洪铎、立文宇、陈和:《文化交融如何影响中国与"一带一
路"沿线国家的双边贸易往来——基于 1995—2013 年微观贸
易数据的实证检验》,《国际贸易问题》2016 年第 2 期。

[53] 刘健:《基于社会网络的国际原油贸易格局演化研究》,《国际
贸易问题》2013 年第 12 期。

[54] 柳思思:《"一带一路":跨境次区域合作理论研究的新进路》,
《南亚研究》2014 年第 2 期。

[55] 陆文聪、李元龙:《中国出口增长的就业效应:基于 CGE 模型
的分析》,《国际贸易问题》2011 年第 9 期。

[56] 马鹏、肖宇:《服务贸易出口技术复杂度与产业转型升级——
基于 G20 国家面板数据的比较研究》,《财贸经济》2014 年第
5 期。

[57] 毛其淋、许家云:《中国对外直接投资促进或抑制了企业出
口?》,《数量经济技术经济研究》2014 年第 9 期。

[58] 毛新雅、王桂新:《长江三角洲地区外商直接投资的资本形成
及经济增长效应:基于面板数据的研究》,《世界经济研究》
2006 年第 1 期。

[59] 牛勇平:《国际直接投资与我国就业量之间的关系》,《经济学
动态》2001 年第 11 期。

[60] 欧阳北松、杜建华:《出口贸易对我国经济增长贡献的实证分
析》,《当代财经》2004 年第 11 期。

[61] 彭支伟、张伯伟:《TPP 和亚太自由贸易区的经济效应及中国
的对策》,《国际贸易问题》2013 年第 4 期。

[62] 祁春凌、黄晓玲、樊瑛:《技术寻求、对华技术出口限制与我
国的对外直接投资动机》,《国际贸易问题》2013 年第 4 期。

[63] 全世文、曾寅初:《金融危机和欧债危机对我国进出口贸易的

冲击效应——基于含结构变化的单位根检验》，《国际贸易问题》2013 年第 2 期。

［64］ 全毅、高军行：《东亚经济一体化的贸易与投资效应》，《国际贸易问题》2009 年第 6 期。

［65］ 沈坤荣、孙文杰：《市场竞争、技术溢出与内资企业 R&D 效率——基于行业层面的实证研究》，《管理世界》2009 年第 1 期。

［66］ 盛斌：《中国出口贸易政策的政治经济分析》，上海人民出版社 2003 年版。

［67］ 孙晓华、王昀：《出口贸易技术结构带动了产业结构升级吗？——基于半对数模型和结构效应的实证检验》，《世界经济研究》2013 年第 1 期。

［68］ 孙亚轩：《日本制造业对外直接投资与出口贸易技术结构升级》，《亚太经济》2013 年第 6 期。

［69］ 唐礼智、章志华：《中国对外直接投资的贸易效应研究》，《统计与决策》2015 年第 11 期。

［70］ 唐宜红、王微微：《区域经济一体化伙伴国的经济发展水平与本国经济增长关系的实证研究》，《亚太经济》2007 年第 3 期。

［71］ 唐宜红、姚曦：《本地市场效应与中国出口贸易技术结构转变——基于模型结构突变的实证检验》，《世界经济研究》2015 年第 7 期。

［72］ 王开、靳玉英：《中国自由贸易协定的出口效应——基于商品技术含量的分行业研究》，《世界经济研究》2014 年第 2 期。

［73］ 王韶华、于维洋、张伟：《技术进步、环保投资和出口结构对中国产业结构低碳化的影响分析》，《资源科学》2014 年第 12 期。

［74］ 王思璇：《中欧贸易摩擦的趋势预测及其对双边关系的影响——基于引力模型的实证研究》，《国际贸易问题》2009 年第 6 期。

［75］ 王新华：《我国服务业外商直接投资的经济增长效应——基于 9

个行业面板数据的实证研究》，《国际贸易问题》2007 年第
9 期。

[76] 王永齐：《出口贸易技术结构与中国经济增长：基于因果关系
的检验》，《世界经济》2004 年第 11 期。

[77] 吴飞飞、邱斌：《金融成长、外商投资与出口结构优化——基
于我国省级面板数据的实证分析》，《经济经纬》2015 年第
9 期。

[78] 吴力波、汤维祺：《自由贸易抑或贸易保护——国际贸易的经
济增长效应再考察》，《世界经济研究》2010 年第 11 期。

[79] 吴明宇：《日本对华直接投资与进出口效应的实证分析》，《统
计与决策》2012 年第 8 期。

[80] 项本武：《中国对外直接投资的贸易效应研究——基于面板数
据的协整分析》，《财贸经济》2009 年第 4 期。

[81] 向洪金、赖明勇：《全球视角下美国对华光伏产品"双反"案
的经济效应研究》，《世界经济》2013 年第 4 期。

[82] 谢孟军：《文化能否引致出口："一带一路"的经验证据》，
《国际贸易问题》2016 年第 1 期。

[83] ［英］亚当·斯密：《国民财富的性质和原因的研究》，郭大力、
王亚南译，商务印书馆 1979 年版。

[84] 姚丽芳：《出口贸易对我国经济增长的贡献分析》，《统计研究》
2001 年第 9 期。

[85] 叶初升、闫斌：《新常态下的中国对外直接投资：特征事实、
大逻辑与理论启示》，《湖北社会科学》2015 年第 5 期。

[86] 俞毅、万炼：《我国进出口商品结构与对外直接投资的相关性
研究——基于 VAR 模型的分析框架》，《国际贸易问题》2009
年第 6 期。

[87] 袁欣：《中国出口贸易技术结构与产业结构："镜像"与"原
像"的背离》，《经济学家》2010 年第 6 期。

[88] 曾剑云、刘海云、符安平：《交换威胁、技术寻求与无技术优
势企业对外直接投资》，《世界经济研究》2008 年第 2 期。

［89］张春萍：《中国对外直接投资的贸易效应研究》，《数量经济技术经济研究》2012 年第 6 期。

［90］张东光、李川：《出口贸易对经济增长的贡献分析——以山东省为例》，《潍坊学院学报》2009 年第 9 期。

［91］张光南、李小瑛、陈广汉：《中国基础设施的就业、产出和投资效应——基于 1998 ~ 2006 年省际工业企业面板数据研究》，《管理世界》2010 年第 4 期。

［92］张海波：《对外直接投资对母国出口贸易品技术含量的影响》，《国际贸易问题》2014 年第 2 期。

［93］张如庆、张二震：《中国制成品出口的技术结构与经济增长之间的关系——基于 2002—2007 年省际数据的分析》，《国际贸易问题》2010 年第 7 期。

［94］张曙霄、张磊：《中国出口贸易技术结构转型升级研究——基于内需与外需的视角》，《当代经济研究》2013 年第 2 期。

［95］张蕴如：《我国的产业结构升级应由封闭式向开放式转型》，《经济纵横》2001 年第 6 期。

［96］张延群：《全球向量自回归模型的理论、方法及其应用》，《数量经济技术经济研究》2012 年第 4 期。

［97］张雨、戴翔：《什么影响了服务出口复杂度——基于跨国动态面板数据模型的实证研究》，《国际贸易问题》2015 年第 7 期。

［98］赵金龙、程轩、高钟焕：《中日韩 FTA 的潜在经济影响研究——基于动态递归式 CGE 模型的研究》，《国际贸易问题》2013 年第 2 期。

［99］周小琳、王浩明：《国际原油价格波动对中国外贸收支失衡的影响》，《经济问题探索》2014 年第 9 期。

［100］周学仁：《FDI 技术水平与东道国出口贸易技术结构——基于中国数据的指标衡量与关系检验》，《财经问题研究》2012 年第 2 期。

外文参考资料

[101] Anderson, J. , "The theoretical Foundation for the Gravity Equation", *American Economic Review*, 1979, 69 (1): 106 – 116.

[102] Anna, Z. , "Foreign Direct Investment and Transformation", *Eastern European Economics*, 2005, 43 (4): 52 – 78.

[103] Armah, K. B. , "Impact of Trade on Service Sector Employment: Implications for Women and Minorities", *Contemporary Economic Policy*, 1994, 12 (2): 67 – 78.

[104] Assenmacher-Wesche, K. , Pesaran, M. H. , "A VECX Model of the Swiss Economy", Cambridge Working Papers in Economics, Faculty of Economics, University of Cambridge, No. 80, 2008.

[105] Balassa, B. , "Trade Liberalization and 'Revealed' Comparative Advantage", *The Manchester School of Economic and Social Studies*, 1965, 33 (2): 99 – 123.

[106] Barfield, C. , "The Trans-Pacific Partnership: A Model for Twenty-First-Century Trade Agreements", American Enterprise Institute for Public Policy Research International Economic Outlook, No. 2, 2011.

[107] Bye, B. , Strom, B. , Avitsland, T. , "Welfare Effects of VAT Reforms: A General Equilibrium Analysis", Discussion paper 343, Research Department of Statistics Norway, 2003.

[108] Cantwell, J. , Tolentino, P. E. , "Technological Accumulation and Third World Multional", Discussion Paper in International Investment and Business Studies, 1990: 139.

[109] Cantwell, J. A. , Tolentino, P. E. , "Technological Accumulation and Third World Multinationals", Paper Presented at the Annual Meeting of the European International Business Association, 1987.

[110] Deardorff, A. V. , Stern, R. M. , "The Structure of Tariff Protection: Effects of Foreign Tariffs and Existing NTBs", *Review of Eco-*

nomics & Statistics, 1985, 67 (4): 539 – 548.

[111] Dees, S., Di Mauro, F., Pesaran, M. H., Smith, L. V., "Exploring the International Linkages of the Euro Area: A Global VAR Analysis", *Journal of Applied Econometrics*, 2007, 22 (1): 1 – 38.

[112] Devault, J. M., "The Welfare Effects of U. S. Antidumping Duties", *Open Economies Review*, 1996, 7 (1): 19 – 33.

[113] Dunning, J. H., "Trade, Location of Economic Activity and the Multinational Enterprise: A Search for an Eclectic Approach", First Published in Ohlin B., Hesselborn P. O., Wijkman P M. *The International Allocation of Economic Activity*. London: Macmillan, 1977.

[114] Dunning, J. H., "Location and the Multinational Enterprise: A Neglected Factor?" *Journal of International Bussiness Studies*, 2008, 29 (1): 45 – 66.

[115] Edward, M., *Foreign Direct Investment in China-Effects on Growth and Economic Performance*, Oxford University Press, 2001.

[116] Ellison, G., Glaeser, E. L., "Geographic Concentration in U. S. Manufacturing Industries: A Dartboard Approach", *Journal of Political Economy*, 1997, 105 (5): 889 – 927.

[117] Friedman, J., Gerlowski, D., Silberman, J., "What Attracts Foreign Multinational Corporations? Evidence from Branch Plant Location in the United States", *Journal of Regional Science*, 1992, 32 (4): 403 – 418.

[118] Friedman, J., Fung, H. G., Gerlowski, D. A., Silberman, J., "A Note on State Characteristics and the Location of Foreign Direct Investment Within the United States", *Review of Economics and Statistics*, 1996, 78 (2): 367 – 368.

[119] Gallaway, P., Blonigen, A., Flynn, E., "Welfare Costs of US Antidumping and Countervailing Duty Laws", *Journal of Interna-

tional Economics, 1999, 49 (2): 211 –244.

[120] Garratt, A. , Lee, K. , Pesaran, M. H. , Shin, Y. , *Global and National Macroeconometric Modelling*: *A Long-Run Structural Approach*, Oxford University Press, 2006.

[121] Goldberg, S. , Klein, W. , "International Trade and Factor Mobility", NBER Working Paper, 1999, 2: 71 –96.

[122] Grossman, G. , Helpman, E. , *Innovation and Growth in the Global Economy*, MIT Press, Cambridge, 1991.

[123] Grossman, G. M. , Helpman, E. , "Outsourcing in a Global Economy?" Harvard-Institute of Economic Research, 2002.

[124] Grubel, H. G. , Lloyd, P. J. , *Intra-Industry Trade*: *the Theory and Measurement of International Trade in Differentiated Products*, Macmillan, 1975.

[125] Hausmann, R. , Hwang, J. , Rodrik, D. , "What You Export Matters", NBER Working Paper, No. 11905, 2005.

[126] Hausmann, R. , Hwang, J. , Rodrik, D. , "What You Export Matters", *Journal of Economic Growth*, 2007, 12 (1): 1 –25.

[127] Heckscher, E. , "The Effect of Foreign Trade on the Diatribution of Income", *Eknomisk Tidskrift*, 1919: 497 –512.

[128] Heckscher, E. , Ohlin, B. , *Heckscher-Ohlin Trade Theory*, Translated and edited by H. Flam and M. June Flanders, the MIT Press, 1991.

[129] Hymer, S. , *The International Operations of National Firmes*: *A Study of Direct Foreign Investment*, MIT Press, 1960.

[130] Julia, W. , "Skill Intensity in Foreign Trade and Economic Growth", *Empirica*, 2005, 32 (1): 117 –144.

[131] Kenichi, K. , "The Macro and Sectoral Significance of an FTA-AP", ESRI Discussion Paper Series, No. 224, 2010.

[132] Kindleberger, J. , *American Business Abord*, Yale University Press, 1969.

[133] Kojima, K. , *Direct Foreign Investment: A Japanese Model of Multinational Business Operations*, London: Croom Helm, 1978.

[134] Kravis, I. B. , Lipsey, R. E. , "Location of Overseas Production and Production for Exports by US Multinational Firmes", *Journal of International Economics*, 1980, 12 (s 3 - 4): 201 - 223.

[135] Krugman, P. R. , "Increasing Returns, Monopolistic Competition and International Trade", *Journal of International Economics*, 1979, 9 (4): 469 - 479.

[136] Krugman, P. R. , "Intraindustry Specialization and the Gains from Trade", *Journal of Political Economy*, 1981, 89 (5): 959 - 973.

[137] Lall, S. , "The Technological Structure and Performance of Developing Country Manufactured Exports, 1985 - 1998", *Oxford Development Studies*, 2000, 28 (3): 337 - 369.

[138] Lall, S. , Weiss, J. , Zhang, J. , "The Sophistication of Exports: A New Trade Mesure", *World Development*, 2006, 34 (2): 222 - 237.

[139] Leder, L. , Shapiro, J. N. , "Decline in World Petroleum Production will Shifting Wealth and Power from Democracies to Authoritarianregimes", *Energy Policy*, 2008, 36 (8): 2850 - 2852.

[140] Linder, S. B. , *An Essay on Trade and Transformation*, New York: John Wiley and Sons, 1961.

[141] Magalhaes, M. , "A Panel Analysis of the FDI Impact on International Trade", *NIPE-Working Paper* series 6, 2007.

[142] Mathews, J. A. , "Competitive Advantages of the Latecome Firm: A Resource-Based Account of Industrial Catch-up Strategies", *Asia Pacific Journal of Management*, 2002, 19 (4): 467 - 488.

[143] Mathews, J. A. , "Dragon Multinationals: New Players in 21st Century Globalization", *Asia Pacific Journal of Management*, 2006, 23 (1): 5 - 27.

[144] Mazumdar, J. , "Do Static Gains From Trade Lead to Medium-Run

Growth", *Journal of Political Economy*, 1996, 104 (6): 1328 –1337.

[145] Melitz, M. J., "The Impact of Trade on Intra-Industry Reallocations and Aggregate Industry Productivity", *Econometrica*, 2003, 71 (6): 1695 –1725.

[146] Michaely, M., "Export and Growth: An Empirical Investigation", *Journal of Development Economics*, 1997, 4 (4): 49 –53.

[147] Mishra, S., "Service Export Sophistication and Economic Growth", *The World Bank Policy Research Working Paper Series*, 2011, No. 5606.

[148] Munisamy, G., Daniel, P., Utpal, V., "Exchange Rate Effects On the Relationship Between FDI and Trade In the U. S. Food Processing Industry", *American Journal of Agricultural Economics*, 1998, 80 (5): 1073 –1079.

[149] Narula, R., Marin, A., "FDI Spillovers, Absorptive Capacities and Human Capital Development: Evidence from Argentina", *MERIT Research Memorandum Series*, 2003: 16.

[150] Ohlin, B., *Interregional and International Trade*, Harvard University Press, Cambridge, 1933.

[151] Peter, J., Mark, C., *The Future of Multinational Enterprise*, London: Macmillan, 1976.

[152] Pasaran, M. H., Schuermann, T., Weiner, S. M., "Modeling Regional Interdependencies Using a Global Error-Correcting Macroeconometric Model", *Journal of Business & Economic Statistics*, 2002, 22 (2): 129 –162.

[153] Pasaran, M. H., Schuermann, T., Treutler, B. J., "Macroeconomic Dynamics and Credit Risk: A Global Perspective", *Journal of Money Credit and Banking*, 2006, 38 (5): 1211 –1262.

[154] Pesaran, M. H., Til, S., Vanessa, L., "Forecasting Economic and Financial Variables with Global VARs", *International Journal*

of Forecasting, 2009 (25): 642 - 675.

[155] Posner, M. V., "International Trade and Technical Change", Oxford Economic Papers, 1961, 13 (3): 323 - 341.

[156] Raymond, M., Chenery, H., "Three Decades of Industrialization", The World Bank Economic Review, 1989, 3 (2): 145 - 181.

[157] Ricardo, D., On the Principles of Political Economy and Taxation, The Works and Correspondence of David Ricardo, Vol. I, Cambridge University Press, 1951.

[158] Rodrik, D., "What Is So Special about China's Exports?", China and the World Economy, 2006, 14 (5): 1 - 19.

[159] Rodrik, D., "The Real Exchange Rate and Economic Growth", Institute for International Economics, 2007, 8 (2): 365 - 412.

[160] Rugman, A. M., Inside the Multinationals: the economics of international markets, London: Croom Helm, 1981.

[161] Rybczynski, T. M., "Factor Endowments and Relative Commodity Prices", Economica, 1955, 22 (88): 336 - 341.

[162] Samuelson, P. A., "International Trade and the Equalization of Factor Prices", Economic Journal, 1948, 58 (1): 163 - 184.

[163] Samuelson, P. A., "International Factor-Price Equalization Once Again", Economic Journal, 1949, 59 (1): 181 - 197.

[164] Shigeru, T., Tetsuo, U., "Forces Underlying Trade Integration in the APEC Region: A Gravity Model Analysis of Trade, FDI, and Complementarity", Journal of Economic Integration, 2003, 18 (1): 126 - 149.

[165] Stolper, W. F., Samuelson, P. A., "Protection and Real Wage", Review of Economic Studies, 1941, 9 (1): 58 - 73.

[166] Swenson, D. L., "Foreign Investment and the Mediation of Trade Flows", Review of International Economics, 2004, 12 (4): 609 - 629.

[167] Tinbergen, J. , *Shaping the World Economy*, *Appendix VI*, *An Analisis of World Trade Flows*, New York: Twentieth Century Fund, 1962.

[168] Trefler, D. , "International Factor Price Differences: Leontief Was Right!", *Journal of Political Economy*, 1993, 101 (6): 961 – 987.

[169] Vernon, R. , "International Investment and International Trade in Product Cycle", *Quarterly Journal of Economics*, 1966, 80: 190 – 207.

[170] Wells, L. T. , *Third World Multinationals*, Cambridge, Massachusetts: MIT Press, 1983.

[171] Whalley, J. , "An Evaluation of the Recent Tokyo Round Trade Agreement Using General Equilibrium Computational Methods", *Journal of Policy Modeling*, 1982, 4 (3): 341 – 361.

[172] Whalley, J. , "The North-South Debate and the Terms of Trade: An Applied General Equilibrium Approach", *Review of Economics and Statistics*, 1984, 46 (3): 224 – 234.

[173] Zhao, W. , Liu, T. , Zhao, T. , "The Contribution of Outward Direct Investment to Productivity Changes within China, 1991 – 2007", *Journal of International Management*, 2010, 16 (4): 121 – 130.